RAAXADA GUURKA

RAAXADA GUURKA

SABRIYE M MUUSE

HUD-HUD BOOKS

MOGADISHU – HARGEISA – DJIBOUTI – CAIRO – LONDON

2018

First Edition 2002
"Raaxada Guurka"
Independent Publication
Doha, Qatar.

Daabacaaddii 1aad 2002
"Raaxada Guurka"
Qoraaga
Dooxa, Qatar.

Second Edition 2018
"Raaxada Guurka"
Hud Hud Books
Mogadishu, Somalia

Daabacaaddii 2aad 2018
"Raaxada Guurka"
Hud Hud Books
Muqdisho, Soomaaliya

Hud Hud Books in Partnership with:

Distributed by Looh Press
56 Lethbridge Close,
Leicester, LE1 2EB
United Kingdom
www.LoohPress.com
admin@LoohPress.com

Waxaa Faafisay Looh Press.
56 Lethbridge Close,
Leicester, LE1 2EB
United Kingdom
www.LoohPress.com
admin@LoohPress.com

Hud-Hud Books
41 Via Liberia St,
Mogadishu, Somalia
www.HudHudBooks.com
info@HudHudBooks.com
+252 612522242

ISBN: 978-1-912411-08-5

HIBEYN

Buuggan waxa aan u hibeynayaa doob iyo qalanjo kasta oo guur lagu nasto oo lagu nagaado doonaya.

SABRIYE M MUUSE

Qoraaga Buugga

TUSMADA BUUGGA

Contents

CUTUBKA 3ᴬᴬᴰ   47
GALMADA   49

CUTUBKA 4ᴬᴬᴰ   73
CAAFIMAADKA GUUD   75

CUTUBKA 6ᴬᴬᴰ   163
CINIINNIMADA NINKA   165

CUTUBKA 7ᴬᴬᴰ   179
UURAYSIGA IYO MADHALAYSNIMADA   181

HORDHAC

Waxaa mahad leh, Allihii awooweheen Aadan dhoobo ka abuuray, kolkii uu afartan jirsadayna ruuxa ku afuufay, markii uu xaas iyo ubad u baahdayna Xaawo ka dhex uumay. Alle ha u naxariisto Rasuulkeennii Muxammad (SCW) uu ka doortay, una soo diray dad oo dhan, Eebbena ha innagu daro kuwa uu Aakhiro u shafeeci doono.

Dad badan baa rumaysan in sida ragga iyo dumarku ay isu doortaan, isu guursadaan, isuguna galmoodaan oo laga sheekeeyaa ay tahay wax ceeb ah oo ku habboon in afka laga qabsado, waxana weeye - waa sida ay ku andacoonayaane - wax Eebbe dadka ku abuuray oo qofku iyada oo aan looga sheekayn uu keligiis baranayo, fahamka caynkaas ahise waa mid runta ka fog. In ay jiraan dhibaatooyin u baahan in la xalliyo, hase yeeshee dawadoodii la garan la' yahay, waxa aad ka dareemi kartaa sida degdegta ah ee aqalgalka dabadii uu u baabo'o jacaylkii ay labada ruux isu qabeen inta aanay guri degin. Durbaba kolka toddobada laga baxo, waxa aad arkaysaa inuu billowdo kala-did iyo khilaaf laga yaabo in uu burbur ku keeno gurigii goor dhowayd la dhisay.

Culimada jinsigu waxa ay cilmi baaris ku caddeeyeen in boqolkiiba siddeetan (80%) sababaha furriinka keenaa ay ka dhashaan qolka jiifka, waxana ay yiraahdeen: (Labada qof ee isqaba haddii uu mid waliba kan kale qolka jiifka kaga maqsuudo, waxa ay markaasi u badan tahay in ay dhibaato kasta oo kale isugu dulqaataan, si laab furnaan ahna u wada daweeyaan).

Haddaba, aniga oo arrimahaasi iyo qaar kale oo badan maanka ku haya, doonayana in aan bal intii karaankay ah gacan ka geysto sidii guri kasta oo Soomaaliyeed looga dhigi lahaa janno inta ku dhex nooli ay ku raaxaystaan, baan akhristaha sharafta leh u soo bandhigayaa buuggan aan u bixiyay RAAXADA GUURKA.

Buuggu waxa uu ka kooban yahay siddeed baab, kuwaas oo kala ah:

1. Gogoldhigga Guurka: Baabku waxa uu ka hadlayaa waxa ay diinta Islaamku ka qabto guurka, faa'idooyinka guurka, caqabadihiisa, iyo guud ahaan sifooyinka la isku doorto rag iyo dumar kolka ay arrintu guur iyo guri abaabul joogto.

2. Aqalgalka: Waxa uu ku saabsan yahay sidii gabadha ninkeeda loogu dhisi lahaa looguna guri geyn lahaa, sida loo baahan yahay in uu ninku afadiisa cusub habeenka aqalgalka u qaabbilo iyo guud ahaan waxyaabaha dhacaya habeelkaasi oo bekra-jebintu ay ka mid tahay.

3. Galmada: Baabku waxa uu akhristaha sharafta leh hor dhigayaa manhajka guud ee galmada oo ka kooban hordhac, galmo iyo gunaanad, si koobanna waxa uu sharraxaad uga bixinayaa qaababka galmo ee dunida ka jira kuwa loogu aqbali ogyahay. Waxa kale oo uu bixinayaa cabsi gelin iyo gooddin ka dhan ah da' yarta iyo doobabka kolka ay buuggan akhristaan, laga yaabo inta ay naftooda xakamayn waayaan, oo markaas Shaydaan uu damac sino ku dhaliyo. Baabku waxa uu ka digayaa cirib xumida iyo caaqiba darrida sinada ama galmada xaaraanta ah.

4. Caafimaadka Galmada: Baabkani waxa uu si kooban u faaqidayaa inta jeer ee galmo lagu celcelin karo iyada oon caafimaadka qofka waxba u dhimin, dhibaatooyinka ka dhalan kara galmada la sameeyo xilliga uurka iyo tan dhacda xilliga ummusha iyo guud ahaan sidii lagu daryeeli lahaa caafimaadka xubnaha taranka ragga iyo dumarka.

5. Turxaan-bixinta Nolosha Qoyska: Waa baabka ugu dheer baababka buugga, waxana uu si buuxda u qaadaa-dhigayaa

waajibaadka ninka ka saaran xaaskiisa, waajibaadka naagta ka saaran ninkeeda iyo sidii looga gudbi lahaa dhibaatooyinka yaryar ee ka dhasha dhaqanka qofka kolka uu guriga iyo qolka jiifka dhex joogo.

6. Ciniinnimada Ninka: Sida cinwaankaba laga garan karo, waa baab ka hadlaya ciniinnimada ninku waxa ay tahay, waxyaabaha keena iyo siyaalihii loogu daweyn lahaa qaab dabiici ah oon dhakhtar caafimaad u baahnayn. Baabku waxa uu bidhaaminayaa cunnooyinka noocyadooda kala duwan ee gacan ka geysta ka gudubka ciniinnimada iyo hurinta dabka rabitaanka jinsi ee ninka.

7. Uuraysiga iyo Madhalaysnimada: Waxa weeye baab kuu oggolaanaya in aad wax ka ogaatid hubka iyo saanadda uu uurku ka samaysmo oo ah xawada ninka, ugxanta naagta iyo sida ay u falgalaan. Waxa kaloo aad baran doontaa caadada, xilliga ay timaado iyo xiriirka ay uuraysiga la leedahay. Waxaa intaas dheer sababihii keenayey madhalaysnimada raga iyo dumarka iyo weliba sidii looga hortegi lahaa.

8. Barbaarinta Ubadka: Baabkani daabacaaddii koowaad ee buugga kuma aanu jirin. Hase yeeshee, keddib markii aan arkay waxtarka uu u yeelan karo baraaraha qoyska, ayaan goostay in aan ku biiriyo. Mirihii nafta (ubadka) ee muddada dheer la abuurayey, la waraabinayey, la jaan gurayey, daweyn iyo daryeelna intaas lala dul taagnaa, maanta oo ay bislaadeen, baabkani waxa uu iftiiminayaa qaabkii loo goosan lahaa, si wanaagsanna loogu barbarian ahaa.

Buuggani ma aha qiso inta uu qofku akhriyo oo ka bogto, uu dabadeed qashinka ku darayo, balse waa daraasad cilmiyeed ku salaysan diin, caafimaad, dhaqan iyo caadooyin, lana uruurinayey muddo dheer, lagana tixraacay buugag mowduuca ku saabsan kuwii ugu mudnaa uguna magac dheeraa.

Haddaba, waxa waano iga ah in qof waliba uu buuggan iibsado, akhristo, miiddiisana muudsado, markaas keddibna carruurta iyo xaaska maskaxda uga shubo, oo intaas keliya ma aha ee ubadka uu awoowaha u noqon doono meel u dhigo.

Waxa aan rajeynayaa buuggan, kolka qoysas badan oo Soomaali ahi ay akhristaan, xikmadda ku duugan u kuur-galaan, nolol maalmeedkoodana ku dabbakhaan, in qaab-nololeedkooda uu wax badan ka beddeli doono, haddii Alle idmo.

Eebbow, wixii uu buuggani wanaag leeyahay ummadda waafaji, wixii uu xumaan leeyahay ka weeci, aniga iyo waalidkayna Jannada Firdowsa naga waraabi. Aamiin.

MAHADNAQ

Alxamdu lil-Laah. Waxaa mahad leh Allihii qorista buuggan igu hnuuniyey. Qofkii uu Alle hanuuniyo keliya ayaa hanuunaya, qofkii uu habaabiyana cid marin hagaajisa u heli meysid.

Waxaa mahadnaq kal iyo lab ah iga mudan saaxiibkaygii Dugsiga Sare, sanadihii siddeetamaadkii qarnigii tegay, Maxamuud Macallin Cabdi Faarax (Ladane) oo igu baraarujiyey ahmiyadda mowduuca buuggan oo Af Soomaali ku qorani uu Ummadda Soomaaliyeed u yeelan karo, keddib markii aannu si wadajir ah u akhrinnay buugag moqduuca ku saabsan, balse afaf qalaad ku qoran.

Waxa aan sidoo kale mahadnaq kal iyo lab ah u jeedinayaa Dr. C/kariim Muxumad Carraale (Xuutaan) oo talooyin aayatiin leh iga siiyey buugga, isaga oo igala taliyey xagga qaabeynta qoraalka iyo ku salayanta dhaqanka iyo caadooyinka Soomaalida iyo Islaamka, si ummadda oo dhami uga maqsuuddo, uuna u wada raalligeliyo.

Waxa mahad aan marna la koobi karin iga mudan Sh. Dr. Mahad Diiriye oo ah diin-fidiye iyo aqoonyahan Soomaaliyeed oo waqtigiisa qaaliga ah u huray, habeenno bandanna u soo jeeday sixitaanka iyo tifaftirka daabacaaddii koowaad ee buuggan, isaga oo weliba igu biiriyey talooyin iyo tusaalooyin aad iyo aad u qiimo badan, iguna taakuleeyey tixraacyo ku saabsan Diinta Islaamka iyo waxa ay ka qabto mowduuca buugga.

AFEEF

Wixii gef ah ee buuggani leeyahay, ha noqdo mid ka dhashay ilduuf daabacadeed, aqoon darri luqadeed, gaabis cilmiyeed, amaba duwanaan fikradeed eh, aniga ayaa dusha u ridanaya, wixii talooyin ah oo lagu saxayana waan soo dhoweynayaa.

Sabriye M. Muuse
Qoraaga Buugga

CUTUBKA
1ªªd

GOGOLDHIG GUUD

GUURKA

Erayga Guur, luqad ahaan waxa loola jeedaa shay inta meel laga raro meel kale loo raro. Waa tan ay reerku guuraan, waana tan kolka jarta ama godagodowga, iwm., la ciyaarayo, dhagaxana meel laga rarayo oo meel kale loo rarayo, la yiraahdo waa la guurayaa. Sidaas darteed, gabadha waxa laga guuriyaa guriga waalidkeed, loona guuriyaa ama loo gelbiyaa guriga ninkii xirtay ama xalaalaystay.

Guurku waxa weeye heshiis Aadane dhex mara kan ugu qiimi badan, sababtoo ah waxa uu khuseeyaa qofka laftiisa. Heshiiska labada qof ku dhex mara guurku kuma saabsana xoolo iyo umuuro adduunyo oo lagu heshiinayo, balse waxa uu labada ruux iskula xirayaa xarig kalgacayl iyo naxariis. Waxa uu sababaa ubad dhasha, waxana uu xubnaha taranka ka ilaaliyaa galmada xaaraanta ah.

GUURKA IYO MOWQIFKA DIINTA

(Calaamadihiisa "awooddiisa in uu keligiis in la caabbudo mudan yahay tusinaya" **waxaa ka mid ah in uu naftiinna xaasas ˙ 'iinka abuuray si aad ugu degtaan, waxana uu idin dhex dhigay kalgacaltooyo iyo naxariis, dhab ahaantii taasi waxa ay calaamado "lagu waano qaato"** u tahay qolo fekeraysa) (Ar-Ruum: 21).

Guurku diinta waa u gargaar, Shaydaanka waa u gablan iyo hoog, waana gaashaan adag oo cadowga Eebbe laga galo, waxana ku badata Ummadda Islaamka, si ay tiro badni ummadaha kale ugula tartanto.

Eebbe waxa uu Aayadda Qur'aanka ku leeyahay: **(U guuriya xaaslaaweyaasha idinka midka ah iyo kuwa wan-wanaagsan ee addoomadiinna iyo jaariyadihiinna ka midka ah. Haddii ay sabool yihiin Eebbe isagaa deeqdiisa ku hodminaya, Eebbana waa kii deeqdiisu ay dadka wada gaadho, cid walbana duruufteeda ka warqaba)** (An-Nuur: 33).

Shareecada Islaamka kolka laga eego, guurku waxa uu ka kooban yahay laba qaybood oo isku lifaaqan. Qaybta hore oo ah meherka waxa weeye in gabadha lagu nikaaxo ama lagu xiro loona xalaaleeyo nin geeya oo guur u qabto, sharci nikaaxeeda ka reebayaana aanu jirin. Qaybta labaad ee guurku waxa weeye in gabadhii la nikaaxay ninkii lagu nikaaxay loo guri geeyo ama loo aqalgeliyo ama loo gelbiyo amaba loo dhiso, hadba sida ay qolo waliba u taqaan. Haddaba, guurku shareeco ahaan waxa weeye xalaalayn iyo guri geyn.

Macqil Ibnu Yasaar (RC) waxa laga weriyay: Rasuulku (SCW) waxa uu yiri: **(Guursada mid ninkeeda jecel oo ubad dhalid badan, tira badnidiinna ayaan ummadaha kula tartamayaaye)**[1] .

Thowbaan (RC) wuxuu Nabiga (SCW) ka weriyay: **(Qofkiin ha yeesho qalbi Eebbe ku mahadin og, carrab Eebbe xusid badan iyo haweenay mu'minad suubban ah oo Aakhiradiisa ku kaalmaysa)**[2] .

Cabdullaahi Ibnu Mascuud (RC) waxa uu oran jiray: (Haddii ay cimrigeyga toban habeen oo keli ahi ka harsan tahay waxan jeclaan lahaa in aan guursado, si aanan Eebbe aniga oo doob ah u hor tegin). Saxaabigii Mucaad Ibnu Jabal (RC) daacuun baa ku dhacay, laba xaas oo uu qabayna ka dilay. Markaas buu yiri: (War ii guuriya, ma jecli in aan Eebbe la kulmo aniga oo doob ahe).

Qofka aan guursan karin, sabab kastaa ha kallifto'e, waxaa habboon in uu is ilaaliyo inta uu faraj khayr qabaa uga furmayo. Eebbe waxa uu leeyahay: **(Ha dhawrsadeen kuwa aan awood guur heli karaynin inta uu Alle deeqdiisa kaga hodminayo)** (An-Nuur: 32). Waxyaabaha ay Diinta Islaamku ina fartay ee qofka doobka ahi uu isku dhawrayo waxa ugu horreeya Soonka. Cabdullaahi Ibnu Mascuud (RC) waxa uuu Nabiga (SCW) ka weriyey: **(Dhallinyarooy, kiinnii guur awoodaa ha guursado, maxaa yeelay, guurku aragga waa u dabool ibtana waa u dhufays, kaan awoodinna ha soomo, Soonkaa shahwada ka jebinaya eh)**[3].

FAA'IDOOYINKA GUURKA

Guurku waxa uu leeyahay shan faa'ido oo kala ah:

1. **Ubad kaa hara:** Faa'idooyinka guurka tan ugu horreyaa waa sidii lagu heli halaa ubad, si aanay tafiirta dadku u dabar go'in. Ubad dhalistu waa in ay yeelataa afar ulajeeddo oo kala ha:

   - In aad ku doontid raallinimada Eebbe, maadaama aad gacan ka geysanaysid sidii ay tafiirta dadku ku sii socon lahayd.

   - In aad ku doontid raallinimada Rasuulka (SCW) kol haddaad ku kaalmeyneysid sidii uu ummadaha kale tirada ummaddiisa ugu faani lahaa.

   - In Eebbe ku siiyo ubad khayr qaba oo kuu soo duceeya kolka aad dhimatid.

   - In aad ku doontid shafeeco kolka ilmo yari kuu saqiiro.

2. **Dhufays aad Shaydaanka ka gashid:** Guurku waxa uu kaa oodaa meelihii uu Shaydaanku kaa soo gelayey, mar haddii

---

1   *Abuu Daa'uud (2050), Nasaa'i (3227), Ibnu Xibbaan (4045).*

2   *Tirmidi (3094), Ibnu Maajah (1856).*

3   *Bukhaari (1905, 5065, 5066), Muslim (1400/1), Abuu Daa'uud (2046).*

wixii uu xaaraan ku raadi ku lahaa iyagoo xalaal ah ay ugtaada kuu yaallaan. Qofku haddii aanu Eebbe ka cabsi iyo iimaan ku hubaysnayn, waxa horkacaya rabitaankiisa shahwo. Haddii markaasi guur xalaal ah aanu helin, sidii uu dembi isaga ilaalin lahaa way adag tahay.

3. **Qalbigoo kuu dega iyo laabta oo kuu qabowda:** Shaqo tay naftu u jeceshahay haddii aan loo helin waqti nasasho, waa lagu daalayaa dabadeedna la'iska deynayaa. Haddaba, maxaad ka oran lahayd haddii ay shaqadaasi tahay taqwada Eebbe ooy iyada iyo naftuba isdiidayaan!. Saacadaha uu ninku ku hawlan yahay cibaadada Alle iyo camalka adduunyo, waxaa habboon in uu dhexgashado waqti uu xaaskiisa kula baashaalo, si qalbigu ugu dego, laabtu ugu qabowdo firfircoonaanna uga qaado.

4. **Hawshii guriga oo hoggaankeedii kaa wareego:** Ninka oo maamulka guriga sida hagaajintiisa, xaaqistiisa, goglistiisa, cunto karinta iyo diyaarinta, alaabo dhaqista, suuq ka soo adeegidda, iwm. ka xoroobaa waxa ay siisaa waqti dheeri ah oo uu ku shaqaysto, aqoon ku kororsado, Eebbena ku caabbudo.

Thowbaan (RC) waxa uu Nabiga (SCW) ka weriyay: **(Qofkiin ha yeesho qalbi Eebbe ku mahadin og, carrab Eebbe xusid badan iyo naag mu'minad suubban ah oo Aakhiradiisa ku kaalmaysa)[4]** .

Haddaba, dumarka looma guursado - oo qura - in adduunyada lagula raaxaysto, carruurna laga daadiyo, hase yeeshee yoolka ugu ahmiyadda badani waxa weeye in ay raggooda u abuuraan waqti iyo jawi ay Eebbe ku caabbudaan.

5- **Nafta ood daryeelka Qoyska kula dagaallantid:** Nafta oo aad ku jara-bartid qaadista mas'uuliyadda reerka, daryeelkiisa, gudashada waajibka kaa saaran xaaskaaga, dabeecaddeeda oo aad ugu samirtid, dhib wixii kaaga yimaadda oo aad u dulqaadatid, toosinteeda oo aad u hawlgashid, dadaal aad u gashid sidii aad marasho iyo masruuf xalaal ah ugu keeni lahayd, carruurta oo aad ku abaabisid waddada toosan, iwm. Waxaas oo dhami waxa ay ka mid yihiin faa'idooyinka guurka, tiiyoo weliba abaalmarin iyo xasanaad Eebbe uu kaa siinayo.

Cabdullaahi Ibnu Cumar (RC) waxa uu Suubbanaha (SCW) ka weriyay: (Gebigiin waxa aad tihiin mas'uul (hawl loo dhiibay), gebigiinna waxa la'idin weydinayaa wixii la idiin dhiibay)[5] .

Waxaa la weriyay raggii hore ee suusuubbanaa mid ka mid ah baa rag walaalihiis ah oo ay jihaad ku wada jireen weydiiyey: (Ma garanaysaan camalka aynu hadda hayno mid inooga ajar badan?). Raggii waxay yiraahdeen: (Ma garanayno). Markaas buu yiri: (Anigaa garanaya). Markii ay weydiiyeen, waxa uu ugu jawaabay: (Nin sabool ah oo ciyaal leh, hase yeeshee aan cidna wax weydiisan, oo inta uu habeenbarkii toosay oo reerka indha-indheeyey, arkay carruurtiisa oo hurudda cawradooduna feydan tahay, dabadeedna go'ii uu keligiis dhar ka lahaa ku huwiyey. Kaas baa innaga camal wanaagsan).

CAQABADAHA GUURKA

Waxaa jira caqabado ama dhibaatooyin is hortaaga guurka amaba laf ahaantiisa ka dhasha, waxana ugu muhiimsan saddexdaan:

1. **Awood-darri dhaqaale:** Dhaqaale xumidu waa aafada ugu weyn ee ka hortaagan rag badan in ay guri xalaal ah yagleelaan, gaar ahaan sicir bararka iyo awood iibsasho yaraanta xilligaan jirta dartood.

2. **Mas'uuliyadda qoyska oo aad qaadi weydo:** Rag badan baan xamili karin gudashada xaqa ay dumarkoodu ku leeyihiin, iyaga oo ugu sabri waaya dabeecad xumidooda, uguna dulqaadan waaya dibindaabyo wixii ay la yimaadaan.

---

4   Tirmidi (3094), Ibnu Maajah (1856).

5   Bukhaari (893, 5188), Muslim (1829/20).

Cabdullaahi Ibnu Camr Ibnul-Caas (RC) waxa uu Nabiga (SCW) ka weriyay: **(Qof waxaa dembi ugu filan ciddii uu quudkeeda hayay in uu u diido)**[6] .

Waxaa la weriyey in ninka ka carara carruurtiisa oo iska diidaa uu la mid yahay nin Eebbe ka cararay, lagamana aqbalo Salaad iyo Soon toona. Eebbe waxa uu Aayadda Qur'aanka ku leeyahay: (Ka dhawra naftiinna iyo ehelkiinna Naar shidaalkeedu uu dad iyo dhagxaan yahay) (At-Taxriim: 6).

Sidaas buu Alle inoogu amrayaa in aannu xaaska uga ilaalinno Naar isla sida aannu nafteenna uga ilaalinayno, waxa aadna halkaasi ka garan kartaa in ninku kolka uu guursado ay laban-laabmayso mas'uuliyaddii saarrayd, ayna xakamayn ka doonayaan laba nafood, kii oo awalba hal naf xakamaynteed kari la'aa. Taas weeye tan kalliftay rag badan oo suusuubbani in aanay guursan, iyaga oo ka baqaya Aayadda oranaysa: (Waxa ay wanaag ku leeyihiin inta iyaga lagu leeyahay oo kale) (Al-Baqarah: 228).

Micnaha Aayaddu waxa weeye: (Haweenkiinnu masruuf bay idinku leeyihiin, marasho ayay idinku leeyihiin, meel ay seexdaan bay idinku leeyihiin, sida aad jeceshihiin in ay idiinku raaxeeyaan in aad ugu raaxaysaanna way idinku leeyihiin).

3. **Cibaadada oo uu kaa carqaladeeyo:** - Dhibaatooyinka ka dhasha guurka waxaa ka mid ah isaga oo kugu dhaliya ka feker adduunyo iyo in ubad iyo maal aruurin aad meherad ka dhigatid.

Waxa la hubiyey in nin lug haween bartay ay ku adagtahay in uu waqti u helo cibaado Eebbe. Hase yeeshee taas micneheedu ma aha in labada mid la tuuro, balse waa in guntiga dhiisha la'isaga dhigo sidii labada daarood la'isugu keeni lahaa. Gaar ahaan waxa uu guurku waajib ku yahay qofkii aan naftiisa liijaan ku qaban karin oon xaaraan iska ilaalin karin.

---

6   *Muslim (996).*

Haddaba, cidda keliya ee aannu isleennahay guur la'aanta ayaa u rooni waxa weeye ninkii aan saddexdaasi aafo ka badbaadi karin, kana baqaya mas'uuliyad dheeri ah oo uu Naar ku mutaysto, hase yeeshee naftiisa xakamayn kara oo ka dhawri kara xaaraan kaga timaada araggiisa iyo ibtiisa. Ninka caynkaasi ah waxa u wanaagsan in aanu guursan, si aanu Aakhiradiisa Adduunyo ugu doorsan.

GACAL DOORASHADA

Abuu Hurayrah (RC) waxa uu Rasuulka (SCW) ka weriyay in uu yiri: (**Naag afar baa loo guursadaa; maalkeeda, quruxdeeda, sharafteeda iyo diinteeda, ee tan diinta leh gaar gacmaha ciid gasho'e)**[7] .

Diinteenna Islaamku waxa ay ina baraysaa in haweeney afar shay oo ay dumarka dheertahay loo guursado, kuwaasi oo kala ah: qurux, qoys sharaf leh ooy ka dhalatay, maal iyo diin. Haddaba, haddii aannu afartaas shay mid mid u kala qaadno:

1. **Qurux:** Quruxdu inkasta oo ay tahay shabagga ugu horreeya ee ay dumarku ragga u daadiyaan, misana diin iyo akhlaaq haddii aanay dugsanayn, inta ay halleyso ayaa ka badan waxa ay hagaajiso, waana wax da' ku xiran oo qofka aan ku daahin. Waxaa la yiri quruxda keligeed ahi waa sida bal cagaaran oo inta aad u bogto aad xoolaha ku deysatid, kolkeyse daaqaan ay ku banaan (shubmaan) oo bushi uun ka qaadaan.

3. **Qoys sharaf leh:** Xadiithka micnihiisu waaxa weeye waxa loo baahan yahay in dad la garanayo oo magac iyo maamuus leh laga guursado, waana tii ay Caa'isha (RC) Nabiga (SCW) ka werisay: (**Xawadiinna u doorta, kuwa geeyana guursada una guuriya)**[8] .

---

7   *Bukhaari (5090), Muslim (1466/53), Abuu Daa'uud (2047).*

Xadiithka micnihiisu waxa weeye dadnimada iyo wanaagga waa la kala dhaxlaaye, gayaanka aad guursanaysaan ama u guurinaysaan hubiya in uu yahay mid qoys sharaf iyo sumcad leh ka dhashay, bay'ad wanaagsanna ku soo barbaaray. Hase yeeshee, illayn qoyska dhan guursan maysid oo qof uun baad ka guursanaysaaye, sidee baad ku dammaanad qaadaysaa in uu qofkaasi noqon doonto kii lagu nasto oo lagu nagaado, haddii aanad akhlaaq iyo diin ka eegin?

Maal: Ninka gabar maalkeeda oo qur ah u guursaday, ma doonayo gabadha'e maalkeeda ayuu doonayaa, iyada lafteeduna waxa ay u aragtaa nin ay iibsatay. Hore baa loo yiri: Ninku gabadha uu guursanayo waxa wanaagsan in uu saddex dheer yahay; da', nasab iyo duunyo, si aanay u yasin, gabadhana waxa wanaagsan ninka ay guursanayso in ay saddex dheer tahay; samir, edeb iyo suurad wanaag, si aanu uga didin.

Diin: Gabadha diinta lehi waa tan sidii ay u gudan lahayd xaqa uu ninkeedu ku leeyahay garanaysa, sidii ay u dhawri lahayd asraarta gurigeeda iyo nafteeda, sidii ay isaga ilaalin lahayd masayr iyo sidii ay carruurta tubta toosan ugu barbaarin lahayd. Cabdullaahi Ibnu Cumar (RC) waxa uu Nabiga (SCW) ka weriyay in uu yiri: (**Adduunyadu waa raaxo gaaban, adduunyada raaxadeedana marwo suubban baa ugu fiican**)[9] .

Haddaba, maadaama ay adagtahay sidii lagu heli lahaa gabar afarta sifo ee aannu soo sheegnay isku darsatay, waxaa habboon in xoogga la saaro qof diin leh, haddii ay markaasi qurux iyo qoys wanaag ku darsato waa mahad Alle, haddii ay maalkeeda sidatana waa kaba sii fiican. [5]

Si kastaba ha ahaatee, waxa aad mooddaa in dabeecadda raggu, dalka ay doonaan ha u dhasheene, ay tahay inay gabadha bilicdeeda iyo muuqaalka bedenkeeda ku daba galaan, inta aanay

---

8   *Ibnu Maajah (1968).*

9   *Muslim (1467).*

diin iyo dabeecad kale u daadegin.

Haddii ay markaasi diin iyo dabeecadi u dheer tahay, ninka daa'in ka baqayaa waa tii uu doonayey, kii kalee damackatiir ahe xoolo daneeyaase, quruxda waxa uu ku daraa in ay dad magac iyo deeq leh ka dhalatay.

dheer tahay, ninka daa'in ka baqayaa waa tii uu doonayey, kii kalee damackatiir ahe xoolo daneeyaase, quruxda waxa uu ku daraa in ay dad magac iyo deeq leh ka dhalatay.

SOOMAALIDA IYO QURUXDA

Soomaalidu waxa ay tiraahdaa: (haddii ay gabari siddeed iyo labaatan sifo oo dumar lagu raaco leedahay, ase ay inan aan weli la guursan tahay, guursigeeda sina looma daayo). Sifooyinka Soomaalidu ay tilmaamaan waa sidatan:

- Afar ay u dheer tahay: labada gacmood, timaha iyo qoorta.
- Laba ay u dhuuban tahay: qoorta iyo dhexda.
- Afar ay dhumuc u leedahay: labada kub iyo labada cududdood.
- Afar ay u caddahay: labada indhood iyo ilkaha labadooda lakab.
- Afar ay u madowdahay: labada indhood wiilashooda iyo labada sunniyood.
- Afar ay deeb u leedahay: labada dibnood (bushimood) iyo labada mudane (Naasaha caaraddooda).
- Labay u shuban tahay: labada dhaban.
- Hal ay u buuxdo: shafka oo ah meesha dumarku quruxda ka sitaan, ishuna ku nasato.
- Hal ay u qoran tahay: sanka.

Lix iyo labaatankaas sifo aragga ayay u qurux badan tahay, labana maqalkooda ayay dheguhu ku raaxaystaan, waana qosolkeeda iyo codkeeda macaan.

CARABTA IYO QURUXDA

Soomaalida oo keliya ma aha, ee Carabta lafteedu waxa ay tiraahdaa: (Naag wanaaggeed ma dhamaystirna haddii aanay afar u caddayn, afar u casayn, afar cariiri u ahayn, afar u carfayn, afar u madoobayn, afar u weynayn, afar u koobaabnayn, afar u ballaarrayn,

afar u jilicsanayn, afarna u yarayn). Afarreydiina waa sidatan:-

* Afar ay u caddahay: indhaha, ilkaha, ciddiyaha iyo midabka.
* Afar ay u castahay: carrabka, ciridka, dhabannada iyo dibnaha.
* Afar ay cariiri u tahay: sanka, dhegaha, xuddunta iyo cambarka.
* Afar ay u carfayso: sanka, afka, kilkilaha iyo cambarka.
* Afar ay u madowdahay: sunniyaha, timaha, isha wiilkeeda iyo baarkeeda.
* Afar ay u weyn tahay: joogga, garbaha, feeraha iyo barida.
* Afar ay u koobaaban tahay: madaxa, indhaha, cududdada iyo kubabka.
* Afar ay u ballaaran tahay: foolka, indhaha, shafka iyo cajarrada.
* Afar ay u yartahay: dhegaha, cagaha, afka iyo calaacullada.
* Afar ay u jilican tahay: sunniyaha, sanka, bushimaha iyo dhexda.

INANTAADA U AWR DAYO

Waxaa loo baahan yahay inantaada iyo walaashaa in aad u doortid nin diin iyo akhlaaq leh oo waxyaabaha ay diintu farayso ku dhaqmaya, kana dhawrsanaya waxyaabaha ay ka reebeyso.

Waxaa la yiri nin baa nin kale weydiiyey: (War heedhe inan baa ii joogta'e yaan u guuriyaa?). Markaas kii kalaa ugu jawaabay: (Nin daa'inkiis ka baqi og u guuri, maxaa yeelay haddii ay deeqdo isagaa daryeeli og, haddii ay ka daadegi weydana, ugu yaraan ma uu dulmin doono).

Waxa kale oo la yiri: Nin dadkii hore ee wanaagsanaa ka mid ah baa doonay in uu inantiisa guuriyo. Markaas buu nin ay deris ahaayeen oo Majuusi (dab-caabbud) ah la tashi ugu tegay. Majuusigii oo yaabban baa yiri: (Dad oo dhami adiga ayay Adduun iyo Aakhiro wax kaa weydiiyaan ee maxaad aniga i weydiinaysaa oon kugu war dhaamaa?) Markaas buu Muslinkii yiri: (Iska daaye, ila taliye yaan inantayda siiyaa?) Majuusigii wuxuu yiri: (Hoggaamiyeheennii Kisra xoolaha ayuu dooran jiray, hoggaamiyihi Roomaanka Qaysarna qurux buu dooran jiray, Carabina nasab iyo qabiil bay dooran jirtay, hoggaamiyihiinnii Maxamedna diin buu dooran jiraye, bal adigu ciddii aad ku dayan lahayd go'aan ka gaar).

QISADII SACIID BIN AL-MUSAYIB

Saciid bin Al-Musayib (Eebbe raalli ha ka noqdee) waxa uu ahaa mid ka mid ah culimadii diinta ugu caansanayd xilligii Banii Umayah ay dowladda Islaamka u talinayeen. Saciid ardadiisa waxaa ka mid ahaa nin la oran jiray Cabdullaahi bin Abii-Widaacah. C/laahi dhawr maalmood buu dersiga ka maqnaaday, sheekhuna ardada ka dhex tebay. Maalintii dambe kolkii loo sheegay in sheekhu doondoonayey buu u yimid. Markii uu salaamay buu sheekhu weydiiyey halkuu maalmahan ku maqnaa. "Xaaskaa iga xanuunsanayd oo aan la joogay, haddase way dhimatay oo waaban soo duugay" buu C/laahi ku jawaabay. "Maxaad jirradeeda inoogu soo sheegi weyday aannu booqanno'e, ama geerideeda aannu wax ka duugno'e?" inta uu ku yiri, buu u tacsiyeeyay, xaaskii geeriyootayna u duceeyay. Keddib waxa uu ku yiri: "C/laahiyow guurso, Eebbena ha hortegin adiga oo doob ah". "Sheekhow yaa gabar isiinaya!, Wallaahi baan ku dhaartaye Afar dirham baa xoolo iga dhaca". Sheekhii baa markaas yiri: "Subxaanallaah, miyaanu muslimku afar dirham ku dhawrsan karin!", una raaciyey: "Anigaa inan kuu guurinaya haddii aad raali ku tahay".

C/laahi bin Abii-Widaacah oo isaga laftiisu sheekada ka sheekeynayaa, waxa uu leeyahay: Markaas baan xishood iyo darajayn dartood uga aamusay. "Maxaad u aamustay? Ma inantaydaan kuu cuntamayn?" "Eebe hakuu naxariisto'e maxaad sidaas u leedahay haddaad doonto inantaada kumanaan dirham baad ku guurin kartaaye" baan ku iri. Markaas buu sheekhii yiri "Waa runtaa, balse iska daayoo shuhuud u yeero". Shuhuud baan markaas u yeertay, waxana gabadhii la igula mehriyey afartii dirham, halkaasna lagu kala faataxaystay.

Kolkii aan salaaddii Cishaha tukannay baan anigu gurigeygii iska aaday, waana tan oo ninbaa iridkii aqalkeyga garaacaya. "Waa kuma?" Qofkii iridka garaacayey baa yiri: "Waa Saciid". Ilaah baan ku dhaartaye wixii aan Saciidyo magaalada ku aqoon jiray waan soo wada xusuustay, aan ka ahayn Saciid bin Al-Musayib, maxaa yeelay weligay ma aanan arag isaga oo gurigiisa ka baxaya, in uu salaad Masjidka ugu socdo ama meyd wax ka soo aasayo maaha eh. Markaas baan iri: "Waa Saciidkee?" "Saciid bin Al-musayib".

Jirkayga oo dhan baa halmar jareeyay, waxanan is iri: "Armuu sheekhu inantii uu ku siiyey ka shallaayay oo kuu cudur daaran rabaa".

Markaas baan aniga oo cagajiid ah iridkii furay, mise waa gabar dadaboolan, faras alaabi ku raran tahay iyo adeegto cad. Sheekhu inta uu i salaamay buu yiri: "C/laahiyow waatan naagtaadii". Markaas baan si yare xishood ku jiro u iri: "Alle ha kuu naxariisto'e, maxaad ayaamo ugu kaadin weyday". Waxa uu yiri: "Sabab!" kuna daray: "Sow ima aadan oran afar dirham baan haystaa? Mise waxa aad dooneysaa in Eebbe i yiraahdo maxaad ninka habeenkaas doobnimo ugu dhaaftay adiga oo xaaskiisii haya.

Waa taas naagtaadii, waana taas alaabadiinnii, waana taas gabar idiin adeegta iyo kun dirham oo aad masruufataan. C/laahiyow amaanada Eebbe iga guddoon, waxa aan dhaar kuugu marayaa in aad iga guddoomaysid gabar soon iyo salaad badan, kitaabka Eebbe iyo sunnada Rasuulkiisana aqoon badan u leh, ee Alle kaga cabso, aniga dartayna ha uga xishoon, ee haddaad wax aadan jeclaysan ku aragtid, inta aad edbisid gacanteyda ku soo sin", waana uu sii dhaqaaqay.

C/laahi waxa uu yiri: Wallaahi baan ku dhaartaye weligay ma aanan arag naag kitaabka Alle ka akhrin og, sunnada Rasuulka (SCW) kagana aqoon badan, kagana cabsi badan Allihii abuurtay, waxanay ahayd mas'alada culimada wareerisa tan jawaabteeda la weydiiyo. Mar kasta oon Saciid is aragno waxa uu iweydiin jiray: "Qoftii say tahay?" Markaas baan dhihi jiray: "Way ladan tahay".

Keddib markii ay gabadhii wiil ii dhashay, baan maalin aniga oo suuqa u baxay waxa aan soo laabtay islaan aanan weligey arag oo aqalka dhex fadhida. Ka noqo markaan islahaa bay xaaskaygii tiri: "Soo gal C/laahiyow, waa qof araggeeda Eebbe kuu banneeyay eh". Markaas baan weydiiyey: "Alle ha kuu naxariisto'e tumaad ahayd?" "C/laahiyow gabadhaan hooyadeed baan ahaye maxaad kala kulantay?" "Khayr Alle ha idinka siiyo, si fiican baad u barbaariseen una edbiseen". "C/laahiyow annaga ha inoogu danayne, haddii aad xumaan ku aragtid edbi, waxa aan nafteeda ka ahaynna adigaa leh, dhoola caddayntana ha ka badin yaanay ku dhayalsane. Eebe dhallaanka cusub haydiin barakeeyo, ha ka dhawro Shaydaan, hana ka dhigo mid Alle ka cabsi badan sidii awoowihiis. Wallaahi baan ku dhaartaye Afartan sano oon isqabnay ma aanan arag maalinna isaga oo Allihiis ku caasinaya, lacagtaasna isagaa idiin soo dhiibaye qaata".

Cabdullaahi waxa uu yiri: "Waan ka qaatay lacagtii, waxayna ahayd Shan diinaar. Sidii ay islaantii markaas inooga baxday siddeed iyo toban sano wejigeeda dib uma aanan arag ilaa geeriyi ina kala geysay". Dhammaad qisadii Saciid bin Al-Musayib.

ISKA EEG INANTA INTAASNAD GUURSAN

Ninku kolka uu xulanayo tii nolol la wadaagi lahayd, diintu waa ay u oggoshahay in uu iska eego, hase yeeshee su'aasha meesha ku jirtaa waxa weeye: (Intee in la'eg buu ka eegi karayaa jirkeeda?).

Waxaa layiri: Cumar binu Khaddaab (RC) ayaa weydiistay Cali bin Abii-Dhaalib (RC) in uu siiyo gabadhiisa Ummu-Kaltuum, markaas buu Cali (RC) ku yiri: "Cumarow gabadhu way yartahay, balse waan kuu soo dirayaaye aragoo haddaad raalli ka noqoto waa naagtaada".

Markaas buu gabadhii inta uu maro u soo dhiibay ku yiri Amiirul-Mu'miniinka ugee, oo ku dheh aabbe waxa uu ku yiri: "Waa tii aan kuu sheegayey".inta ay Cumar u tagtay bay maradii u dhiibtay, erayadiina u sheegtay. Cumar (RC) baa markaa ku yiri :"Usheeg aabbahaa raali baan ka nahaye". Markay bax is tiri oo sii jeesatay buu Cumar (RC) kubabkeeda marada ka qaaday. "Yaaaa, haddaadan Amiirul-Mu'miniin ahaan lahayn ishaan kaa dharbaaxi lahaa" bay iyada oo xanaaqsaninta ay tiri ka sii dhaqaaqday. Kolkii ay aabbeheed ku noqotay bay waxa ay ku tiri: "Waxaad ii dirtay odoy xun oo sidaas iyo sidaas igu sameeyay". "Maandhay waa ninkaagii" buu Cali (RC) hadal ku soo gooyay.

Abuu Hurayrah (RC) waxa laga weriyay in uu yiri: Nin baa Nabiga (SCW) u yimid, kuna yiri: Islaan Ansaariyad[10] ah baan guursaday. Markaas buu Rasuulku (SCW) ku yiri: **(Ma iska eegtay Ansaartu indhaha ayay wax ku leeyihiin eh)**[11] . Nabigu (SCW) "wax ku leeyihiin" waxa uu ula jeeday baa la yiri way indha yaryar yihiin.

Culimada diinta Islaamka qaar baa oggol in ninku gabadha uu guurkeeda doonayo uu ka eegi karayo jirka qaybihiisa haween lagu raaco sida; wejiga, gacmaha, kubabka lugaha, iwm. Qaarbaase intaas ka sii fogaaday oo gaarsiiyey ilaa iyo jirka oo dhan waxa aan ka ahayn labada dalool (cambarka iyo dabada).

Hase yeeshee, culimada qaar kale waxa ay leeyihiin: Eegmada laga hadlayaa waxa ay leedahay asluub iyo anshax ninka guurdoonka ahi in uu tixgeliyo loo baahan yahay:

* Uma bannaana ninka guurdoonka ahi in uu eego wax aan ka ahayn wejiga iyo labada calaacal, waana in uu niyad guur u eegayo.

* Waxaa u bannaan haddii loo baahdo in uu eegmada ku celceliyo, si tilmaameheedu ay maskaxdiisa ugu dhegaan.

* Way bannaan tahay in ay gabadhu kula hadasho, isaguna uu kula hadlo fadhiga doonashada.

* Ma bannaana in uu gabadha uu guurkeeda doonayo salaan ku gacan qaado, maadaama ay weli ajnabi ka tahay oo aanu nikaax dhicin, iyada oo laga duulayo Xadiithkii Caa'isha (RC) laga weriyay ee ahaa: (Rasuulka (SCW) gacantiisu weligeed axdiga Islaamka kulama aanay taaban gacan haweenay ka ajnabi ahe waxa uu axdi kula geli jiray hadal ahaan oo qura)[12] .

* Ma bannaana in ay keligood kulmaan, waase in qof gabadha maxram u ahi goobtaas joogo, maxaa yeelay Islaamku ma oggola in haweenay ajnabi ah keli lala noqdo. Waxa taas daliil u ah Xadiithkan: Ibnu Cabbaas (RC) waxaa laga weriyay: Rasuulku (SCW) waxa uu yiri (War hooya, midkiin yaanu haweenay la keli noqon, qof iyada maxram u ahi in uu la joogo mooyee)[13] .

SIFOOYINKII SHEEKH AL-NAFSAWI

Shaikh Al-Nafsawi oo ahaa caalim Islaam ah, noolaana qarniyadii dhexe waxa uu buuggiisii (Ar-Rowdul-Caadhir fii Nus-hatil-

---

10   *Ansaar: Muslimiintii reer Madiina ee Nabiga (SCW) iyo dadkii Makka ka soo haajiray Madiina ku soo dhoweeyay.*

11   *Muslim (1424/75).*

12   *Muslim (1866).*

Khaadhir) ku qoray sifooyin uu sheegay in gabadha leh aan sinnaba loo daayin guursigeeda. Haddaba, sifooyinkii uu sheekh Al-Nafsaawi tilmaamay iyo qaar kaloon tixraacyo kale ka helnay haddii aynu nuxurkoodii soo koobno, waxa ay ahaayeen sidatan: (Gabadha guursigeeda la doonaa waa tan uu jirkeedu buuxo oo joogga iyo hilibka leh, foolka ballaaran leh, timaha dhaadheer ee madow leh, indhaha sidii ilays la shiday oo kalaa leh, dhabannada shushuban leh, sanqaroorka qoran leh, sunniyaha dhaadheer ee madmadow leh, afka yar iyo ciridka madow leh, ilkaha sidii aleel la qoray ah leh, dibnaha, dhabannada iyo carrabka cas leh, sanka iyo afka carfaya leh, qoorta dheer iyo cabbaaryaha leh, garbaha waaweyn leh, gacmaha buurbuuran iyo garaaraha leh, shafka ballaaran leh, naasaha toobinka ah ee dharka dul saaran dhibsanaya doonayana in ay ka soo dhex baxaan leh, xabadka iyo naaska buuxa leh, dhexda yar leh, sinaha waaweyn leh, cajarrada waaweyn leh, qaarka dambe iyo doolasha waaweyn leh, kubabka buuxa, cagaha yaryar iyo cirbaha jilicsan leh.

Gabadha socodkeedu yahay sidii uu abwaanku u sawiray: "Culays kuma dhaqaaqdo mana cararto, cagta socodka kuma dhererto ciiddee way ciribsataa", kolka ay soconayso laafyoota, kor iyo hoosna ka lulata, soo socodkeeda aad macaansatid, sii socodkeedana la miyir beeshid, bashaashadda aan hadalka iyo qosolka badnayn, codka iyo carrabka gaaban balse erayga ka soo baxa bukaankii maqlaa macaantiida ku bogsoodo, bixitaanka iyo soo gelitaanka yar gurigana aan dhaafin, deriska aan dan lama huraan ah mooyee hadal u doonan, dibadda marka ay dan ka yeelato ninkeeda oggolaansho ka dalbata, duunyo duqeeda mooyee dad kale aan weydiisan, iimaanka badan oo wax yari deeqaan, degganaanta iyo dulqaadka badan,

ninkeeda daacadda u ah oo haddii uu gogosha ugu yeero degdeg uga yeesha, haddii uu damco ayadu doonata, haddii uu iska daayana isdadabta, kolka ay galmadu dhacayso dhabannadu casaadaan, indhuhu caddaadaan, dibnuhuna ciyaaraan, kalkay

---

13   *Bukhaari (3006), Muslim (1341/424).*

ninkeeda la joogto farax iyo qosol badan, marka ay dad kale arkeysana afgaaban oo edeb badan, eer-sheegad yar, abtiyaal iyo adeeryaal akhyaar ahna leh).

RAG MAXAA LAGU RAACAA?

Ragga iyo dumarku way ku kala duwan yihiin marka laga eego astaamaha la'isku doorto xilliga guurka. Rasuulku (SCW) waa kii yiri: (Naag waxa loo guursadaa maalkeeda, quruxdeeda, sharafteeda iyo diinteeda). Xadiithku waxa uu ina tusayaa in maalka iyo quruxdu ay 50% ka yihiin sababaha dumarka loo guursado.

Hase yeeshee, kolka ay arrintu joogto ninka isagu doonaya in uu guursado, qiimeyntiisu taas way ka duwan tahay. Diinta Islaamku waxa ay xaddidday laba shardi oo haddii ninka laga helo ay tahay in markaas inanta uu soo doontay loo guuriyo, labadaasi shardi oo kala ah; diin iyo dabeecad.

Abuu Hurayrah (RC) waxa uu Suubbanaha (SCW) ka weriyay: **(Haddii uu nin aad diintiisa iyo dabeecaddiisa u bogtaan idinka soo doonto "gabar", u guuriya, haddii aydaan yeelinna xumaan iyo fasahaad weyn baa dhulka ka dhacaya)**[14] .

Xadiithka waxa aad ka garan kartaa in dabeecadda qofku aanay ku xirnayn diintiisa, maxaa yeelay si kasta oo qofku uu diinta u yaqaan, haddana dabeecad wanaagga, degganaanta iyo qabowga iyo waa loo kala dhashaa dabeecad xumida, xanaaq dhowaanta iyo kulaylka joogtada ah.

Rasuulku (SCW) kuma aanu soo hadal qaadin Xadiithkiisa qurux iyo maal looga baahan yahay ragga guur-doonka ah toona. Haddaba, sababtu waxa weeyaan, aynu ku horreyno quruxda eh, ninka ragga ah waxaa qurux ugu filan ragannimadiisa, oo kol haddii uu waxgarad yahay, geesi yahay, caqli iyo kartina leeyahay, waxa ay ila tahay qurux ay dumar ku raacaan oo u harsani ma

---

14   *Tirmidi (1084), Ibnu Maajah (1967).*

jirto. Dhanka kale, marka diinta Islaamka laga hadlayo, maalku shuruudaha guur-doonka lagu xiray ka mid ma aha. Ninkii diin (aqoon iyo ku dhaqan) iyo dabeecad wanaag isku darsada, Eebbe isaga ayaa xagga maalka ka kafaalad qaaday. Waxa taas markhaati ka ah Aayadda Qur'aanka ee oranaysa: (Haddii ay sabool yihiin Eebbe isaga ayaa deeqdiisa ku hodminaya) (An-Nuur: 32).

GAYAANKAA GUURSO

Arrimaha loo baahan yahay in ahmiyad la siiyo kolka la dooranayo in la xusho lammaanaha nolosha, waxa ugu horreeya diinta iyo dabeecadda sidii aynu horeba u soo sheegnay. Waxase aan la inkiri karin in ay jiraan umuuro kale oo iyaga laftoodu ahmiyaddooda leh, waxana ka mid ah farqiga u dhexeeya da'da ninka iyo da'da inanta uu guurkeeda doonayo.

Abuubakar (RC) iyo Cumar (RC) ayaa mid waliba goonidiisa u soo doontay Faaduma binti Rasuul (SCW). Markaas buu Rasuulku (SCW) mid waliba goonidiisa ugu sheegay in ay gabadhu yartahay. Hase yeeshee kolkii uu Cali (RC) soo doontay, waa uu siiyay. Culimada qaar baa arrintaas ku micneeyeen in Rasuulku (SCW) uu doonayey in uu gabadhiisa u guuriyo nin ay isku da' dhowyihiin, waxana markaasi Faaduma (RC) ay jirtay shan iyo toban sano iyo shan bilood, halka uu Cali (RC) ka jiray koow iyo labaatan sano iyo afar bilood.

Waxaa laga yaabaa in uu maskaxdaada ku soo dhaco guurkii Rasuulka (SCW) iyo Sayidah Caa'ishah (RC) oo iyadu aad uga da' yarayd Rasuulka (SCW). Hase yeeshee, qoraaga kitaabka (Tuxfatul-Caruus) Maxamuud Istambuuli waxa uu ku doodayaa in umuurtaasi aanay ahayn mid lagu dayan karo sababahaan soo socda awgood:

• Dadnimada Rasuulka (SCW) oo dadnimo qof lala simaahi aanay jirin, taas oo keentay in ay Caa'ishah farxad kula noolayd, isagana ka door bidday nin kasta oo dhallinyaro ahaa oo soo doontay.

• Ulajeeddada siyaasadeed ee ka dambeysay guurkaasi oo

loola jeeday in dhidibbada loogu aaso xiriir dhexmara Rasuulka (SCW) iyo Abuu Bakar Al-Siddiiq (RC) oo saaxiibtinnimada soo-jireenka ah ee ka dhaxaysay isaga iyo Rasuulka (SCW) ka sokow, ka mid ahaa hogaamiyeyaasha Carabta, looguna fududeeyo maslaxadda ka dhaxaysay, maadaama uu Abuu Bakar mar walba tegi jiray guriga Rasuulka (SCW) si dardarsiimo loo geliyo Dacwada Islaamka.

• Caa'ishah oo ahayd qof aad u diin badan, marnabana aan cabsi looga qabin in ay gef ka geysato guurkaasi.

• Rasuulka (SCW) oo la siiyay awood ragannimo u dhigantay afartan ragga asxaabtiisa ah, sida ku soo aroortay Xadiithka Saxiixa ah) Dhammaad faalladii Istambuuli.

Sida ninkuba u jecelyahay in uu guursado gabar da' yar, qurux badan, caqli badan, dhawrsan, isagana jecel oo dhaqaalaysa, ayay gabadhuna u jeceshahay in loo guuriyo wiil da' yar ama aan wax badan ka durugsanayn, qurux badan, caqli iyo ragannimo badan, dhawrsan oo iyada uun ku kooban, deeqsina ah.

Waxaa la yiri: Nin gaaban oo fool xun baa waxa uu qabay gabar qurux badan. Maalin buu u soo galay iyada oo si fiican isu qurxisay. Markaas buu isha la raacay awoodina waayay in uu ka jeesto. Markay aragtay sida uu u eegayo bay tiri: "Maxaa kugu dhacay?" Waxa uu yiri: "Wallaahi aad baad u qurxoonaatay". Markaas bay tiri: "Ku bishaareyso in aan aniga iyo adiguba Janno geleyno". Suu weydiiyey: "Oo xageed ka ogaatay?" "Aniga oo kale ayaa lagu siiyey, markaas baad shukriday, adiga oo kalena waa la'i siiyey markaas baan sabray, qofka shukriya iyo ka sabraana waa ehlu janno" bay hadal ugu soo jartay.

Waxaa la yiri: Nin baa isaga oo faras fuushan waxaa ka hor timid naag aanu quruxdeeda iyada oo kale hore u arag. Markaas buu ku yiri: "Haddii uu nin ku qabo Eebbe hakuu barakeeyo, haddii kalese ii sheeg". Markaas bay ku tiri: "Maad iska kay dhaaftid wax aanad jeclayn baa igu yaalle". "Maxaa kugu yaal?" Waxay ugu jawaabtay: "Madaxayga cirraa ku taal". Intaas markii uu maqlay buu faraskii saynta u rogay si uu u dhaqaaqo, waase ay hor istaagtay, oo inta ay timeheeda hagoogta ka qaadday tustay, mise waaba timo madowgooda wax lagu mitaalo aan la arag. Waxay ku tiri: "Wallaahi in aanan weli labaatan jir gaarin, hase yeeshee waxa madaxaaga iiga muuqatay cirro, waxana aan rabay in aan ku tuso in annaguba aan idinku nacayno waxa aad nagu nacaysaan".

Waxa la arkaa waqtiyadaan dambe dad badan oo isdooranayaa in ay isku doortaan muuqaallada dibadda sida: midabka jirka, timaha, eegmada, iwm., iyagoo qofka ay dooranayaan aan ka eegin dhanka astaamaha nafsiyeed iyo dabeecadeed oo iyagu ah kuwa nolosha qoys u horseeda farxad, raynrayn, raaxo iyo murugo la'aan.

Haddaba, waa in rag iyo dumarba muuqaalka kore oo qura aan la isku dooran, balse lagu doortaa qofka shakhsiyaddiisa, sababta oo ah muuqaalku waa mid ku xiran da'da qofka oo baaba'aya. Tusaale ahaan, gabar ku fekeri jirtay in ay hesho wiil dheer, jirkiisu dhisan yahay, lebbis qurxoon, taajir ah iwm., haddii ay hesho wiilkii ay ku riyoon jirtay una haysatay in uu noqon doono wehelkeeda adduunyada (isna uu ku doortay sifooyinkii ay ku dooratay kuwa la mid ah), kolka ay aqalgalaan oo dabadeed inta ay ka dheregto sifooyinkiisa dibadda, u baahato dadnimadiisa gudaha ayna markaasi ka weydo, waxa ay billowdaa in ay dareento dhibaatooyin aanay hore ugu xisaabtamin iyo in aanay raalli ahayn. Haddaba, kolka aad dooranaysid kan kula wadaagaya nolosha, waa in aad ka eegto oo qiimaysid gudihiisa iyo dibaddiisa labadaba oo aanu kugu noqon (afka malab uur minshaar).

Gabadhu inta aanay isku indha tirin jacayl, waxa loo baahan yahay in ay ogaato ruuxa ay laabteeda u furaysaa in uu noqonayo kan ay isla billaabi doonaan socdaal nololeed jiraya ilaa ay geeriyi kala geyso. Waa in ay maskaxda ku haysaa in doorashadu ay tahay imtixaan ay geleyso inta ay nooshahay kan ugu adag, sidaasi daraadeedna ay isugu geyso wax allaale waxa ay xeel iyo khibrad leedahay sidii ay u darsi lahayd dabeecadda iyo shakhsiyadda gudaha ee qofka ay dooranayso.

Waxaa laga yaabaa in qofku aragtida guud ka fiyowyahay, balse uu hoosta ku wato cudurro xunxun sida; Qaaxada iyo Jabtada amaba cudurrada kale ee waqtiyadaan dambe ku caan baxay dunida kuna qarsoon xubnaha taranka, kuwaasi oo ay khatartoodu badan tahay gaar ahaan kolka ay hayaan haweenka. Waxa laga yaabaa in Jabtada kolka la iska daweeyo ay dusha ka bogsooto, balse ku qarsoon tahay jirka hoose ilaa ay maalin maalmaha ka mid ah u gudubto maskaxda keentana cudurro Eebbe kaa hayo, iyada oo weliba u gudbaysa qofka aad isqabtaan iyo carruurta intaba. waxana waajib ah in arrimahaasi oo dhan maskaxda lagu hayo marka la dooranayo lammaanaha nolosha.

Ugu dambayntii, waxaa lagama maarmaan ah in uu jacayl jiro amaba israbitaan ka dhexeeya labada ruux ee guurka u sharraxan, hase yeeshee jacaylka laf ahaantiisa ma aha in laga dhigto yool, balse waa in uu ahaadaa waddo xaaran oo loo maro hadaf ka weyn oo ay labada qof hiigsanayaan, kaas oo ah guur raynrayn wata oo waara.

DOONASHADA GABADHA

Doonashada gabadha, haddii aynu ka eegno dhanka diinta Islaamka iyo dadkii hore, waxa ay ahayd sidatan: wiilku dumar buu dirsan jiray uga warkeena inanta akhlaaqdeeda iyo gaarinimadeeda. Haddii uu markaas wanaagga laga soo sheego iyo warbixinta laga keeno la dhacana, duqay buu kaxaysan jiray amaba keligiis buu bixi jiray oo inta uu aabbaha gabadha dhalay u tago, weydiisan jiray. Kolkaas aabbuhu haddii uu ku qanco wiilka diintiisa iyo edebtiisa, waxa uu la tashan jiray inanta iyo hooyadeed, haddii uu oggolaansho ka helana halkaas buuba ku bixin jiray. Gabadha markaas inta la mehriyo ayaa ninkeeda la daba dhigi jiray, waxaayse ahayd haddii uu sidaas dalbado. Haddii kale inta uu halkii uu ka soo doolay u noqdo, ayuu kolka uu guri diyaarsado soo doonan jiray, laguna dari jiray.

Maanta, doonashadu waxa weeye xaflad faraxeed oo duunyo badani ku baxdo dad badanina isugu yimaado, dabadeedna wiilka iyo gabadha oo si fiican loogu soo lebbisay. gacmahana ishaystaainta ay ku soo baxaan dadka xafladda ka soo qaybgalay, hortooda isugu geliya farraanti ka dhigan heshiis dhexmara labadooda oo ah in ay isguursan doonaan, waxayna dhab ahaantii u egtahay heshiis ganacsi labada dhinac mid loogu xajinayo kan kale, waana arrin aan diinta Islaamka wax sal ah ku lahayn.

Hablaha qaar doonashadu waxabay u tahay dareen iska sare marin ay iska sare marinayaan hablaha dhiggooda ahe aanay weli duruuftu u oggolaan in xafladda doonashadooda dadku isugu yimaado uguna alalaaso. Waxa iyana jirta in doonashado badani ku dhacaan si degdeg ah, si waddada looga xiro loogana boos qabsado kuwa tartanka kula jira gabadha ama wiilka. Dhallinyaro badan baa hablaha ugu ballan qaada guur, si ay rabitaankooda jinsiyeed dabadeedna ka baxa ballantii ay afar indhood hortood ku galeen. Kol haddiise doonashadu ay ku dhacayso dadka oo dhan hortooda, ceeb bay ku noqonaysaa iyo sharaf dhac, haddii inta uu gabadhaasi ku ciyaaro, dabadeed isyiraahdo ka bax doonashadaasi sabab la'aan.

Tijaabooyinku waxa ay caddeeyeen in doonashada, iyada oon la gaarin meher iyo aqalgal, ay galmadu ku xigsato, ay inta badan ku dhammaato kala tag. Doonashooyinka qaar baa ku dhaca xaalad qooq iyo kacsi iyo dhaar in aanay weligood kala harayn, iyada oon wax hordhac iyo ka fiirsi ahi ka horreyn, sidaasinainta ay u hoggaansamaan kacsi iyo rabitaan aan xad lahayn, daqiiqad keddib ka shallaaya wixii ay daqiiqad ka hor ku dhaqaaqeen. Gabdhaha qaar baa kolka wiilka ay jecel yihiin ay hoosta ka galaan, uu soo weeraraa dareen kacsi aan xad lahayni, dabadeedna awoodi waaya in ay (maya) yiraahdaan, iyaga oo miyir iyo dhimirba beela, sidaasna waxaa ku dhaca heshiisyo aan weligood dhaboobayn, iyada oo weliba meel laga noqdo aan la joogin.

Gabadhii marka hore soo-doonashadeeda oggolaata, muddo keddibna ninka diidda, sabab kastaa ha kallifto eh, mujtamacaadka reer barigu waxa ay ku eegaan il liidiseed, taas oo ah dulmi la jideeyey waqti fog. Ka bixista doonashadu ama haddii aynu si kale u niraahno ka bixista ballantii ahayd in la isguursan doono waxa ay xummeysaa sumcadda gabadha. Waxa intaas dheer in mujtamaca iyo cid kasta oo doonta in ay gabadhaasi dib u doonato labaduba u arkaan in ay tahay garoob, si kastaba gabadhaasi ha u jeclaato ninka cusube soo doontay, daacad iyo raaliyana ha ugu ahaato eh.

Dalalka aan diinta Islaamka ku dhaqmin qaarkood waxa ay doonashadu uga dhigan tahay xarig sharci ah, gabadha farraantiga loo geliyeyna waxa ay leedahay xuquuq u dhiganta tan ay leedahay xaaska la qabo iyo weliba xuquuqda uurjiifka caloosheeda ku jira, haddii ay u oggolaato soo-doontuhu in uu u galmoodo inta aanay aqalgelin. Waxa caadi ah in aad dalalka caynkaasi ah ku aragtid nin iyo haweeney isu dhalay laba iyo saddex carruur ah oo la leeyahay caawa ayuu nikaaxii iyo aqalgalkoodii dhacayaa. Waxa taas ka yaab badan in dalalka qaar aanayba labada qof is-guursanayn ilaa iyo inta ay ka hubsanayaan in ay carruur isu dhali karayaan, iyaga oo isla noolaanaya ilaa iyo inta ay dhawr carruur ah isu dhalayaan, markaas keddibna aqalgal iyo xaflad yaab leh loo dhigayo.

CUTUBKA
2^{AAD}

AQALGALKA

HABEENKA AQALGALKA

GABADHA UDHISA GACALKEEDA

Gabadha inta aan gacalkeeda loo guri geyn, waxaa loo baahan yahay in loo dhiso, loona naashnaasho.

Saciid bin Al-Musayib waxa uu Ibnu Cabbaas (RC) ka weriyey in uu yiri: Rasuulku (SCW) kolkii uu gabadhiisa Faaduma (RC) u guurinayey Cali (RC), waxa uu haweenkii ku yiri: "Inantayda Faaduma waxan u guurinayaa ina adeerkay Cali. Waanad ogsoon tihiin halkay iiga taallo, waxanan doonayaa in aan haddeer u guri geeyee gabadhii waa taase dhisa". Kolkaas, inta ay Faaduma u tageen, bay waxii ay dahab lahaayeen u geliyeen, wixii ay barafuunno lahaayeenna ku udgiyeen.

Muddo markii uu ka maqnaa buu Rasuulku (SCW) mar labaad u galay haweenkii. Markaas bay uga bexeen qolkii, waxase ku hartay gabar la oran jiray Asmaa' bintu Cumays. Rasuulka (SCW) ayaa markaas gabadhii weydiiyey: (Adigu tumaad ahayd?) "Tii inantaada ilaalineysay baan ahay", una raacisay, "inanta habeenka la aqal-gelinayo waa in ay qof dumar ahi la joogto u adeegta, haddii ay dan yeelatana u fulisa". Markaas buu Rasuulku (SCW) ugu duceeyey: "Eebe hortaada, gadaashaada, midigtaada iyo bidixdaada intaba Shaydaan ha ka ilaaliyo".

Haddaba, gabadha habeenka aqalgalka waa in inta si fiican loo dhiso, la raaciyaa gabar kale "malxiisad" ninka guriga ugu gelisa, una bandhigta qurux jirkeeda wixii ku qarsoon, iyada oo mar lugeheeda tusta, mar gacmaheeda, mar wejigeeda marna dahabka dusheeda ku raran, si uu isha uga buuxsado, ugana dhergo inta aanba gogol iyo galmo la isla gaarin. Waxaa waliba habboon in ninka xaaskiisa loo aqalgeliyo habeenkii kolka ay dunidu degto dadkuna jabaqda dhigo.

DARDAARANKA HOOYADA HABEENKA AQALGALKA

Hooyo. 1: (Inantaydiyeey, waxa aad ka baxday gurigii aad baratay una baxday gogol iyo nin aanad garanayn. U noqo dhul, samo ha kuu noqdo'e. U noqo dhab, udub dhexaad ha kuu noqdo'e. U noqo jaariyad, addoon ha kuu noqdo'e. Ha isku nabin yaanu ku nicine, hana ka fogaan yaanu ku hilmaamine. Haddii uu kuu soo dhowaado u dhowow, haddii uuse kaa meero ka fogow. Ilaali sankiisa, dhegihiisa iyo indhihiisa. yaanu kaa urin udug mooyee, yaanu kaa maqal hadal mac mooyee, yaanunna kaa dhugan dhalaal iyo qurux mooyee).

Hooyo. 2: (Inantaydiyeey, waxad ku socotaa nolol cusub. Nolol aanay hooyadaa, aabbahaa iyo walaalahaa midna jago uga bannaaneyn. Waxa aad noqoneysaa xaas uu qabo nin aan dooneyn in ay cidi kula wadaagto, xitaa haddii ay ciddaasi kuwii ku dhalay iyo kuwii kula dhashay ahaan lahayd.

Inantaydiyeey, ninkaaga u noqo naag iyo hooyo labadaba. Gaarsii heer uu aamino in aanay cid aan adiga ahayni jirin, mar kastana xusuusnow in uu nin yahay carruur caga weyn, hadal macaan kan ugu yarina uu ka farxinayo. Yaanu kaa dareemin murugo iyo in guurka uu ku guursaday aawgiis aad reerkaagii uga soo fogaatay, illayn isaguba gurigii aabbihiis iyo reerkiisii buu ka soo tegay eh. Hase yeeshee, farqiga adiga iyo isaga idiin dhexeeya waa uun farqiga nin iyo naag u dhexeeya, oo naagi mar walba waa ay ka beer jilcan tahay kagana xiiso badan tahay ninka xagga waalidkeed iyo gurigii ay ku dhalatay, ku barbaartay, waxna ku baratay. Waa in aad la qabsataa nolosha cusub iyo ninka cusub oo isagu laga billaabo maanta noqday ninkaagii iyo carruurtaada aabbohood.

Inantaydiyeey, waa kaas mustaqbalkaagii waana kaas gurigii aad adiga iyo ninkaagu wada dhisateen, aabbahaa iyo hooyadaana ka soo qaad wax tegay. Ku oran maayo iska illow aabbahaa, hooyadaa iyo walaalahaa, haddaad adigu illowdana iyagaanba ku illoobi karin, waxan aan kaa codsanayaa in aad ninkaaga jeclaatid, isu qurxisid, isagana u joogtid, weligaana maandhey iska ilaali masayr, haddii kale furriin meel kuuma jiro).

Hooyo. 3: (Inantaydiyeey, haddii ay gabari maal badnida waalidkeed nin kaga maarmi lahayd, adigaa ugu horreyn lahaa, balse haddii aynu dumar nahay rag baa la inoo abuuray, sida raggaba annaga naloogu abuuray.

Inantaydiyeey, waddankii aad ku dhalatay iyo gurigii aad ku barbaartay waa tan oo waad ka baxaysaa, adiga oo aadaya dal aanad aqoon iyo nin aanad la dhaqankiisa u baran, ee maandhey u ilaali toban umuurood:

- Tan koowaad iyo tan labaad: Ku qanac wixii uu ku siiyo kana maqal wixii uu ku yiraahdo, maxaa yeelay qanaacada qalbigaa ku qabooba, maqalka ninkana rabbi baa raalli ka noqda.

- Tan saddexaad iyo tan afraad: Halka ishiisu qabanayso la soco, halka sankiisu urinayana ogoowe yaanay ishiisu qurux mooyee wax kale qaban, sankiisuna udgoon mooyee wax kale urin.

- Tan shanaad iyo tan lixaad: La soco waqtiyada uu wax cuno, uguna dadaal degganaanta waqtiga uu hurdo, maxaa yeelay gaajadu way gubtaa, hurdadoo lagu bar gooyaana way ka caraysiisaa.

- Tan toddobaad iyo tan siddeedaad: U dhawr guriga iyo maalka ha ku qaddariyee, una daryeel qaraabada iyo ubadka maamul aqoon iyo marwanimo hakuu qiree.

• Tan sagaalaad iyo tan tobnaad: Sir ha ka bixin yaanu kaa sad goosane, amarna ha ka diidin yaanu inta uu xanaaqo, gacan kuu qaadine. Ha farxin isaga oo murugeysan, hana ismurjin isaga oo faraxsan).

DAREENKA GABADHA HABEENKA AQALGALKA

Gabadha aan bekra-jebinta wax fikrad ah ka haysan, was-waas, shaki iyo cabsiyi kama marna habeenka lala aqalgelayo. Marka aan leeyahay (fikrad) kama wado tijaabooyin hore oo ay soo martay, balse waa fikrad cilmiyeed la soo baray, loogana soo sheekeeyay. Waxaa dhacda in ay hablaha qaarkood ka baqaan in ayba kala dillaacaan habeenkaasi. Bekra-jebinta waxaa la socda xanuun yar oon micne lahayn, watana macaan illowsiisa cabsida oo dhan. waxan oran karnaa maba jiro wax xanuun lagu tilmaami karaahi, haddii aynaan annagu arrinka buunbuuninayn, siinaynna ahmiyad ka weyn tan uu mudan yahay.

Waxa waajib ku ah gabadha in ay isugu diyaariso guurka si qalbi furnaan leh, sababta oo ah habeenka aqalgalku waa hadafkeeda koowaad, waxaana ku xiran mustaqbalkeeda oo dhan. Gabadha si wanaagsan u xulatay gacalkeedu maba aha in ay cabsato, balse waa in ay si kalsooni leh xabadkiisa isugu tuurtaa una dhunkataa iyada oo u diyaar garoobeysa in ay la midowdo, laga billaabo saacaddaas ilaa iyo inta ay nooshahay. Dabcan gabadha caynkaasi ah ee farxad iyo laab furnaan ku soo dhoweysa habeenkeedu way hilmaantaa xanuunka aan wax la sheego lahayn ee la socda bekra-jebinta.

SIDEED U DHAQMAYSAA HABEENKA AQALGALKA?

Waxaan shaki ku jirin in aanu ninku wax dhibaato jireed ah kala kulmeynin bekra-jebina habeenka aqalgalka, hase yeeshee waxa uu la kulmaa dhibaatooyin nafsiyadeed oo kaga yimaada dhanka xabiibtiisa ka soo ttagtay gurigii waalidkeed ay ku noolayd laga soo billaabo carruurnimadeedii albaabkana laga soo xirtay, isna aragtay iyada oo joogta caalam cusub una dhiibaysa nafteeda iyo jirkeeda nin aanay aqoon amay dushaas uun ka arki jirtay, cunto cusub, guri cusub, amar qaadasho cusub, iwm. Waxaa laga yaabaa in gabadhaasi ay sanado badan daawan jirtay kana qaybgeli jirtay aqalgallo, buugag ku saabsan guurka akhrisan jirtay, kuna riyoon jirtay farxadda iyo raynraynta sugaysa, waana tan oo rajooyinkeedii gabarnimo maanta way dhaboobayaan, dareemeysaana halyeygeedan ay jeceshahay in uu yahay kan leh jirkeeda, misana waxa aanay ka dhamayn baqdin dumarnimo.

Habeenka aqalgalku waxa weeye habeen imtixaan, mana aha sida ay dad badani u haystaan habeen raaxo iyo in inta uu ninku isku dul tuuro haweeneydiisa cusub uu ka darduurto macaan aan xisaab lahayn. Waxaa waajib ku ah ninka in uu habeenkaasi ula dhaqmo gacaladiisa sidii qof marti ah oo kale, sidii naagtiisna aanu ula dhaqmin. Sababta oo ah ahmiyadda nafsiyadeed ee habeenkaasi leeyahay baa ka weyn tan jinsiyeed. Waxaa ninka looga baahan yahay in uu bixiyo wax ka badan inta uu qaadanayo, waana in aanu ka fekerin raaxadiisa balse u qaato in habeenkaasi yahay habeen imtixaan kaas oo xaddidaya mustaqbalka iyo aayaha dambe ee la dhaqanka haweeneydiisa, iyada oo habeenkaasi ka qaadanaysa fikrad heerka ay gaarsiisan tahay raganimada ninkeedu, kalana hubsanaysa in riyadii ay ku taami jirtay ay u dhabowday iyo in ay khasaartay.

Asmaa' bintu Yasiid (RC) oo malxiisad u ahayd Caa'ishah bintu Abii-Bakar (RC) markii uu Nabigu (SCW) la aqalgelayey, waxaa laga weriyey in ay tiri: (Caa'ishah oo si wanaagsan loo soo qurxiyey ayaan soo geliyey qolkii aqalgalka, markaas baan ugu yeeray rasuulka (SCW). Waxa uu Rasuulku (SCW) inoo soo galay isaga oo sida weel ay caano ku jiraan. Caanihii qaar inta uu cabay buu Caa'ishah u taagay, markaas bay kama qaadane hoos dhugatay xishood dartiis. Markaas baan cod canaani ku jirto ku iri: Naa Nabiga (SCW) ka guddoon. Dabadeedinta ay ka qaadatay bay xoogaa ka cabtay, markaas buu ku yiri: "**Inta soo hadhay sii hablaha saaxiibbadaada ah**").

Haddaba, waxa aynu halkaas ka garan karnaa gabadha kolka la soo geliyo gurigii lagula aqalgeli lahaa, inay habboon tahay in ugu horreynta la guddoonsiiyo hadiyad wixii markaas loo heli karo, loona sheekeeyo si xishoodka iyo baqdinta looga bi'iyo, waana in aan marna gogosha lagula degdegin.

Diinta Islaamku waxa ay qabtaa in kolka aroosadda aqalka la soo geliyo, inta uu ninku madaxeeda gacanta ka saaro, uu ku ducaysto in Ilaah khayrkeeda iyo barakadeeda waafajiyo, wixii xumaan ah oo ay leedahayna ka badbaadiyo.

Amarka ugu horreeya ee ay habboon tahay in uu ninku xaaskiisa cusub siiyaa waxa weeye in ay laba rakco oo salaad ah ku xirato, ayna ku ducaystaan in Ilaah isu barakeeyo, carruur khayr qabtana kala siiyo. Sidaas bay labada isqabaa ku dareemayaan in ulajeeddada ugu weyn ee guurku aanay ahayn galmo iyo raaxaysi, balse ay tahay gudasho waajib diini ah iyo dhalid carruur dadkooda iyo dalkooda anfacda. Sidaas bayna diinteenna Islaamku niyadda ugu dhisaysaa labada qof habeenka aqalgalka, ugana dhigaysaa macaanta hawsha habeenkaasi cibaado.

Ninku sida uu u dhaqmo habeenka aqalgalku waxa ay ku xirantahay sida uu u fekero, aqoontiisa, da'diisa, heerka rabitaankiisa jinsiyeed, iwm. Haddaba, si looga hor tago dhibaato kasta oo si lama filaan ah ku timaadda, waxa loo baahan yahay in ka hor habeenka aqalgalka ay labada isdoortay iska afgartaan mashaakilka jacaylka iyo guurka. Haddii ay dareemaan inay isku afgaran la' yihiin arrimahaasi, waxa talo iga ah in ay kala tagaan, sababta oo ah guurka ku billowda is afgaranwaa jinsiyeed waxa uu la mid yahay cimaarad laga dul taagay bacaad, khasabna ay tahay in ay isbuurato.

Ninka habeenka aqalgalka waxa waajib ku ah inuu ka fogaado wax kasta oo miyirka ka qaadi kara sida: mukhaadaraadka, qaadka (jaadka), khamriga, iwm - waxyaabahaasi oo sidoodaba xaaraan ka ah qofka Muslinka ah - si aanu u fasahaadin una burburrin rajooyinkii xabiibtiisa oo dhaboobaya habeenkaas. Kuwaasi oo ah in ay aragto gacalkeeda oo inta uu waji furan ku soo dhoweeyo, xagga iyo sariirta u ximbaara. Waa in uu ka ilaaliyaa inay ku baraarugto nin marqaansan ama cabsan, kuna soo socda isaga oo jaad ama khamri ay ka soo urayaan, afkiisana ay ka soo baxayaan erayo aan dhegaha u roonayn, halkaasina dabadeed ay kaga qaraxdo quraaraddii rajadu.

Kolka labada caruus ay ka tagaan goobta waliimada una baqoolaan xaggaas iyo gogoshooda, waxa ninka waajib ku ah in uu u dhaqmo si xilkasnimo ku jirto. Waa in aanu hilmaamin in xafladdu ay daalisay jirka ooridiisa cusub. Maalinta aqalgalku waxa ay farxad u tahay labada qoys, ehelada kale iyo asxaabta oo dhan, hase yeeshee daal bay u tahay labada aqalgelaya, iyadoo weliba inta badan xafladda la qabto qorrax dhac keddib.

Waxa habboon in ninku aanu ugu deg-degin firaashka sidii isaga oo xiso waxbarasho dhaafaysa ka gaarsiinaya. Waa in aanu ku degdegin furitaanka hadiyadda loo keenay. (Ninyahaw noloshaada guur ha ku billaabin kufsi. Ha degdegin saacado, maalmo iyo sanado badan baa ku horyaal aad sida aad doontid u raaxeysan kartid eh. Ka ilaali gacaladaada wax kasta oo shaki, naxdin, iyo degganaan la'aan ku abuuri kara, ulana dhaqan ugu yaraan saacad kaamil ah sidii adinka oon weli aqalgelin, waxbana aanay dhicin. Waxaan ula jeedaa, uga sheekee jacaylka aad u qabto iyo quruxdeeda, isuna ahaada sidii aad habeen ka hor isu ahaydeen, si ay gacaladaada degganaantii ugu soo noqoto una dareento ammaan iyo nabad-gelyo, wax walbana waad heli doontaaye tartiibso).

Waa in ay aroosaddu heshaa xorriyad buuxda oo ay dharka iskaga beddesho, waana in aanu u soo gelin ninkeedu ilaa ay sariirta tagto. Waa in isagu uu dharka isaga soo beddelo qol kale ama suuliga. Aroosaddu waa in ay soo xirataa dhar khafiif ah oo laga dhex arkayo jirkeeda furitaankiisuna uu sahlan yahay sida guntiinada oo kale, si ay u soo jiidato ninkeeda, laakiinse looma baahna in uu isagu soo qaato dhar khafiif ah, ama xayto, amaba is-qaawiyo, taasi oo ka didinaysa xaaska habeenka ugu horreeya. Waxa laga yaabaa in gabadhu kolka ay aragto jirka ninka oo qaawan uu u cuntami waayo, oo sidii ay filaysay iyo sida dhabta ahi ay kala fogaadaan, sida geedkiisa oo aad u weyn ama jirka ninka oo dubkiisu uu aad u jilicsan yahay, ama tin fara badan leh amaba ay aafo ku taal.

Waxyaabaha ay gabadha bekrada ahi aadka uga xumaato, nafteedana dhaawaca waxa ka mid ah, ninka oo jirkeeda u qaawiya si ulakac ah, sababta oo ah waxa lagu barbaariyay in ay is-asturto ama ay cawradeeda hoose sida naasaha, caloosha iyo xubinta taranka qarsato. Sidaas awgeed ninka oo goobahaasi mar qura daboolka ka rogaa (gaar ahaan kolka uu isagu dharkiisii weli qabo) waxay gabadha ku dhalisaa xishood iyo in ay ka xumaato, dareentana in ninkeedu ula dhaqmayo sidii in ay dhillo tahay oo uu rabo in uu ka dhamaysto oo qura. Waxa kale oo loo baahan yahay in ninku aanu gacmihiisa gabadha dharka oo dhan uga dhigin, sababta oo ah waxa ay u haysataa in dharku uu asturayo wax aan loo baahnayn in indhaha ninku ay arkaan oo ah ceeb jirkeeda ku taal.

Haddaba, ninka waxa la gudboon in ooridiisa cusub habeenka koowaad in uu u daayo in ay iyadu dharka iska dhigto ama iska beddesho. Weliba marka ay dharka iska saarayso waa in uu tagaa meel aanay ka arkayn, si aanu uga xishoodsiin. Haddii haddaba, uu yahay ragga ka hela in ay hawshaas iyagu fuliyaan, waa in uu si tallaabo-tallaabo ah u fuliyaa oo aanu hal mar dharka ka wada dhilqin, balse uu dhawr habeen hadba meel ku sii hoydaa, kuna fuliyaa hawshaasi meel mugdi ah inta ay xaaskiisu ka baranayso, ugana kalsoonaanayso. Kolka uu kalsoonidaasi kasbado, wax dhibaato ah kala kulmi maayo in uu sida uu doono wax yeelo.

DHIBAATOOYINKA DHAQANXUMIADA NINKA

Waxaa dhab ah habeenka aqalgalka, in aqoon la'aanta gabadha iyo aqoon yarida ninku ay keeni karaan xaalado murugo leh oo aynu ka tilmaameyno oo keli ah saddexdaan xaaladood.

• Gabar baa ku kortay guriga waalidkeed. Walaaleheed ka da' weynaa kolkii ay wada guursadeen, baa lagu khasbay in nin loogu loogu tilmaamay in uu yahay nin wanaagsan ay guursato, iyadoo lagu qanciyay in jacaylku uu guurka dabadiis imaan doono. Kolkii gabadhii loo aqal geeyay, buu ninkii habeenkii koowaad ku billaabay habab galmo aanay u dulqaadan karin, weligeedna aanay ku riyoon in ay la kulmi doonto. Habeenkii labaad, gabadhii waxa ay iska tuurtay daaqaddii guriga oo ka koobnaa dhawr dabaq, iyada oo geeri ka door bidday waxyaabaha uu ninkeedu kula kacayo oo in la qariyaa ay ka roon tahay sheegistooda.

• Waxay ahayd gabar aad u dabeecad wanaagsan, furfuran dadka intii taqaannay oo dhamina jeclaayeen, balse dareen fudud oon dulmi u dulqaadan. Gabadhii waa la guursaday iyada oo raalli ka ah, hase yeeshee aan nolosha guur waxba ka garaneyn. Habeenkii aqalgalka ayuu ninkeedii amar ku siiyay in ay isdhiibto, mise waa ay diidday, iskuna dayday in ay iska caabbiso. Dabadeed ninkii baa sidii dugaaggii oo kale u soo weeraray, si uu u helo waxa uu u haysto in uu xaq iyo sharci u leeyahay. Gabadhiiinta ay xanaaqday, ayay billowday in ay jejebiso alaabadii qolka taallay inta ay ka gaartay. Kolkaas buu dadkii hoteelka degganaa soo kala yaacay oo intii ay gabadha dhakhtar u dooni lahaayeen, u dalbeen ciidanka booliska, kuwii oo iyanainta ay qabteen oo xirxireen u gudbiyay cusbitalka dadka waalan.

• Gabar baa guriga aabbeheed gu' soddonaad ku gaartay. Maalintii dambe baa nin lagu mehriyay, waxayna dhawr jeer isku dayday in ay ninkeeda wada hadal kala yeelato arrimaha ku saabsan nolosha guurka. Nasiib darrose, mar waliba waa uu ku xanaaqayey, isaga oo diiddan in uu naag kala hadlo mowduuc ceynkaas ah, sharaftiisana ku ciyaaro. Yeelkadiis eh, natiijadii kibirkiisu waxa ay soo baxday habeenkii aqalgalka. Xaaskiisa oo ku kortay dhawrsanaan buu ka soo hor baxay isaga oo qaawan oo sidii Eebbe u abuuray ah. Gariir xoog leh iyo argagax bay aragtidaas naxdinta lihi gabadhii ku dhalisay, waxayna billowday in ay isdifaacdo, isagiina isku deyay in uu weeraro oo qabsado, balse wax guul la taaban karo ah sooma aanu hoyn, inkasta ooy libintu dhankiisa u badnayd. Kolkii uu ogaaday in aanu halkaasi koob biyo ah ka kabbanaynin, buu qolkii oo la moodo goob legdan dib uga gurtay isaga oo caydu afkiisa ka fanfaniinayso, degayna qol kale. Subaxdii ayuu soo laabtay si uu quraac u helo, waxase lagu salaamay quursi, yasmo, diidmo, iwm. Habeenkaas yaabka iyo argagaxa lehi waxa uu aroosaddii ku dhaliyay kacsi iyo rabitaan la'aan waqtiga galmada iyo weliba caadada oo isgef-gefta.

BEKRA-JEBINTA

Habeenka aqalgalku waa habeennada nolosha qoyska kan ugu horreeya, galmada dhacda habeenkaasi bayna gabadhu isugu bedeshaa haweeney. Sidaas darteed, aad iyo aad buu habeenkaasi ahmiyad ugu leeyahay haweeneyda cusub. Waxa ugu mudan ee habeenka aqalgalka dhacayaa waa bekra-jebinta.

Bekradu waa xuub ama dub khafiif ah oo ku dahaaran afka hoose ee cambarka, waxana ninka waajib ku ah in uu xuubkaas dillaaciyo ama ballaariyo kolka ugu horreysa ee uu dhalfada cambarka gelinayo. Waxaa jirta hablaha 10-39% xuubkooda bekradu in aanu dillaacin balse uu ballaarto, iyada oo ay dhalfadu si xoog leh ku dhex marto xuubkaas ballaartay. Xuubku waxa uu markaasi dhalfada u qabsanayaa sida laastiigga oo kale, halkaasina haweeneydu waxa ay ku dareentaa xoogaa xanuun ah oo ay macaani ku dheehan tahay (ka hadli mayno gudniinka fircooniga ah iyo gabadha la tolay, balse waxannu ka hadleynaa hablaha bekradii Eebbe u sameeyey qaba). Mar kasta oo ay dhalfadu sii ballaariso xuubka caynkas ah, xanuunku waa uu sii yaraadaa, sidaas buuna ninku geedkiisa, muddo dabadeed, si fudud cambarka ku geliyaa isaga oon wax dillaac ah u geysan. Kolka ay galmadu badato si toos ah buu xuubkaasi u kala tagaa isaga oo aanu wax dhiig ahi ka imaan amaba xitaa xanuunin.

Ragga khibraddoodu ay yartahay qaar baa u haysta in bekra-jebintu ay u baahan tahay xoog, kana shakiya awooddooda sidii iyaga oo ku jira ciyaar kooxeed, cabsidaasi oo dhibaato nafsiyadeed ku abuurta habeenka aqalgalka. Haddaba, xaqiiqdu waxa weeye in bekra-jebintu aanay u baahnayn xoog, hase yeeshee ay ku filan tahay oo qur ah geedka ninka oo kaca dhalfaduna adkaato oo ay taaganto.

Waddada ugu sahlan ee uu ninku xaaskiisa ku bekra-jebin karaa waa gabadha oo inta ay dhabarka si dherer ah ugu seexato, labadeeda lugood kala furta, jilbaha soo laabta, labadeed cajirna kala fogeysa iyada oo gacmeheeda kaashanaysa, sidaasina uu ku ballaarto afka cambarku, kuna giigsamo xuubka bekradu, dhex-maristiisuna ku fududaato. Dabadeed, inta uu ninku geedkiisa kareemo sibxashada sahasha ku subko, ayuu xaaskiisa kor kaga yimaadaa, oo dhalfada u saaraa bushimaha cambarka, hal-marna si kedis ah kaga dusiyaa, halkaasina bekradii sidii maqaar durbaan u dillaacdaa.

Haddii gabadhu ay tahay mid aqoon yar, cabsi badan, kana baqaysa bekra-jebinta, waxa ninka waajib ku ah in aanu isku deyin in uu xoog kaga dusiyo geedkiisa, gaar ahaan haddii uu geed weyn yahay sahalna aanay ahayn in uu cambarka dhex-maro, balse waa in uu u dib dhigtaa ilaa berrito kuna kaaftoomaa istiimin iyo salaaxid, si uu u soo dhoweeyo xabiibtiisa. Haddii uu ku guulaysto in ay xaasku istiinka qaadato waa in uu si tartiib-tartiib ah isugu dayaa in uu kaga baabi'iyo cabsida ay ka qabto ninnimadiisa, isaga oo erayadiisa naxariista leh laabta ugu dejinaya, iskuna deyaya in uu gacaladiisa ka bi'iyo is-difaaca nafsiyeed iyo kan jireed intaba.

Kolka uu taas ku guulaysto, waa in uu furista albaabka xiran u billaabaa si xirfadaysan, isaga oo isku deyaya ballaarinta xuubka bekrada, kana dhaadhicinaya aroosaddiisa in xanuunku aanu ahayn mid laga baqo, afka uu furayna uu yahay mid ku filan in uu si sahal ah geedkiisa ku geliyo. Waa in uu billaabaa gelinta dhalfada, isaga oo raacinaya niiko fudud, waana in uu xoogga saaraa inta u dhaxaysa labada bushimood ee yaryar xuubkooda ku beegan bartamaha cambarka, dabadeedna gacaladiisa afka-afka u geliyaa oo dhunkasho iyo dhuuqmo ku billaabaa, daqiiqado keddibna si toos ah geedka u geliyaa. Marka ay intaasi dhacdo, qaylo ayay ku dhifataa, neef ay ku dheehan tahay oohin iyo farxadna neefsataa, kuna soo geba-gebeysaa dhoola caddeyn guuleed.

Sida caadiga ah, kolka bekrada la dillaaciyo dhiig baa ka yimaada dhawr dhibcood aan ka badnayn, halleeyana go'a ku firaashan sariirta. Dadyowga dunida qaar baa waxa ay dhiiggaas ku tilmaamaan in uu daliil u yahay bekranimada gabadha, ehelada gabadhuna waxa ay sameeyaan xaflad diini ah oo ay ku xusayaan go'aas dhiigga leh, iyaga oo ku waraya meelo loogu talagalay, kuna faanaya. Hase yeeshee, arrintaasi waa mid diinteenna Islaamka iyo anshaxa khilaafsan.

Haddii gabadha uu dhiig badani ka yimaado, taas oo mararka qaar dhacda, waxaa waajib ku ah in ay inta ay dhabarka u seexato, ay labada cajar isku dhejiso, iyada oon waxba isdhaq-dhaqaajin iskuna dayin in ay tirto, markaas isaga ayaa iskiis iskaga joogsanaya.

Waxaa marmar dhacda in xuubka bekradu uu adag yahay oo aanu ninku si fudud ku dillaacin karin, waxana loo baahan yahay markaas in aan xoog lagu dayin, oo intii qaylo iyo oohin aynu maqli lahayn, ay habboon tahay in dib loo dhigo ilaa habeen dambe. Haddii haddaba arrintu adkaato. dhakhtarad ku takhasustay cilmiga haweenka waa in loo geeyo, si ay qalliin bekra-jebin ah ugu sameyso. Xuubka bekradu kolka uu dillaaco sida caadiga ah waxa uu reebaa gaballo yaryar ama faraqyo aroosadda habeennada xiga xanuujiya, waxayse iskood u baaba'aan dhawr maalmood ama dhawr usbuuc keddib.

XUUBKA BEKRADA

Xuubka bekrada waxa dusha ka dahaara bushimaha yaryar ee cambarka. Xuubkaasi oo dillaaca habeenka gabadha la bekrajebinayo, waxa uu yeeshaa kolka uu dillaaco faraqyo ama raaman, jiritaanka raamankaasna waa la dareemi karaa ilaa dhalmada koowaad, kolkaas oo uu si toos ah u baaba'ayo. Dillaaca xuubka bekrada waxa la socda dhiig bax heerar kala duwan leh. Waxa laga yaabaa in xuubku uu aad u adag yahay, hor istaagana galmada, ama yahay sida laastiigga oo kale ahoo aanuba galmo ku dillaacin, balse goor dambe dhalmadu ay dillaaciso. Waxaa dhacda mararka qaar in afka xuubka bekradu uu yahay mid tooxan oo aanu koobaabnayn, mararka qaarna waaba uu dahaaran yahay oo maba laha xitaa meel uu dhiigga caadadu ka soo baxo, taas oo kallifta in dhakhtar loogu yeero.

Drs. Nawaal Al-Sacdaawi oo ahayd dhakhtarad caafimaad oo reer Masar ah, tijaabo ay la kulantayna ka sheekaynaysaa waxa ay tiri: (Gabar lix iyo toban jir reer miyi ah ayuu ninkeedii oo wadaa iigu keenay rugteyda caafimaadka. Waxay ahayd gabar caato ah, midab boor ah leh, aadna u bar yar, oo ruuxii eegaa u malaynayo in ay ilmo laba iyo toban jir ah tahay. Waxaan ugu horreyntii u qaatay in ay raashin xumo sidan u gashay, hase yeeshee waxa iga shaki siiyay jirkeeda aad mooddo in uu dhiig caddaad qabo oo boorka leh, waxanan is iri armay dhiig sumow qabtaa. Markii aan dharka ka dhigay waxa ii muuqatay caloosheeda buuran. Kolkii aan ninkeedii wax ka weydiiyay, waxa uu ii sheegay in uu qabo muddo ku dhow sanad, maalmahan dambese ay billowday in ay caloosha ka sheegato, isaga oo intaas ii raaciyay: "Waxan u maleynayaa in ay uur 5-6 biloodd ah leedahay".

Dabeeto, gabadhii ayaan weydiiyay su'aasha caadiga ah: "Goormaa dhiig caado kuugu dambeysay?" Waxay iigu jawaabtay in aanay weligeedba dhiig caado arag, mise ninkii baa la soo booday "Gabadhu way yartahay oo weli ma qaangaarin, waxana laga yaabaa in uu uurku sabab u yahay caado la'aanta". Gabadha kolkii aan baaray waxa ii caddaatay in aanu wax uur shan biloodd ahi jirin, balse ay jiraan wax aan garan waayey.

Waxaan baaray ilma-galeenkii, mise dhabtii baa qorraxda ka caddaatay oo aad iiga nixisay. Cambarka waxa ku dahaaran dub dhumuc weyn oo balaastiig ah, kolkii aan farta ku riixayna si sahal ah u duusmay, waxayna fartaydu ku sigatay in ay luqunta ilma-galeenka oo aanu u dhexeyn wax aan xuubkaasi ahayn gaarto. Ninkii baan weydiiyay waxa uu ka xusuusto habeenkii aqalgalka, waxana uu iigu jawaabay "Habeenkaas xaaskeyga waan u tegey, wax dhiig ahise kama imaan, hase yeeshee kama aanan shakiyin maadaama ay ahayd ilmo yar oo aan weli caqliyaysan". Markaas baan ninkii u sheegay in naagtiisu ay weli bekro tahay, ayna ku dhalatay xuub bekro dhumuc weyn oo owdan, waxa caloosheeda ka buuranina uu yahay dhiiggii caadada oo bilba bisha ka dambeeysa ku ururayey, meel uu dibadda uga soo baxana la'aa.

Kolkii aan xuubkii bekrada dillaaciyay, waxaa oodda soo goostay dhiigii duugga ahaa oo is urursaday. Gabadhii markaas bay miiskii ay dul saarneyd uga toostay sidii iyada oo markii ugu horreysay ka soo nabdoonaatay cudur ku raagay). Dhammaad.

Xuubka bekrada caadiga ahi kolka uu galmada ugu horreysa ku dillaaco, waxa dillaacaasi luqada caafimaadka lagu yiraahdaa (Defloration). Hase yeeshee, waxaa laga yaabaa in dillaacaasi ay keenaan waxyaabo kale oo aan galmo wax xiriir ah la lahayni, kolkaas oo ay gabadhu dareento xanuun yar amaba aanay waxba dareemin, xoogaa dhibco dhiig ahina ka soo tif-tif yiraahdaan. Waxaa isna jira xuub bekro daloolkiisu uu laab-laaban yahay, kana ballaar badan yahay kan koobaabinta ah, geedka ninkuna uu geli karo isaga oon wax dillaac ah u geysan, gaar ahaan haddii uu geedku ka dhumuc yar yahay sida caadiga ah. Waxa kale oo isna jira nooc xuub bekro daloollo badan leh sida shaqshaqa oo kale, kaasi oo kolka galmadu dhacayso si sahal ah u dillaaca isaga oon keenin wax dhiig bax iyo xanuun ah toona. Waxa intaas dheer hablo dhasha iyaga oo xuubkooda bekradu aanu lahayn wax dalool ah, sidii aannu hore uga soo hadalnay, waase arrin dhif ah. Xuubka bekrada noocyadiisa waxa ugu badan (75%) nooca jilicsan daloolkiisuna koobaabinta yahay. Boqolkiiba 25% waa noocyada kale ee aan caadiga ahayn, waana in arrintaas maanka lagu hayo.

Waxa laga yaabaa in xuubka bekradu uu ku dillaaco sababo kale oon ahayn galmada sida farda fuulka iyo mooto ama bayskiil fuulka, amaba ay gabadhu farteeda ugu dillaaciso si ulakac ama kama' ah, sida iyada oo farta ku riixda si ay u hubsato in ay weli bekro tahay, sidii qof kiish lacag ahi jeebka ugu jiro oo mar walba in uu meeshiisii weli ku jiro gacanta ku hubsanaya, taas oo markaasi keenta in uu si tartiib-tartiib ah u duusmo, dabadeedna u dillaaco.

Xuubka bekradu kama qaybqaato galmada, wax shaqa ahna kuma laha, mana keeno wax raaxo ah, hase yeeshee waxa uu qiimi weyn u leeyahay nolol bulshadeedka mujtamacaad badan oo dunidan ku nool. Dad badan baa waxa ay ka dhega xiran yihiin waxa uu xuubkaasi yahay, waxanay qaarkood rumeysan yihiin in ay waajib tahay in xuubkaas lagu dillaaciyo kulanka ugu horreeya ee ay kulmaan labada aqalgalay, dhiig gaduudanina soo yaaco, haddii kale gabadhu aanay bekro ahayn. Waxa dhacda in dalalka qaar gabadha qudha laga jaro haddii habeenka aqalgalka uu dhiig ka soo yaaci waayo, iyada oo looga aar-goosanayo in ay ku ciyaartay sharaftii qoyskeeda.

Kolka laga soo billaabo waqti fog, xuubka bekrada oo nabad qabaa, waxa uu ka marag kici jiray bekranimada gabadha iyo in aan weligeed loo tegin, suurtagalna aanay ahayn in ay uur qaaddo xitaa haddii uu dhiigga caadadu ka joogsado. Si haddaba looga ilaaliyo gabadha in ay bekra-jabto iyada oon bisayl (16-18) gaarin, waxa ay mujtamacaadka qaarkood u dejiyeen shuruuc u diidaysa in ay sameyso wax haba yaraatee keeni kara galmo, xitaa haddii ay ahaan lahayd dhunkasho amaba taabasho dharka ka kor xubnaha taranka laga taabanayo. Mujtamacadka qaar ay Soomaalidu ka mid tahay waxa ay u qodbaan gabadha si iskaba daa gaabsiye sidii gabadhaasi guur loogu naageysan lahaa ay u baahan tahay dagaal ba'an oo dhiig ku daato. Yaas oo jirta, bay misana hablaha magaalooyinku gabarnimadooda ku waayaan kacsi la-boodnimo iyo raaxo raadin aawadood, ama ay siraan dhallinyaro u ballan qaadda in ay guursan doonaan, amaba jacayl been ah u dhisa, dabadeedna kolka ay muraadkooda ka gaaraan, iska quba.

Si kastaba ha ahaato eh, looma baahna in xuub bekro kasta oo dillaaca loo qaato in uu ku dillaacay galmo. Sidoo kale looma baahna in nabad-qabka xuubka bekrada loo qaato looguna dhaarto in gabadha lehi ay bekro tahay. Dr. Amiin Ruweyxa waxa uu ku qoray buuggiisii (Al-Xubbu Was-Sawaaj) sidatan: (Waxaa maalin maalmaha ka mid ah ii timid gabar leh uur shan bilood ah, ahna ardayad Jaamacad dhigata. Gabadha waxa ay is jeclaayeen wiil ay Jaamacadda wada dhigtaan, waxanay ku ballameen in ay is guursan doonaan waxbarashada kolka ay dhameeyaan. Gabadha iyo gacaliyeheedu dusha sare ayay isaga galmoon jireen (wuu u buraashi jiray) iyaga oo aan wax dhaawac ah xuubka bekrada gaarsiin. Hase yeeshee taasi kama aanay hor istaagin xawadii in ay maalin maalmaha ka mid ah gaarto daloolkii xuubka, oo inta ay gashay, dabadeed uga gudubtay qaybihii hoose ee cambarka.

Sidaas bay gabadhii uur ku qaadday iyada oo bekro ah, sida uu dadku u yaqaan). Haddaba, akhristaha sharafta lahow, isweydiiye gabadhaasi bekro ma tahay?

Waxa weliba taas kasii daran in la is xusuusiyana mudan arrin fara ba'an ku haysa qaar ka mid ah dalalka gabadhii xuub bekro leh ixtiraama. Da' yarta ku nool dalalkaas qaarkood iyaga oo doonaya in ay raaxeystaan isla markaasina ilaalinaya xuubka bekrada xabiibtooda, ayay ku kacaan fal aad uga fool xun arrimihii lagala dagaallamayey, kaasi oo ah in ay hablaha uga galmoodaan dhanka gadaale (dabada). Mashaqadaasi waa mid aad caan ugu ah dalalka habeenka inantooda lala aqalgelayo dhiigga ka soo yaaca u sacabba tuma.

War iyo dhammaan, galmada habeenka koowaad oo xuubka bekrada si naxariis darro ah loogu dillaaciyo, waxa ay gabadha ku keentaa dhiig-bax iyo dhaawacyo mararka qaar u baahda dhakhaatiir iyo cusbitaallo. Waxa weliba intaas dheer gabadhaasi oo laga yaabo in ay qaaddo kacsi la'aan ka dhashay dhaawacyadii habeenkaas.

BISHA MALABKA

Soomaalidu waxa ay taqaan in toddobaadka ugu horreeya aqalgalka, haddii uu ninku shaqo lahaa inta uu fasax ka soo qaato, uu xaaskiisa cusub guriga kula jiro, waxana la yiraahdaa: (Hebel toddobo ayuu ku jiraa). Laakiinse, dalal badan waxa laga yaqaan bil buuxda oo lagu magacaabo Bisha Malabka kana billaabata habeenka aqalgalka.

Dhanka toddobaadka Soomaalida, ninku maba ku fekeri karo muddadaas wax aan ka ahayn sidii uu gacaladiisa u bekra-jebin lahaa, maadaama uu bedenkiisa ku jeexayo meel bir loogu tolay, nasiib buuna leeyahay haddiiba uu toddobaadka gudihiisa xaaskiisa ku bekra jebiyo.

Dalalka aan laga aqoon gudniinka fircooniga ah, oo bekra-jebintu aanay inta badan qaadan wax ka badan hal habeen, bisha malabka waxa ay u haystaan bil raaxo. Yeelkadeed eh, guud ahaan aqalgalku waxa uu ka dhigan yahay aqoon-kororsi u billowday labada aqalgelaya, gaar ahaan inanta ka soo baxday dunidii gabarnimo, una soo baxday duni naagnimo. Waxa looga baahan yahay ninka in uu bishaasi xaaskiisa baro dhammaan waddooyinka uu ku guuleysan karo guurkoodu, kuna socon karo ilaa geeriyi kala geyso. Waa bil isbarasho laba badan, laba naf iyo laba dabeecadood. Waa in uu ninku bishaasi gudeheeda xaaskiisa ku baraa dhammaan wixii uu ka garanayo qaababka galmo iyo raaxo, dabeecaddiisa, dookhiisa, noocyada cunto ee uu jecel yahay, iwm.

Bekra-jebinta keddib, aroosaddu waxa ay u baahan tahay nasasho iyo daryeel gaar ah, sababta oo ah dhaawacyada bekradu, inkasta oo ay dusha sare yihiin haddana, waa uun dhaawacyo ku dhacay jir dad, waxayna u baahan yihiin dhawr cisho ilaa inta ay ka bogsoonayaan. Waxaa marmar dhacda in gabadha la bekra jebiyay ay u baahato in la daweeyo. Haddab, waxa habboon in beryaha hore laga fogeeyo safarrada daalka iyo damqashada keena. Waxa kale oo jira in toddobaadyada xiga habeenka aqalgalka, ay aroosadda la soo darsaan isbeddello badan oo gudaha iyo dibadda jirka intaba kaga yimaada. Isbedelladaasi waxa ay u badan yihiin qaar ku dhaca shaqada gudaha ee xubnaha taranka, sababta oo ah waa markii ugu horreysay ee ay gabadhu sidaas u kacsato. Ilma-galeenka ayaa uruura, ugxan-siduhuna waxa uu billaabaa in uu hormoonno jinsiyeedyo ku shubo dhiigga, taas oo raad ku yeelata dhammaan qaybaha jirka, gaar ahaan qanjirrada iyo maskaxda.

Sidaas bay shaqooyinkii hore ee jirka shaqooyin cusub oo aan hore loo aqoon ugu soo kordhaan. Haddaba, waa in uu ninku dulqaad iyo karaan muujiyo, si uu u badbaadiyo billowga nolol waarta, isaga oo meel iska dhigaya laxa-jacayl iyo raaxo jirin.

CUTUBKA
3^{AAD}

GALMADA

Kol haddii ayno guur, galmo iyo aqalgal ka hadlayno, taas micneheedu waxa weeye in aynu buuggan ugu talagalnay in ay akhristaan dadka isqaba iyo qaarka qorsheynaya in ay dhowaan aqalgalaan. Haddaba, sida uu buuggani u taabanayo rabitaanka qofka iyo waxa ay naftiisu u riyaaqdo, sidaas si lamid ah baynu u doonaynaa in uu wax uga taabto Sinada iyo cawaaqib xumideeda, si buuggu rabitaan gelin iyo cabsi gelin (targhiib iyo tarhiib) labadaba u noqdo.

SINADA

(Sinadana ha u dhowaannina, dhab ahaantii waxa weeye foolxumo iyo waddo xun eh) (Al-Israa': 32).

Sinada, marka laga eego shareecada Islaamka, waxa weeye isu tagga laba Aadane (nin iyo naag) aanay jirin wax isu xalaaleynaya, sida nikaax, keddibna gudniinka ninku uu gudniinka naagta galo. Waxa kale oo lagu qeexaa in uu yahay naagta oo xagga hore "cambarka" looga tago, waxase shardi ah in dhalfada ninku ay gasho cambarka, iyada oo wax isu xalaaleynaya labadaas qof, sida nikaax, midig lahaansho iyo wixii la mid ahi aanay ka dhexayn.

Naagta oo dhanka gadaale "godka saxarada" looga tagaa qeexista "sino" waa laga saaray, maxaa yeelay waxaa kala duwan nooca falka iyo xadka ka dhalanaya ku dhaca labadaasi fal.

In kasta oo falka sinada lagu qeexo isgalka labada gudniin, haddana waxaa soo hoos gelaya hordhaca iyo waxyaabaha gayeysiin kara ku dhaca falka caynkaas ah, sida aragga, hadalka, doonashada, taabashada, dhunkashada, galmada afka (oral sex) iyo wax kasta oo ka dhalan kara naag ajnabi ah in keli lala noqdo.

Abuu Hurayrahh (RC) waxa uu Rasuulka (SCW) ka weriyey: (Ibnu Aadam sino qaybtii uu ku lahaa waa loo qoray, waanu ka qaataa oo shaki ma laha. Indhuhu way sinaystaan, sinadooduna waa eegmada, dheguhu way sinaystaan, sinadooduna waa maqalka, gacmuhu way sinaystaan, sinadooduna waa dhifashada, luguhu way sinaystaan, sinadooduna waa socodka, qalbiguna waa uu jantaa, waana uu jeclaadaa, xubinta taranka ayaana u rumeysa ama ku beenisa)[15]. Sinadu waxa ay ka mid tahay aafooyinka bulshadeed ee isku si faraha ba'an ugu haya dadka muslimiinta ahe iimaankoodu daciifka yahay, rag iyo dumar, yar iyo weyn.

DHIBAATOOYINKA SINADA

Dhibaatooyinka Sinada waxa aynu u kala saaraynaa:

Dhibaatooyin Jireed: Aafooyinka Sinada cudurrada ka dhasha waxa ka mid ah; Jabtada, Aydhiska iyo cudurro kale oo aad khatar u ah la'isna qaadsiiyo. Cudurradaas qaar haddii uu qofka laftiisu ka bogsado waxa laga yaabaa in uu ubadkiisa u gudbiyo. Nabigu (SCW) waxa uu Xadiith ku yiri: (**Muhaajiriineey shan arrimood haddii la idinku ibtileeyo, Eebbe ayaanan ka megangelayaa in aad gaartaan eh ... Qoladii Faaxishada[16] bannaysatana waxa ku faafa Daacuun iyo cudurro aan awooweyaashood ku dhici jirin)[17]**

.

Dhibaatooyinka Bulshadeed iyo Nafsiyadeed: Sinada waxa dhibaatooyinka ka dhasha innaga deeqa in dadkii nasabkoodii la kala saari waayo, dhallaankii lumo, xurmadii reerku lahaa laga qaado, sharaftii iyo ragannimadii dhintaan, bulshadii burburto, qoyskii kala daato, wax kasta oo qiimi lahaa iyo wax kasta oo la qaddarin jirayna laga tallaabsado. Dhibaatooyinka ka dhasha sinada waxa inooga filan waddooyinka oo la liica ubad aan cid dhashay iyo cid ay ku abtirsadaan la aqoon iyo dhallinyaro wax kastaa u bannaan yihiin. Bulsho xishoodkii, akhlaaqdii iyo edebtii ood dheer iska saartay maxay qiimi leedahay? Bulsho dumarkeeda la iska kufsado ama iyagu kaydkooda cidda ay doonaan ka kireeya, dhallinteedu dullowday, duqaydeeduna karaamad iyo haybad beeshay maxay qiimi leedahay?

Waxaan shaki ku jirin in bulshadii dullaysan ee burbursani ay qarka u saaran tahay in ay dabar go'do, khaaridadana ka qarsoonto. Alle waxa uu Aayaddiisa Qur'aanka ku yiri: (Haddaan go'aansanno in aan magaalo "dadka ku nool" halaagno waxa aan "marka hore" farriin cad "Alle in la caabbudo oo samaha la falo xumahana laga haro" u dirnaa dadkeeda maal qabeenka ah, wayna ku xadgudbaan, xumahana ku dhex falaan, sidaas buuna xukunka Alle "cadaabku" ugu waajibaa, markaas baannu burburrin dhab ah burburinnaa) (Al-Israa': 16).

Shareecada Islaamka sinada iyo liwaadka[18] labaduba waa ku xaaraan, iyada oo loo daliishanayo Aayadaha iyo Axaadiithta soo socota:

Xagga sinada, Eebbe waxa uu leeyahay: (**Sinadana ha u dhowaannina, dhab ahaantii waxa weeye foolxumo iyo waddo xun eh**) (Al-Israa': 32). Waxaa kaloo uu leeyahay: (**Kuwa aan Alle Ilaah kale la baryayn, naftii Alle xarrimayna aan xaq mooyee si kale ku dilayn, aanan sinaysanayn "baa ah addoomada suusuubban", qofkiise sidaas falaa waxa uu la kulmi doonaa cadaab. Cadaabta kaas waa loo laban-laabi doonaa maalinta Qiyaamaha, isagoo dullaysan buuna dhexdeeda ku waari doonaa**) (Al-Furqaan: 68).

Abuu Hurayrah (RC) waxa uu Nabiga (SCW) ka weriyay in uu yiri: (**Qofka sinaystaa isaga oo mu'min ah ma sinaysto[19]**) . **Waxa kaluu ka weriyay: (Saddex Eebbe maalinta Qiyaamo lama hadlo,**

---

15   *Muslim (2657)*

16   *Faaxishada: Sinada, Liwaadka, iwm.*

17   *Ibnu Maajah (4019)*

mana hufo, mana eego, waxayna leeyihiin cadaab xanuun badan'
waayeel sinaysta, boqor beenlaw ah iyo dulsaar[20] kibir badan)[21].

Ibnu Mascuud (RC) baa Nabiga (SCW) weydiiyay: Dembi kee
ugu weyn, waxana uu ku yiri: (In aad Alle dhig u yeesho isaga oo
ku uumay, inad ubadka disho adigoo ka baqaya in uu kula quuto
iyo in aad xaaska deriskaaga ka sinaysato)[22].

Sahal Ibnu Sacad (RC) waxa uu Nabiga (SCW) ka weriyay in
uu yiri: (Yaa Labadiisa gar iyo labadiisa lugood dhexdooda ii
damaanad qaadaya oon Janno u damaanad qaadaa)[23].

Xagga Liwaadka, Nabiga (SCW) waxaa laga weriyay: (Eebbe
waa uu lacnaday qofka shaqadii Qoonkii Luud qabta, Eebbe
waa uu lacnaday qofka shaqadii Qoonkii Luud qabta, Eebbe
waa uu lacnaday qofka shaqadii Qoonkii Luud qabta)[24], saddex
jeer buu ku celceliyay.

Jaabir (RC) waxa uu Nabiga (SCW) ka weriyay in uu yiri:
(Ummaddayda waxa aan uga baqayo waxaa ugu daran qofka
shaqadii Qoonkii Luud qabta)[25]. Waxa kale oo (SCW) laga
weriyay: (Eebbe ma eego nin nin kale ama naag dabada uga
taga)[26].

Ciqaabta la marsiinayo qofka sinaystaa waa laba nooc; ciqaab
karbaash iyo musaafurin ah. Ciqaabta noocaas ah waxaa la
marsiinayaa qofka aan xaas lahayan ama ahayn (rag ama dumar).
Qofkaas waxa lagu dhifanayaa boqol karbaash, iyada oo loo
cuskanayo Aayaddan:
(Naagta sinaysata iyo ninka sinaysta mid kasta boqol karbaash

---

18   Liwaad: Khaniiska ama qofka (rag iyo dumar) dhanka gadaale qofka kale uga
taga.

19   Bukhaari (2 galmo 475, 5578, 6772, 6810), Muslim (57/100).

20   Dulsaar: Qof sabool ahoo isaga wax la siiyo.

21   Muslim (107).

22   Bukhaari (6811, 4477), Muslim (86).

ku dhifta, yaanayna naxariisi in aad xukunka Alle ku fulisaan idinka celin, haddaad Alle iyo maalinta Aakhiro rumaysan tihiin, waana in ay ciqaabtooda koox mu'miniin ahi xaadiraan)²⁶ (An-Nuur: 2).

Qofkaas marka la karbaasho, meel aanay reerkiisu degganayn baa muddo sanad ah loo masaafurinayaa, si uu xanuunka qurbaha u ogaado, uguna cibra qaato.

Qofka xaaska ah isaga dhagax baa lagu dilayaa.

Cabdullaahi Ibnu Mascuud (RC) waxa uu Nabiga (SCW) ka weriyay in uu yiri: (Qof muslin ahoo in Alle mooyee Ilaah kale aanu jirin anna aan Rasuulkii Alle ahay qiraya dhiiggiisu kuma bannaana waxan saddex xaalo middood ka ahayn: Qof xaas ahoo sinaystay, naf naf loo goynayo iyo qof diintiisa ka tegay oo jamaacada ka baxay)²⁷.

Liwaadka ciqaabtiisa haddii aynu u leexanno, culimada Islaamku waxa ay isku raaceen in liwaadku uu faaxisho yahay, hase yeeshee waxa ay isku khilaafeen ciqaabtiisa.

Qaar waxa ay dheheen waa qof sinaystay oo kale oo haddii uu xaas yahay dhagax baa lagu dilayaa haddii aanu ahaynna boqol karbaash baa lagu dhifanayaa.

Qaar kale waxa ay dheheen falaha iyo lagu falaha labadaba dhagax baa lagu dilayaa xaas ha ahaadeen ama yaanay ahaane, iyagoo u cuskanaya Xadiithkan: Ibnu Cabbaas (RC) waxa uu Suubbanaha (SCW) ka weriyay: (Qofkaad ku aragtaan isaga oo hawshii reer Luud qabanaya falaha iyo lagu falaha labadaba dila)²⁸.

---

23   *Bukhaari (6474)*

24   *Tirmidi (1456)*.

25   *Tirmidi (1457)*.

26   *Tirmidi (1165)*.

Qaar kale oo culimada ka mid ahi waxa ay dheheen waxaa lagu xukumayaa maxkamaddu hadba wixii ay go'aamiso, haddii uuse ku waana qaadan waayo oo mar kale u noqdo seef baa madaxa looga jarayaa.

GOGOLXAAR GUUD

Dad badan baa rumaysan in sida ay ragga iyo dumarkoodu isugu galmoodaan oo laga sheekeeyaa tahay wax ceeb ah oo ay habboon tahay in laga aamuso, waxana weeye "waa sida ay ku andacoonayaane" wax Eebbe dadka ku abuuray oo qofku iyada oon looga sheekeyn uu keligiis baranayo, fahamka caynkaas ahise waa mid runta ka fog. Waxaa jira xaqaa'iq ka dahsoon xitaa kuwa isqabay tobanaanka sanadood oointa ay isguursadaan, carruur isu dhala, dabadeed muddo dheer keddib kala dhinta iyagoo aan weli dhadhamin macaantii dhabta ahayd ee galmada.

Inay jiraan dhibaatooyin u baahan in la xalliyo hase yeeshee dawadoodii la garan la'yahay, waxa aad ka garan kartaa sida dhaqsaha leh ee uu u baaba'o jacaylkii ay isu qabeen labada ruux intii aanay aqalgelin, iyada oo durbaba kolka toddobaadka laga baxo aad arkaysid in uu billowdo kala-did iyo khilaaf laga yaabo in uu keeno furriin degdeg ah. Waxyaabaha khilaafka keena waxa ugu horreeya aqoon darrida ku saabsan isu diyaarinta galmada, qaababka galmada iyo gunaanadkeeda intaba, waxanay ugu sii daran tahay kolka ay aqoon darridaasi ka timaado dhinaca ninka.

Haddaba, si aynu Ummadda Soomaaliyeed u tusno in ka sheekeynta (si guud ahaan ah, iyada oon dad iyo goob gaar ah la tilmaamayn, maxaa yeelay ka sheekeyntu mar bay xaaraan tahay, waana marka labada isqa ama midkood, kolka ay isu galmoodaan dabadeed uu ka sheekeeyo sidii ay wax u dheceen amaba midkood ceebihiisa) iyo dhaqangelinta qaababka kala duwan ee galmadu aanay ahayn ceeb "sida ay dadka qaar ku andacoonayaan", waxa

---

27   Bukhaari (6878), Muslim (1676)

28   Tirmidi (1456), Abuu Daa'uud (4462), Albaani (Saxiixul-Jaamic: 6589).

aynu soo daliishanaynaa Aayad Qur'aan ah, annagoo weliba ka hor marinayna qiso yar oo la sheegay in ay soo degitaanka Aayadda sabab u ahayd.

Ibnu Cabbaas (RC) waxaa laga weriyey in uu yiri: (Waxaa wada degganaa dad Ansaar ah oo Dhagxaanta caabuda "Dadkaasi markii hore waxa ay ahaayeen dad Carab ah, kalana ahaa Qabaa'ilkii reer Ows iyo reer Khasraj, markii ay Islaamka qaateen oo ay Nabigeenna SCW soo dhoweeyeenna waxa loo bixiyey Ansaaru Rasuulillaahi oo micneheedu tahay Gargaareyaalkii Rasuulka Ilaahay" iyo dad Yuhuud ah oo iyagu kitaab lahaa (Toowraat).

Ansaartu waxa ay Yuhuudda u arkayeen dad ka aqoon badan, sidaas darteed bay wax badan dhaqankooda kaga dayan jireen. Dadka Yuhuudda ahi dumarkooda waxa ay ugu galmoon jireen, oo qura, qaabka dhinac dhinaca, iyada oo weliba cawrada haweeneydu ay aad u asturan tahay. Dadka Qurayshta ah iyaga waxa caado u ahayd in ay dumarkooda qaab kasta ugu galmoodaan uguna raaxaystaan, haddii ay ahaan lahayd soo jeed, sii jeed, jiif iyo joog intaba.

Kadib markii dadkii Muhaajiriinta (Quraysh) ahaa ay Madiina tageen, ayuu nin ka mid ahi guursaday naag reer Ansaar ah, waxana uu damcay in uu ku billaabo qaababkii galmo ee ay Qurayshi caanka ku ahayd, waase ay ka diidday, waxanay ku tiri: "Dhinac dhinac baa naloogu tegi jiraye ama sidaas iigu tag ama iga tag". Dhibaatadii qoyskaa dad oo dhami wuu ogaaday, Nabigana (SCW) way gaadhay. Markaas buu Allaha cisada iyo heybadda lehi soo dejiyey Aayaddan: (Haweenkiinnu beer bay idiin yihiin'e beertiinna sidaad doontaan ugu taga) (Al-Baqarah: 223).

Macnaha Aayaddu waa haweenkiinna ugu galmooda siijeed, soojeed, jiif ama joog qaabka aad doontaan, waase in aad uga tagtaan xubinta taranka oo qura oo aydnaan marnaba ku fekerin in aad dabada uga galmootaan. Eebbe waxa uu Aayadda Qur'aanka ku leeyahay: (Uga taga "dumarkiinna" halka Eebbe idin faray "inad uga tagtaan") (Al-Baqarah: 222). Rasuulka Suubbanina

(SCW) waxa uu Xadiith ku yiri: (Eebbe ma fiiriyo "maalinta qiyaamaha" ninka nin kale ama naag dabada uga galmooda)[29].

Haddaba, barashada qaababka kala duwan ee galmadu waxa ay leedahay faa'idooyin dhawr ah oo ay ka mid yihiin:

* Kordhinta raaxada iyo macaanta jinsiyeed. Awoodda dareenka macaansi waxa uu ku xiran yahay sida ay isu haystaan labada isu galmoonaya iyo dhaqdhaqaaqooda xilliga ay galmadu dhacayso, taasi oo iyana ku xiran hadba aqoonta ay u leeyihiin arrintaas. Waxa jirtay in aqoon yahan hore uu yiri: (Macaanta galmadu ma waarto haddii loo joogteeyo hal qaab, oo aan lagu beddelin qaabab kale).

* Fududaynta Uurka. Waxa la hubiyey in qaab kasta oo kordhiya macaanta xilliga galmadu uu sidoo kale kordhiyo suurtagalnimada uur-qaadista. Qaabka fududeeya in biyaha lagu tuuro gudaha hoose ee cambarku, waxa uu fududeeyaa in ay xawadu u gudubto ilma-galeenka. Hae yeeshee, fursadda uur-qaadistu waxa ay yaraataa kolka la adeegsado qaab keena in ay xawadu ka soo laabato cambarka, dibaddana u soo baxdo.

HORDHACA GALMADA

Waxaynu ogsoonnahay in noolaha oo dhami aanu isu galmoon ilaa uu hordhac sameeyo. Kalluunka, shimbiraha, naasleyda iyo xitaa cayayaanku isuma galmoodaan iyaga oon hordhac dheer soo marin, kaasi oo mararka qaar dhib badan ay kala kulmaan. Hordhacu waxa uu door muhiim ah ka ciyaaraa galmada, isaga oo ah garoon tijaabo lagu eegayo ilaa iyo inta uu isu qalmo dookha labada qof. Waxa kale oo hordhaca galmadu uu ka dhigan yahay u diyaarin qanjirrada jinsiyeed loo diyaarinayo hawsha galmada.

Hordhucu waxa uu leeyahay dhawr tallaabo oo si talan-taalli ah loo qaado, si loo gaaro tallaabada ugu dambeysa oo ah galmada tooska ah.

---

29   Tirmidi (1166), Albaani (Saxiixu-Targhiib: 2432).

IS-DIYAARINTA

Labada qof ee isqaba waxaa la gudboon in ay si wanaagsan galmada isugu diyaariyaan. Waa in ay qubaystaan, afka cadaysadaan, iscarfiyaan, isqurxiyaan, jawiga guud ee guriga iyo jirkoodana ka dhigaan kuwo in ay isdoontaan ku dhiirrigeliya.

Haweeneydu waa in ay gurigeeda si wanaagsan u nadiifisaa, u carfisaa, ugu shiddaa qamqam (uunsi, cuud, foox, qori-qudde, iwm), ku bilbishaa catar kuna buufisaa barafuun, gaar ahaan nooca uu ninkeedu jecelyahay. Waa inay qolka jiifka ku qurxiso dhiinsooleyaal, daahyo iyo foodareyaal indhuhu ku doogsadaan, dabadeedinta ay nalalka iftiinka badan ka damiso, u daartaa nal leh midab gaar ah (cagaar, jaalle, ama guduud) oo sii kordhinaya quruxda iyo qaayaha qolka. Waa in ay ninkeeda casho aad u macaan, rabitaanka furta, nafaqo badanna leh u diyaarisaa. Suxuunta ay ku gurayso iyo miiska ay saarayso nadaafaddooda iyo quruxdooda waa inay ka shaqaysaa. Inta ay soo qubaysato, waa in ay si wanaagsan isu udgisaa. Waa in aanay marnaba illaawin indhaha kuulan, bushimaha iyo wejiga cusburan, lugaha iyo gacmaha cillaaman iyo dharka khafiifka ahe jirkeeda laga dhex dheehanayo midabka indhuhu ku nuursadaanna leh. Inta uu odaygeedu casheynayo, waa in ay soo agfariisataa. Dhaqaaq kasta, dhugasho kasta iyo eray kasta oo afkeeda ka soo yeeraa waa in dabka qalbigiisa ka aloosan uu batrool ku sii daraa. Waa in uu ku laba-labeeyaa ma iyadaad horta cuntaa mise raashinka. Waxa uu markaas ninku billaabaa in uu afka, caloosha, indhaha, dhegaha, sanka iyo dalool kasta oo jirkiisa ka mid ah ka shidaal qaato.

Ragga qaar baa jira aan ogayn in ay dumarku sidooda oo kale dookh iyo dareen leeyihiin, iyaga oo doonaya naag qurux badan oo carfaysa, hase yeeshee aan iyagu waxba isku falin oo sidii ay shaqada uga yimaadaan dhidid, shiir iyo af-ur kula duldhaca, sidaasna galmo iyo raaxo uga doona. Raggaas waxan xusuusinayaa Xadiith Caa'ishah (RC) laga weriyey oo ay ku tiri: Nabigu (SCW) kolka uu guriga soo galo waxa uu ka billaabi jiray cadayga[30].

Waxaan xusuusinayaa oo kale Xadiithkii Ibnu Cabbaas (RC) ee ahaa: (Xaaskeyga waxan isugu qurxiyaa sida aan aniguba jeclahay in ay isugu kay qurxiso)[31].

Haddaba, ninku waa in uu qubaystaa, cadaysadaa, iscarfiyaa, timaha jartaa oo shanlaystaa (feedhaa), ciddiyaha iska jaraa, shaarubka gaabiyaa, galmadana isugu diyaariyaa sida uu ka doonayo xaaskiisu in ay isugu diyaariso.

EEGMADA

Eegmada oo ah tallaabada xigta isdiyaarinta, waxa uu ninku xaaskiisa ka toogtaa meel fog, isaga oo jaraya xuduud kasta, kana dhex dusaya qalbigeeda. Eegmada naxariista leh ee ninku eegayo xaaskiisu, waxa ay toosisaa rabitaankeeda, iyada oon is ogeyn. Haddii xaasku ay dareento in ay ku faraxsan tahay sida ninkeedu ula dhacsan yahay, waxa ay isku daydaa sidii ay ugu mahad celin lahayd ama ugu abaal gudi lahayd, taas oo ah inay tusto sida ay weli ugu jeellan tahay diyaarna ugu tahay, iyadoo adeegsanaysa tabeheeda iyo xeeladeheeda u gaarka ah.

HADALKA

Hadalka naxariista leh iyo sheekada macaan ee ninka, waxa lagu tiriyaa in ay yihiin sahanka ka horreeya weerarka jinsiyeed. Naag kastaa - xitaa kuwa muddada dheer la qabay - kolka ay maqasho hadallada xodxodashada iyo ammaanta isugu jira ee ninkeeda ka soo yeeraya, waa ay jiriricootaa oo godlataa, dabadeedna heer isdhiibis gaartaa.

---

30   Muslim (1/220).

31   Al-Beyhaqi (As-Sunan Al-Kubraa: 14264)

DHADHANKA

Dhunkashadu waxa weeye kicin ama baraarujin, iyada oo la adeegsanayo taabasho iyo ur. Kolkay dhunkashadu dhacayso, jirka haweeneydu waxa uu ku lismayaa jirka ninkeeda, kooda diirrimaad badan baana markaasi huwiya kan kale. Dhiigga ayaa dhaqaaqa, dareemayaalku firfircoonaadaan, jirka oo dhanna la saaqaa. Neefta labada ruux ayaa isku baxda, dareemaha urtuna billaabaa hawshiisii baraarujin iyo kicineed. Dhunkashadu keligeed bay geli kartaa jagada tallaabooyinkii labaad iyo saddexaad ee aynu soo sheegnay, waxayna asaas u tahay kicinta dareenka.

Dhunkashadu waxa ay kulmisaa saddex tallaabo oo saldhig u ah kicinta jinsiyeed, kuwaasi oo kala ah:

Shumiska: Micnihiisu waxa weeye in labada bushimood ee afka ninku ay ku lismaan kuwa xaaskiisa. Afku sida daloollada kale ee jirka, aad buu u dareen kulul yahay. Kolka ay bushimuhu isku lismayaan, labada isqaba mid waliba waxa uu gaarkiisa u dareemayaa macaan aan xad lahayn.

Urta: Isku nabnaanta bushimaha ninka iyo kuwa naagtiisu waxa ay keentaa in ay kulanto neeftoodu, mid walibana waxa uu markaasi uriyaa urta iyo neefta kan kale, arrintaasi oo door weyn ka ciyaarta kicinta iyo baraarujinta dareemayaalka jinsiyeed. Udgoonka soo jiidashada lehi waxa uu xoojiyaa kicitaanka iyo rabitaanka jinsiyeed, halka urta laga didaa ka keento qabow iyo rabitaan la'aan.

Dhadhanka: Shumiska uu labada qof midkood bushinta kan kale amaba carrabkiisa dhuuqayaa waxa ay kordhisaa kicinta dareenka labada ruux. Kolka ay haddaba is dhuuqayaan dhuuqmo aanay hagari ku jirin, waxa ay kaga dhigan tahay iyaga oo ka tallaabsaday marxalad difaac tii ugu dambeysay, billaabayna kulan jireedkii dhabta ahaa.

Culimada jinsiga qaar baa rumaysan in haweeneyda nin u oggolaata in uu dhuuqo, aanay waxba ka qabin in ay isu dhiibto. Waxa kale oo ay rumeysan yihiin in dhuuqmada afku ay ka dhigan tahay hibadii ugu dambeysay ee ay dumarku ragga siiyaan, oo waxaba ay uga dhigan tahay iyaga oo u galmooday. Waxaa laga yaabaa in hadalkaasi aanu mar kasta sax ahayn, marka laga eego nin kasta iyo naag kasta, waxase uu sax yahay kolkay joogo labada isqaba!

SALAAXISTA

Waxa loo baahan yahay ah in barnaamijka ciyaarsiinta aan loo adeegsan oo qura bushimaha, sababta oo ah sida bushimaha oo kale ama ka daran bay gacmuhu qayb libaax uga qaataan fankaasi, iyaga oo weliba gaara goobo dareen aanay bushimuhu gaari karin. Inkasta oo taataabashada ama salaaxistu ay jirka oo dhan raad ku wada reebto, haddana jirku isku si' uma wada dareemo. Goobaha dareenku guud ahaan, waxa ay ku badan yihiin agagaaraha daloollada jirka, labada horaadna waxa lagu tiriyaa in ay ka mid yihiin goobaha ugu dareenka badan jirka gaar ahaan ibaha..

Salaaxista haweentu, kuma koobna oo qura horaaddada, balse waa in la salaaxo meelo kale oo jirka ka mid ah sida; caloosha, labada warqood, bowdooyinka, gumaarka, cambarka, iwm.

QAABABKA GALMADA

Guud ahaan, qaababka galmada marka aynu ka hadlayno, annaga oo maanka ku hayna hadba dhanka ay hawshu ka socoto, waxa aynu u qaybinaynaa laba qaybood oo waaweyn, kalana ah:

1- Qaababka Fool-ka-fool.
2- Qaababka Dhabar-jeedin.

Labadan qaybood ee qaababka ah, mid walbaa waxa uu u sii kala baxaa dhawr qaab-hoosaad, waana sidatan:

QAABABKA FOOL-KA-FOOL

Qaababkaan haweeneyda iyo ninkeedu waxa ay iskaga hor

yimaadaan si fool-ka-fool ah, waxana ay kala yihiin:

1- Kolka ay haweeneydu dhabarka u seexato, soona laabto labadeeda lugood, uu keddib ninkeedu daba fariisto:

1-1 Inta ay labadeeda cajar kala furto, uu ninku labadeeda lugood dhex galo, isaga oo ku taagan jilbihiisa, iskuna xajinaya xusulladiisa ama calaaculladiisa, dabadeedna inta ay labadeeda lugood yare sare u qaaddo, cirbaheeda ku tiiriso labadiisa xagallugeed oo godan, amaba dhabarka uga soo qoolaashata.

1-2 Inta ay labadeeda lugood sare u qaaddo, garbihiisa dul saarato.

1-3 Inta ay labadeeda lugood sare u qaaddo ilaa ay taabtaan shafka ninkeeda uu labadeeda bawdo dhex fariisto.

1-4 Ninku inta uu xaaskiisa labadeeda lugood dhex galo, oo labadiisa gacmood dhinacyada ka kala mariyo, uu dabadeed ku dul dhabbacdo.

1-5 Inta ay labadeeda gacmood ku soo qabato labadeeda cajar, oo jilbaheeda madaxeeda gaarsiiso, ninku uu gadaal ka soo fariisto.

1-6 Ninka oo labadiisa gacmood labada cajar ee xaaskiisa ka soo gelsha dhanka hoose dabadeedna sare ugu soo qaada oo isku soo naba, iyaduna inta ay xoogaa isa soo qaaddo, qoortiisa hab-siiso.

Qaabkani waa mid nafsiyad ahaan u wanaagsan. Waxa uu ninka u oggolaanayaa in uu sida uu doono uga bogto dareenkiisa rabitaan. Waxa kale oo uu ninku dareemayaa in uu gacaladiisa dhabta ku qabanayo, iyada oo idilna uu hananayo. Haweeneyda lafteeda waxa ku dhalanaya dareenkaas mid la mid ah, iyada oo dareemaysa in ay meel aamin ah ku jirto. Qaabkani waxa kale oo uu ku wanaagsan yahay, isaga oo labada qof awood u siinaya in ay sida ay doonaan isu istiimiyaan. Waxa laga yaabaa qaabkani in uu khatar geliyo ilma-galeenka buuxa xilliga ay haweeneydu uurka leedahay, khatartaasi oo uga imaanaysa culayska ninka dul saaran, iyo weliba awoodda garaacis ee ka dhalata dhaqdhaqaaqiisa. Sidaas daraadeed, waxa habboon in aan la adeegsan xilliga uurka.

2- Kolkainta ay haweeneydu dhabarka u seexato, la isgeliyo labada xubno-taran, markaas ay fidsato labadeeda lugood, oo sidaasi labadeeda cajar ay dusha uga qabtaan labada cajar ee ninkeeda.

3- Kolkainta ay haweeneydu dhabarka u seexato, labadeeda lugood mid ay sariirta ku dul dherersato, tan kalena ninkeeda dhabarka kaga soo qoolaashto, amaba ay garabkiisa dul saarato. Labadaan qaab (2,3) waxa ay aad ugu habboon yihiin kolka geedka ninku jilicsan yahay oo aanu si toos ah isu taagi karin. Qaabka 2aad waxa uu si gaar ah u kordhiyaa raaxada ninka, mana oggolaado geedku in uu cambarka dibaddda uga soo baxo, waxana ku taliya dhakhaatiirta.

4- Kolka labada isqabaa ay dhinaca u seexdaan:

4-1 Ninku inta uu dhinaciisa bidix u seexdo, isaga oo isla dhererinaya xaaskiisa oo iyadu ka soo hor jeedda una jiifta dhinaceeda midig, uu dabadeed labadeeda lugood mid ku dhaafo sariirta, midda kalena cajarkiisa midig kudul rido. Qaabkani waxa uu ku habboon yahay kolka labada xubno taran ay kala weyn yihiin. Haweeneydu qaabkan iyada ayaa goobta maamusha, waxayna awood u leedahay in ay ninkeeda hab u siiso sida ay doonto, sababta oo ah labadeeda warqood ayay u dhaqdhaqaajin kartaa sidii iyadu ay jeclaato. Ninku kolka uu dareemo in xaaskiisu aanay weli gaarin heer biyabax isna biyuhu ka soo dhowyihiin, waa uu joojin karaa dhaqdhaqaaqa si uu biyaha isugu celiyo, isaga oo fursad siinaya xaaskiisa, si ay labadoodu isku mar u biyabaxaan.

5- Kolka inta ay haweeneydu sariirta ama miis is ag taagto, qaarkeeda hore si dhacadiid ah ugu dul seexato, iyada oo gondaheeda ku taagan, amaba ku dul taagan walax adag oon dhaqdhaqaaqaynin, dabadeed xoogaa lugeheeda kala fogayso. Ninkii oo isna gondihiisa ku taagani uu markaas labadeeda jilib soo dhex galo, isaga oo qaarkiisa hore ka daba laabaya, labadiisa gacmoodna garbaheeda ama barkinta ku soo qabanaya.

Qaabkan waxa lagu fududeeyaa bekra jebinta dumarka aan la tolin, hase yeeshee ma garanayo in uu dumarka la tolayna faa'ido taas la'eg u leeyahay iyo in kale.

Qaabkan waxa si fudud oo dherer ah ugu dillaacaya xuubka bekrada, waana uu ka xanuun yar yahay qaababka kale. Waxa intaas dheer iyada oo xaaska aan bekrada ahayni ay aad ugu raaxaysato qaabkan.

Macaantiisa waxa barbar socda daal badan oo gaar ahaan ninka ku yimaada, mana fududeeyo in ay xawadu u gudubto ilmagaleenka, geedka oon cambarka wada geli karin awgeed, taas oo markaan keenta suurtagalnimadii ubad dhalista oo yaraata.

6- Kolka inta uu ninku dhabarka u seexdo ay xaaskiisu ku dul fariisato.

6-1 Inta ay ku dul fariisato, geedkana isgeliso, ay markaasi ku dul dhabbacato, oo naaseheeda shafkiisa ku dul qabato, labadeeda gacmoodna miskaha kaga soo qabato oo isku soo cadaadiso, dabadeedna dhaqdhaqaq bilowdo.

6-2 Ninkii oo xoogaa lugaha soo laabay, inta ay labadiisa bawdo ku dul fariisato, geedkana isgeliso, iyada oo u dul saaran sidii in ay faras fuushan tahay, ay markaasi dhabarkeeda kor iyo hoos ugu dhaqaajiso.

Qaabka 6aad aad buu ugu wanaagsan yahay kolka uu ninku daallan yahay, waase qaab uga baahan haweeneyda khibrad dheer oo ah sidii ay murqaha cambarkeeda u xukumi lahayd oo isugu dhellitiri lahayd, ugana dhigi lahayd kuwo geedka ninka lisa.

Qaabkani in kasta oo aanu suurtagal ka dhigeynin, in la isa salaaxo oo la isdhuuqo, haddana waxa uu ninka gaar ahaan u leeyahay faa'ido weyn oo aanay qaababka kale u lahayn, taasi oo ah isaga oo daawanaya xaaskiisa uu jecel yahay oo gebi ahaanteed dul saaran. Waxa kale oo uu labada qofba u oggolaadaa in uu mid waliba fiirsado sida uu kan kale u gurxamayo, u riimayo isuna bedbeddalayo.

Qaabkan dhibaatooyinkiisa waxaa ka mid ah isaga oo sahla gudbinta cudurrada, gaar ahaan kolka uu cudurku haweeneyda hayo, maadaama biyeheedii ay ku soo hoorayaan geedka ninka ibtiisa. Tan kale waa in aynaan illaawin in qaabkani yareeyo suurtagalnimada uur qaadista, kol haddii ay xawadii dib uga soo baxayso cambarka kolka ay hawshu dhammaato.

7- Kolka inta uu ninku fariisto oo lugihiisa xoogaa kala furo, ay xaaskiisu dhabtiisa kudul fariisato, oo labadeeda lugood si aad ah u kala fogeyso, dabadeedna uu sidaas geedka hoos uga keeno. Qaabkani aad buu u raaxo geliyaa haweeneyda, hase yeeshee waa uu daaliyaa ninka. Waxa intaas dheer, geedka oon cambarka wada geli karin, taas oo markaasi yaraynaysa fursadda uur qaadista.

QAABABKA DHABAR JEEDIN

Qaababkaan waxa ay hawshu ka socotaa dhanka gadaale oo waxa isku beegan wejiga ninka iyo dhabarka xaaskiisa. waana sidan soo socota.

1- Kolka ay haweeneydu sariirta si dhabbacaad ah ugu dul seexato, shafkeeda iyo naaseheeduna ay sariirta dul saaran yihiin, ama ku sii beegan yihiin:

1-1 Kolka iyadoo wejiga, shafka, caloosha, iyo bowdooyinka haweeneydu ay taabanayaan sariirta, uu ninku si dherer ah ugu dul seexdo, isaga oo qaarkiisa dambe xoogaa soo laabayana uu labadeeda doolood dhammaadkooda geedka ka soo geliyo.

1-2 Inta ay haweeneydu afarta ku istaagto iyada oo isku xajinaysa labadeeda jilib iyo labadeeda calaacal ama xusul, uu dabadeed ninkeedu gadaal kaga yimaado, oo dhabarka kaga dhaco.

Qaabkan, gaar ahaan (1-2) waxa loogu yeeraa (Doggy style), waxa weeye qaab raga badankiisu ay jecel yihiin, kuna raaxaystaan. Kolka aad qaababka caadiga ah ku daashid, waxaa habboon in aad qaabkan ka war jirisid. Qaabku waxa uu gacan ka geystaa kordhinta inta geedka ninka la gelaysa cambarka gudihiisa, waxana uu u furaa (curvix) si ka badan qaababka kale. Sidaas darteed, waxa uu ka mid yahay qaababka ugu badan ee uur qaadista fududeeya. Haweenka aan aadka tababarka u qabini ma jecla qaabkan, hase yeeshee kolka ay khibraddoodu kororto, waa ay la qabsadaan welibana jeclaadaan.

2- Kolka inta ay haweeneydu dhinaceeda bidix u seexato, uu ninku daba seexdo isaga oo isna dhinaciisa bidix u jiifa, sidaasina uu wajigiisu ugu sii jeedo jeegadeeda, geedkiisuna dabadeeda. Dabeeto iyada oo ay lugteeda bidixi dherersan tahay, tan midig ka laabto barta jilibka ah, yarahana hore u bixiso, sidaasina ninkeedu geedka kaga soo geliyo daloolkii ay reebtay lugtii midig ee iyada oo laaban hore loo bixiyay.

Qaabkan waxa la adeegsadaa kolka ay haweeneydu uur leedahay iyo kolka caafimaad darri ama tamar darri guud jirto. Waxa xusid mudan in kolka qaabkan la adeegsanayo ay gacanta midig ee ninku firaaqo tahay oo uu sida uu doono ugu istiimin karo xaaskiisa.

3- Kolka inta ay haweeneydu sidii iyada oo rukuucsan ama dhulka wax ka soo qaadanaysa u istaagto, lugaha xoogaa kala fogeyso, iskuna tiiriso gambar ama sariir gaaban, uu la daba istaago.

Qaabkani waa mid ku habboon haweeneyda uurka leh, khatarna kuma aha uurjiifka. Dhakhaatiirta ayaa adeegsada kolka ay gidaarrada cambarka baarayaan iyo kolka ay qalliin ku samaynayaan intaba.

4- Kolka ninku inta uu kursi ama sariirta geeskeed ku fariisto, iyaga oo isku dhinac u jeeda, haweeneyda oo dhabtiisa ku fadhisa, uu geedka hoos ka soo geliyo, sidaasna ay ugu rugrugato, ama uu hoos uga soo niikiyo.

Qaabkan, ninku waxa uu dareemayaa in uu boqor yahay, oo isaga ayaa goobta xukuma. Waxa uu istiimin karaa dhammaan jirka haweeneyda sida, naasaha, caloosha, cajarrada, luqunta, iwm. Waxa uu xitaa awoodaa in uu kintirkeeda ciyaarsiiyo. Waxa kale oo uu awoodaa in uu xaaskiisa luqunta iyo garbaha u daliigo.

5- Kolka inta uu ninku dhabarka u seexdo ama u fariisto, isaga oo xoogaa lugaha soo laabaya amaba ay u fidsan yihiin, ay haweeneydu ku dul fariisato Ninkii oo xoogaa lugaha soo laabay, inta ay labadiisa bawdo ku dul fariisato, geedkana isgeliso, iyada oo u dul saaran sidii in ay faras fuushan tahay, haysatana labadiisa jilib ama labadiisa lafdheer ay ku rugrugato ama iyada oo jilbaha ku fadhisa, kor iyo hoos ama dhinacyada ugu niikiso.

Qaabkani waa isla qaabkii 6aad ee qaababkii fool-ka-fool, hase yeeshee la sii kala jeedo. Qaabkan ninku ma arkayo qaybaha hore ee xaaskiisa, mana istiimin karo, waxase u muuqda geedkiisa oo mar gelaya marna ka baxaya cambarka xaaskiisa iyo daloolkii dabadeeda. Qaabkani aad buu ugu wanaagsan yahay kolka uu ninku daallan yahay, waase qaab uga baahan haweeneyda khibrad ah sidii murqaha cambarkeeda ay u xukumi lahayd, ugana dhigi lahayd kuwo geedka ninka lisa.

BARTA-G (G-Spot)

Barta-G waaxa weeye goob gudaha cambarka dumarka ku taal ah oo aad u dareen kulul, marka la istiimiyana keenta kacsi jinsiyeed aad u daran iyo in ay haweeneydu heer gariir iyo biyabax gaarto. Haddii aad dhib kala kulantid sidii aad ku heli lahayd barta-G, ha is xumaynin, maxaa yeelay iyada lafteeda ayaa weli heli la'. Dalka Ingiriiska kolkii ay culimadu dumar gaaraya kun iyo siddeed boqol weydiiyeen in ay rumaysan yihiin in ay leeyihiin barta-G, 56% uun baa ku jawaabay "haa". In kasta oo dhakhtarkii haweenka ee Jarmalka ahaa, Ernst Gräfenberg, uu sanadihii afatramaadkii qarnigii tegay jiritaanka goobtaas kacsiga badan ogaaday, una bixiyay Gräfenberg spot (G-spot), haddana arrintu aad bay dood uga dhex dhalisay culimada sayniska, maxaa yeelay qaar badan oo ka mid ahi in ay wax jira oo dhab ah tahay ma aanay rumaysnayn.

Cilmi baarisyo muddo soo socday, waxaa sanadkii 2012 lagu soo afjaray warbixin oranaysay: "Ma jirto caddayn jireed la taaban karo oo sheegaysa in gabar kastaa ay barta-G leedahay, hase yeeshee sheeko maangal ahi waxa ay leedahay waxaa jirta bar cambarka ka mid ah oo kolka la istiimiyo dumarka qaar ka caawisa in ay gariir gaaraan". Kolka aynu eegno warbixintaas, barta-G waxaynu u qaadan karnaa inay tahay rug galmo, dumarka qaar ay la waashaan, qaar kalena aanay sidaas u dareemin. Si kastaba, haddii aad garanaysid sida saxda ahe loo raadiyo barta-G, gabadhu way ku raaxaysanaysaa.

BAAR BARTEEDA-G

Marka ugu horraysa, hubi gacmahaagu in ay nadiif yihiin, ciddiyuhuna kuu jaran yihiin, maxaa yeelay waxa aad gelin doontaa meel dareen fudud. Faruhu sida caadiga ah waa waxa ugu waxtarka badan dhanka helista iyo istiiminta barta-G.

Sida wax kasta oo kale oo galmada la xiriira, istiimintu waa lama huraan. Muddo dhawr daqiiqo ah, inta aadan hoos iyo dantii aad lahayd u daadegin, diiradda saar shuminta, dhuuqista, iyo salaaxista bushimaha, naasaha, barida, iyo qaybaha jirka ay gabadhu ka dareento oo dhan, marka laga reebo xubinta taranka.

Barta-G waxa ay ka samaysan tahay unugyo marka la kiciyo bararaya. Haddii haddaba, aad marka horeba gabadha istiimisay ood dareenkeeda kicisay, aad bay markaas u fududaanaysaa in aad heshid barteeda-G oo aad raalli gelisid. Haddii xitaa ay istiiminta awgeed is-qoysay, dhibco jilciye ah ood adeegsataa hawsha ayay fududaynaysaa.

In kasta oo aanay weli caddayn in dumarka oo dhami ay ku raaxaystaan,barta-G waxay ku taal qiyaas shan cm gudaha cambarka, gidaarkiisa sare. Gabadha oo dhabarka u jiifta, haddii aad fartaada cambarkeeda gelisid, calaacasha oo inta cadi ay saqafka eegayso, dhanka sare ee cambarku waa barta fartaada tooxani ay taabanayso, sida adiga oo qof "ku soo fariiso" ku leh. Waxa ay ka dhigantahay adiga oo gumaarka ama bisqinta gabadha gudaha ka soo riixaya.

QORSHE CIYAAREEDKAAGA

Sida aadan u doonayn in aad geedkaaga hal dhaqaaq gudaha u dhigtid, si la mid ah waa in aad farta hadba in yar si tartiib ah oo fudud u gelisid. Marka aad hubisid in farta ku jirta gabadhu aanay waxba ka qabin, qaab dhaqaaq wareegaalaysi ah, si fudud ugu masaajee gidaarka sare ee cambarkeeda, adiga oo adeegsanaya suufka fartaada ama halka la suul-saaro. Haddaad dareentid kurtumo yaryar amase aag leh dareen shukumaan oo kale, kana duwan aagagga deriska la ah, waxa aad ku taagan tahay dhabbihii barta-G. Barta-G bedkeedu waa kuumiga macdanta ah oo kale. Gabadha oo lawyeheeda ku laabta xabadkeedu waxa ay kuu sahashaa si fudud u helista barteeda-G.

Hubi in aad daawanaysid oo aad maqlaysid xaaskaaga, si aad u hubisid in ay raaxaysanayso, markaas barta-G ka daliig adiga oo fartaada xawaare iyo xoog kala duwan ku deyaya ilaa aad ogaatid habka ay ugu raaxaysan ogtahay. Haddii ay jawaab-celin ku siin waydo, xawaaraha iyo xoogga ha ku kordhin ee waydii sida ay u dareemayso, dhaqaaqaagana sida ay iyadu rabto ku dheellitir.

Waxaa laga yaabaa in aanay ku raaxaysan dareenka, gaar ahaan haddii inta ay horay u goobtay barteeda-G ay heli weyday. Markaas oo kale ha khasbin ee iska daa oo maalin kale tijaabi. Waxa suurowda in ay dhawr isku day dabadeed hesho, ama gabadhuba dumarka barta-G leh aanay ka mid ahayn oo aan loogu talagelin.

DHAQDHAQAAQ DHEERI AH

Haddii adiga oo inta aad barta-G heshay, xaaskaaga ka istiiminaya, gacantaada xorta ah si tartiib ah caloosha uga riix, barta bisqinta ka korraysa. Riixmo fudud oo dibadda laga riixaa waxa ay kordhisaa kacsiga barta-G.

Mar haddii aad barteeda-G baratay, qaabka galmada gadaal ka soo gelintu (doggy style) waa qaab si gaar ah ugu habboon kicinta barta-G. Hubi in ay afarta ku taagan tahay, dhabarkeeda oo xoogaa soo godan, madaxeeduna sariirta saaran yahay. Isku day intad miskeheeda kor u soo qaaddid, in aad hoos ugu niikisid, si geedkaagu uu si fudud ugu daliigo gidaarka hore ee cambarka. Tallaabooyinkaas haddii aad si sax ah u qaaddid, gabadhu waxa ay la kulmi doontaa gariir qoto-dheer oo jikeeda hoose oo dhan ruxa, adiguna waad raaxaysan doontaa.

GUNAANADKA GALMADA

Waxaa laga yaabaa in rag badani kolka ay biyaha tuuraan, u qaataan in hawshii galmadu ay dhammaatay, dabadeedna inta ay dhinaca kale u jeestaan khuuro billaabaan, iyaga oon dhibaatooyinka uu falkoodaasi u geysanayo haweeneyda dheg jalaq u siin.

Haddii uu ninku xaaskiisa u tago isaga oon rabitaankeeda si wanaagsan u kicin ama isla marka uu ka rito dhabarka u jeediyo, dhibaato xoog leh ayaa ka dhalata, natiijadii la filayey mid kadhan ah baana ka timaada, taasi oo ah in uu isagu biyabaxo oo barbar u dhaco iyada oon kicitaan jinsiyeedba billaabin ama uu ku bargo'o iyada oon biyabixin, sidaasina niyaddeeda iyo nafsaddeedu u dhaawacmaan. Bal eega Aayadda Qur'aanka ah: (Waxay wanaag ku leeyihiin inta iyaga lagu leeyahay oo kale) (Al-Baqarah: 228).

Culimada qaar baa Aayaddaasi ku macneeyey: (Ugu raaxeeya haweenkiinna sida aad adinkuba jeceshihiin in ay idiinku raaxeeyaan).

Haddaba, waxa loo baahan yahay in ay biyabaxa ka dambayso hawl kale oo gunaanad ah, taasi oo ah ugu yaraan salaaxid, iyo istiimin fudud. Waxa loo baahan yahay in aanu ninku ka dul kicin xaaskiisa isla marka uu biyabaxo, balse uu sugo ilaa iyadu iga kac ka tiraahdo.

Rag badan baa rumaysan in geedkoodu mar haddii uu biyaha tuuro balaqna noqdo, aanu wax faa'ido ah u lahayn haweeneyda, ku sii hayntiisuna aanay wax micne ah samaynaynin, isaga oo mid ka mid ah raggaasi uu ku doodo: (Maxay ku falaysaa geed balaq ah?), xaqiiqduse taas ka fog. Raaxada dumarka iyo biyabaxoodu kuma koobna oo qura rabitaanka cambarkooda, balse waxa ay ku raaxaystaan isku nabnaanta jirka iyo isdhexgalka iyaga iyo raggooda. Waxa weliba taa ka sii ahmiyad badan dareenkooda jacayl iyo dhab ugu jirka raggooda oo ku dhaliya raaxo maskaxeed iyo mid rabitaan, gaarsiisa heer gariir iyo biyabax.

Haddaba, geedka oo inta uu biyaha tuuro damaa, haweeneyda ugama dhigna in ay galmadii dhammaatay, balse waa in uu ku sii dhex jiraa sida uu doono ha ahaado, inta uu doonana halla ekaado eh, waana in haasaawihii, dhunkashadii iyo istiimintii halkii ka sii socdaan ilaa ay biyabax ka gaarayso, kolkaasi ooy iyadu iga deg ku dhahayso.

Ulajeeddada kale ee laga leeyahay isku sii dhexjirku waxa weeye iyada oo haweenka aanay shahwadu hal mar ka go'in, balse ay si tartiib tartiib ah uga soo jabto oo uga baaba'do. Haddaba; salaaxista, shumiska, istiiminta iyo erayada macaan ee jacaylka iyo ammaanta isugu jira ee ninku ugu deeqo ooridiisu waxa ay si tartiib-tartiib ah uga soo dejiyaan buurtii uu saaray kicitaankii jinsiyeed ee ka dhashay hawshii dhammaatay, ilaa ay ku soo noqoto xaaladdii caadiga ahayd.

Shumiskii iyo isalaaxistii xoogga badnaa xilligii galmadu, waxa ay isu rogayaan kuwo fudud oo saxansaxo leh na gaarsiisnayn heer ay mar kale kacsan karto.

Isdhexgalkii xoogga ku dhisnaa waxa uu isu beddelayaa is-habsiin jilicsan oo keenta in ay haweeneydu dareento in ninkeedu yahay gabbaadin aamin ah oo ay dhaxanta iyo dhibaatada ka gasho. Halkaas kolkay arrini marayso ayay madaxeeda shafka ama garabka ka saarataa, jiif iyo nasashana ku gunaanaddaa hawshii cuslayd ee ay qabatay intii shaqada galmada lagu jiray.

Waxa laga yaabaa in hawshii dhammaatay ay reebtay xoogaa tamar darri iyo daal ah, waase kuwo raaxo u leh labada qof, iyagoo xubnaha jirkoodu ay u kala daadanayaan si gamaanyo (lulo) ku jirto. Daqiiqadaha ugu raaxada badan laba isqaba waa kolka ay nasasho iskula dul dhacaan hawsha galmada dabadeed, qof walibana isaga oo hurdaysan uu kan kale bogga kaga jiro.

Ragga qaar baa isku daya in ay biyabaxa keddib geedka ku sii hayaan haweenkooda oo aanay kala bixin, billaabana istiimin si ay mar kale uga tuurtaan. Qaar kale kolka ay kala baxaan bay daqiiqado keddib istiimin iyo shumis billaabaan si ay u gaaraan isla hadafkaasi. Haddaba, caafimaadku waxa uu ku jiraa, diinta Islaamkuna qabtaa in galmada hore keddib geedka ninka biyo kulul lagu mayro, welibana haddii ay suurtagal tahay la qubaysto ama ugu yaraan la weyseysto, si firfircoonaan iyo looga helo dardar hor leh, markaas keddibna haddii la isku afgarto garoonka la iskula laabto. Waase in biyabaxa labaadna lagu soo af-jaraa isla gunaanadkii aynu soo sheegnay.

Gabar baa gabar weydiisay: Naa rag keed ugu jeceshahay? Markaas bay ugu jawaabtay: "Waxaan ugu jeclahay; gar caddaale, guunyo badane, gaajo gooye, kuu garaabe, ku garab taagne, gef ka dheere, garoor ma daadshe, gaawe carafle, gaari farasle, gaarka haaye, deris gargaare, ee adiguna keebaad ugu jeceshahay?

Markaas bay ugu jawaabtay: "Aniguna; gar madoobe, geed walwaale, garruun weyne, gujo kulule, gunta ku geeye kuna gufeeye, gidaarra jeexe, gurxan badane, geba-gebeeye, gacan sarreeye, gam'i waaye, kaas baan u jeclahay". Toloow labadaas gabdhood tee baa caqli badan?

CUTUBKA
4^{AAD}

CAAFIMAADKA GUUD

CAAFIMAADKA GALMADA

ILA TALIYA OO INTEE JEER BAAN U TAGAA?

Waxaa mar kasta dhakhaatiirta u yimaada dad doonaya in ay kala tashadaan inta jeer ee ay isu galmoon karaan iyada oon wax dhibaato ahi caafimaadkooda ku imaan. Hase yeeshee, lama helayo jawaab ku wada habboon dadka oo dhan, sababta oo ah bani'aadmigu waxa uu ugu kala duwan yahay rabitaanka jinsiga, sida uu ugu kala duwan yahay xagga da'da, awoodda, dareenka, iwm.

Waxaa la yiri: "Qofka caaqilka ahi waa kan saddex arrimood joogteysta, hase yeeshee aan badsan: Cuntada, socodka iyo galmada. Waxa kale oo la yiri: "Geedka ninku waa sida candhada xoolaha, haddii la liso wuu dararaa oo godladaa, haddii la daayana wuu guraa. Nin tilmaamaya sida uu galmada u jecel yahayna waxa uu yiri: "Saddex baan la'iga maareyn karin: Hilib la cuno, hilib la koro (sida fardaha) iyo hilib hilib lagu liso (sida haweenka)".

Nin baa isaga oo wiilkiisa waaninaya ku yiri: "Wiilkayoow, dumar la xaajoodkood ha ku dheeraan yaanad ka xiisin iyana kaa xiisa dhicine, in aad ka joogsato adiga oo u jeellan baana laguu qaatay inta ay adiga oo jilcan ku jiidjiidi lahaayeen".

Culimada Islaamka qaar uu Cali bin Abii-Daalib (RC) ugu

horreeyaa waxa ay go'aamiyeen in ninku u galmoon karo xaaskiisa hal jeer afar iyo labaatankii saacba (habeen iyo maalin), in ay dhiig qabto mooyee, halka qaar kale ka gooyeen in uu afartii maalmoodba mar u tago, maadaama uu Alle afar dumar ah u banneeyey, haddii uu caddaalad wax ugu qaybinayana ay mid waliba afartii maalmood maalin leedahay. Tiradaasi - bay leeyihiin - intaas wuu ka yarayn karaa ama ka badin karaa, hase yeeshee waa in uu xaaskiisa la tashadaa, il gaar ahna ku eegaa rabitaankeeda, in kasta oo aan haween la harraad goyn karin.

Si kastaba arrintu ha ahaatee, labada ruux ee isqabaa waxa ay isu galmoon karaan mar kasta oo ay iska gartaan rabitaan iyo in ay u dulqaadan karaan galmada, iyagoon dareemin wax aan ka ahayn xoogaa yar oo daal ah oo yimaada kolka ay hawsha galmadu dhammaato. Tusaale ahaan, haddii ay galmadu dhacdo habeen, waxa lama huraan ah in daalka ka dhashaa uu baaba'o jiifka hortiis, subaxdiina labada ruux ay shaqadooda u baqoolaan iyaga oo ay ka muuqato firfircoonaan dheeraad ahi. Haddiise ay toosaan iyaga oo daal iyo tamar-darro la ildaran, jirkoodana meel waliba jaban tahay, ama ay dareemaan gaajo iyo lalabbo, amaba cajarrada oo uu culays ka saaran yahay, iyo weliba jilbaha oo xanuunaya. Waxaasi oo dhami waxa ay tusaale u yihiin in habdhiska taranku uu gudbay xuduuddii awooddiisa iyo qaaciddadii macquulka ahayd. Waxaad haddaba halkaasi ka garan kartaa in firfircoonaanta iyo caafimaad qabka maalintii ay daliil u yihiin inta jeer ee saxda ah ee la isu galmoon karo.

Waxaa jirta in ciyaaraha isboortiga, iwm., ay qayb libaax ka qaataan dhismaha jirka. Ragga feerka ciyaara mar kasta oo ay murqohoodu sii dhismaan, jirkooduna sii xoogaysto, xiniinyahoodu waa ay sii yaryaraadaan. Ragga caynkaasi ahi kolka ay gaboobaan ma tamar-darreeyaan, sababta oo ah waxa sii baaba'a qanjirradooda taranka. Hase yeeshee, dumarka aan loo galmoon, jirkoodu waa uu kala daataa iyagoo dhallinyaro ah, sababta oo ah ugxan-sidayaashooda ayaa joojiya soo saarista ugxanta.

Sida caadiga ah, kolka galmada hore ay dhex marto labada ruux ee isqaba, geedka ninku waa uu damaa, dabadeedna waxa labada qof qabta wax aad lulo mooddo oo ah daal iyo macaan isku dheehan. Waxase jira rag kolka ay biyabaxaan aanu geedkoodu damin, awoodna u leh in ay mar labaad galmo sameeyaan. Ragga qaar baa saddex ilaa afar jeer oo isdaba joog ah biyabaxa isaga oon geedku ka damin, waxase aanu shaki ku jirin in mar kasta oo ay galmadu badato ay awoodda raggu sii yaraato, yaraatana xawada ay tuurayaan ilaa ay eber gaarto.

Qanjirrada taranku si ay mar labaad u soo daayaan xawo bisil, waxa ay ugu yaraan u baahan yihiin toban saacadood. Sidoo kale dareenka macaansi ee ninku waa uu yaraadaa galmada labaad ama tan saddexaad keddib. Biyabaxa (gariirka) naagtu isagu waa uu ka duwan yahay kan ninka, dhismeheeda oorganeed baana u oggolaanaya in ay inta ay doonto galmo ka qayb qaadato.

Waxaa la arkaa in haweeneydu ay awooddo in ay ninka hoos seexato oo uu ka xaaja guto, iyada oon gaarin heer kacsi ay ku biyabixi karto, hase yeeshee haweeneyda caykaasi ahi kolka ay hoos jiifto gacalkeeda ay jeceshahay, waxa ay biyabaxdaa 2-3 jeer inta aanu isagu biyabixin. Waxaa weliba la sheegaa in aanay haweeneydu ka daalin kacsi ilaa ay ka hoos istaagto ninkeeda, haddii iyada lala tashan lahaana ha la'isa saarraado ay oran lahayd habeenkaasi oo dhan.

FAA'IDOOYINKA GALMADA

Kolka ay galmadu ku dhacdo tabihii iyo tiradii looga baahnaa, waxa ay qofka u leedahay dhawr faa'ido:

1. Jirka iyo maskaxda ayay firfircooneysaa.
2. Dareemayaasha ayay fududeysaa.
3. Madax wareerka ayay bi'isaa.
4. Waswaaska ayay qofka ka qaaddaa.
5. Waxa ay xoojisaa aragga, waxa ay wanaajisaa wadnaha, waxa ayna kaalmeysaa qashin saarka kilyaha.
6. Dhiigga ayay cusbooneysiisaa.
7. Waxaa ku bogsada dadka balqanku faraha ba'an ku hayo.

DHIBAATOOYINKA GALMADA

Galmada oo uu qofku iska badbadiyo, jirkiisu inta uu xamili karo ka badanna ku khasbo dhibaatooyinka ka dhasha waxaa ka mid ah:-

1. Maskaxda iyo murqaha ayay qallajisaa.
2. Fahmada iyo fudaydka ayay qofka ka qaaddaa.
3. Jirka iyo lafaha ayay daalisaa.
4. Cimriga-qofka ayay soo dedejisaa.

GALMADA UURKA DABADIIS

Waxaa jirta in dheddiga xayawaanka aan caqliga lahayn kuwooda uurka lihi ay diidaan in uu labkoodu abaahiyo, hase yeeshee dhinaca bani'aadmiga arrintu taasi waa ay ka duwan tahay. U galmooshada hooyada uurka lihi wax dhibaata ah u geysan mayso iyada iyo uurjiifkeeda toona, waase haddii ay galmadaasi ku dhacdo jawi taxaddar iyo feejignaani ku dheehan yihiin, welibana la adeegsado hababka galmo ee ku habboon. Rabitaanka dumarku xilliga ay uurka leeyihiin isku mid ma aha oo qaarkood waa uu kordhaa qaar kalena yaraadaa. Guud ahaan mar kasta oo ay dhalmadu soo dhowaato, waxaa kordha ka fekerka ay hooyadu ka fekerayso ilmeheeda yar ee soo socda, iyada oo isu diyaarineysa hooyanimo, sidaasi buuna rabitaankeedii jinsi si tartiib-tartiib ah isugu dhimaa.

Waxaa ragga looga digayaa in ay haweenkooda u galmoodaan afarta usbuuc ee ka horreeysa dhalmada, sababtoo ah galmada xilligaas ahi si kasta oo ay nadaafadda ugu dadaalaan haddana waxa ay keentaa in uu cambarka galo jeermis khatar ahi. Cambarku kolka uu caadiga yahay waxa uu awood u leeyahay in uu dilo jeermis kasta oo dibadda kaga yimaada isaga oo adeegsanaya dheecaanno sun ah oo uu soo daayo. Hase yeeshee xilliga dambe ee uurka gidaarradiisu gebi ahaantoodba waa ay qallalan yihiin, oo dabacsan yihiin, diyaarna u yihiin dhalid. Waxaa intaas dheer dub-duleedka habdhiska taranka oo gebi ahaanba kala baxbaxaya, oo balballaaranaya, iyo xididdada ilma-galeenka oo iyana kala furfurmaya, jeermiskuna uu dabadeed si fudud ku geli karayo. Waxay weliba ugu sii daran tahay oo uu jeermisku haystaa fursaddii ugu fiicnayd waqtiga dhalmada, isaga oo jirka haweeneydu uu waqtigaasi tamar dhigayo, gabayana awooddii uu iskaga caabiyi lahaa cudurrada. Haddaba, waxa loo baahan yahay ah in xilligaasi aannu soo sheegnay laga fogaado fal kasta oo keeni kara jeermis dibadda ka yimaada, kaasi oo khatar gelinaya haweeneyda iyo uurjiifka labadaba.

GALMADA DHALMADA DABADEED

Cilmiga ummulisanimadu si aad ah buu u horumaray sanadahaan dambe, waxana jira dhakhaatiir ku faana in ay arrinkaasi ka gaareen guulo la taaban karo, iyaga oo sheegta in ay u oggolaadaan haweenka ay umuliyaan in ay dhawr maalmood dhalmada keddib billaabi karaan shaqooyinkoodii caadiga ahaa, iyo in ay weliba raggooda kala qaybgeli karaan galmo haddii ay doonaan. Hase yeeshee taasi waxa weeye gef weyn oo ay gelayaan dhakhaatiirta caynkaasi ahi, sababta oo ah dhismaha jirka bani'aadmigu waa uu ka duwan yahay qalabka dad sameega ah ee sidii la doono laga yeeli karo mar kasta oo uu cilmigu hore u maro.

Marxaladda dhalmadu waa marxalad Bayolojiyeed oo isbeddello badani ay ku yimaadaan awoodda iyo maskaxda haweeneyda. Ilma- galeenku waxa uu u baahan yahay saddex usbuuc oo uu ku soo ceshado qaabkiisii hore (yaraado), keddib markii uu uurjiifku ballaariyey. Sidoo kale qanjirrada naasuhu waxa ay u baahan yihiin laba usbuuc si ay ugu caana keenaan si buuxda. Gidaarrada calooshu iyana waxa ay u baahan yihiin nasasho iyo in ay isku laab-laabmaan.

Wadnaha iyo xididdada dhiigga qaadaa iyana sidoo kale si ay ugu soo laabtaan daryeelka jirka keddib usbuucyo badan oo ay xoogga saarayeen uurjiifka. Afka cambarku isna waxa uu u baahan yahay waqti ku filan si uu dib ugu soo laabto qaabkiisii hore (in ay 1-2 farood geli karaan), keddib markii uu kala ballaariyay madaxa dhallaanku. Dhaawacyadii luqunta ilma-galeenku iyana waa in ay bogsadaan. Waxa weliba intaas dheer haweeneydii dhiigga faraha badani kaga baxay dhalmada oo u baahan waqti iyo daryeel aan yarayn si ay u soo kabato.

DHIIGGA DHALMADA (NIFAASKA)

Hooyadu kolka ay ummusho waxaa ka yimaada dhiig lagu magacaabo (Nifaas), sida ay diinteenna Islaamku qabtana, kolka uu dhiiggaasi nifaasku ka dhammaado ayuun bay galmo kaqaybgeli kartaa.

Mad-habta Shaaficiyada oo ay Soomaalida badankeedu ku dhaqantaa waxa ay qabtaa in muddada ugu yar ee uu dhiigga nifaasku socon karaa ay tahay hal tuurmo (dhiig halmar soo baxa), halka muddada ugu badani ka tahay lixdan maalmood. Dumarka badankooda waxa dhiigga nifaasku kaga dhammaadaa muddo afartan maalmood ah, waana halka ay Soomaalidu ka tiraahdo "heblaayo afartankii bay ka baxday".

Dumarka badankoodu waxa ay rumaysan yihiin in kol haddii ay afartan maalmood ka soo wareegtay maalintii ay ummuleen, ay waajib tahay inay qubaystaan, salaad tukasho billaabaan, raggoodana galmo kala qayb galaan. Haddaba, xaqiiqadu waxa weeye in arrintaasi ay laba khatarood leedahay:

- Waa mide, waxa laga yaabaa in haweeneyda uu dhiiggii nifaasku ka dhammaaday beri hore, oo ay ahayd in ayinta ay qubaysato, salaadda tukato, ninkeedana isu diyaariso, sidaasna salaado badan oo waajib ahaa kaga tageen (waana in ay soo qalleeyso), ninkeediina sabab la'aan rafaad u gelisay, haddaanuba dumar kale ka hunguriyeyn.
- Waa tan labaade, waxa laga yaabaa in ay haweeneydu qubaysato marka ay afartan beri u dhammaadaan (sidii

ay caadadu ahayd), hase yeeshee dhiiggii weli ka socdo, caadadiina aanay weli ka dhammaan. Arrintaasi waxa ay markaasi keeneysaa in ay xaaraan ku dhacdo, mar haddii aan la oggolayn in haweeney nifaas qabta loo tago. Waxa kale oo ay keeneysaa dhibaato caafimaad ku timaada iyada iyo ninkeeda labadaba haddii ay sidaasi galmo uga qaybgalaan.

Dhiigga nifaasku marka uu bilawga yahay waxa uu leeyahay midab madow, muddo keddibna waxa uu noqdaa guduud, keddibna jaalle xigeen, sidaasi buuna midabkiisu isu sii beddelaa ilaa uu biyo oo kale ka noqdo, biyahaasi oo tilmaan u ah dhammaadka dhiiggii nifaaska, markaas ooyinta ay haweeneydu qubaysato, dhar qurux badan lebbisato, isna carfiso, galmo iyo gadgaddoon u diyaar garowdo. Dumarka qaar kolka uu dhiigga nifaasku ka dhammaado, cambarkooda wax qoyaan ahi kama ay yimaadaan oo wuu qallalan yahay. Hase yeeshee, marba haddii uu dhiiggii istaagay waa in ay haweeneydu qubaysato.

Waxa mararka qaar dhacda in dhiiggii istaagi waayo oo lixdan beri ka badan socdo. Haddaba, markaas oo kale waa in ay haweeneydu qubaysataa oo tukataa, mar haddii lixdan maalmood la gudbay, maxaa yeelay markaas oo kale dhiiggaasi ma aha dhiig nifaas, balse waa mid ku yimid cillad caafimaad, una baahan dhakhtar iyo baaritaan Guntii iyo gunaanadkii, waxaa shardi ah in dhiigga nifaasku istaago haddii la doonayo in ninka iyo haweeneydiisa la'isu oggolaado. Haddaba, haddii uu dhiiggu ku istaago muddo gaaban, diinteenna Islaamku waxa ay qabtaa in la'isu galmoon karo. Hase yeeshee culimada diinta qaarkood iyo dhakhaatiirta caafimaadka intuba, waxa habboon bay leeyihiin in hooyada cusub nasasho la siiyo muddo dhawr usbuuc ah, inta ay wax waliba caadigoodii kaga soo noqonayaan.

CAAFIMAADKA XUBNAHA TARANKA

Qofka bani'aadmiga ahi waxa uu adeegsadaa xubnihiisa taranka kolka uu u galmoonayo la qaybsadaha noloshiisa ee uu ka dhex xushay kumanaanka qof ee uu la nool yahay. Haddaba, sida maacuunta nadiifka ah iyo miiska sida wacan loo goglay ay u furaan abitaaytka qofka, ayaa loo baahan yahay in mid kasta oo ka mid ah labada isdoortay uu u daryeelo xubnihiisa taranka si uu u soo jiito rabitaanka gacalkiisa.

CAAFIMAADKA XUBNAHA TARANKA NINKA

Ninku waa in uu xubnihiisa taranka (geedkiisa) biyo iyo saabuun ku mayro ugu yaraan hal jeer maalintii. Waa in uu galmo kasta dabadeed xubnihiisa si feejigan u mayraa, gaar ahaan kolka uu ka baqayo in uu jabto qaado, isaga oo ku dadaalaya in uu xubnahaasi ka ilaaliyo wax dhaawac ah.

Ragga qolfada laga gooyo (sida Muslimiinta iyo Yuhuudda) iyaga waxaa ku filan in marka ay qubaysanayaan saabuunta ku mayraan xubnahooda taranka, mar kasta oo ay kaadiyaan ama dumarkooda u galmoodaanna iyana si wanaagsan u mayraan. Waxaa haddaba lagugula dardaarmayaa in galmo kasta dabadeed aad geedkaaga biyo kulul ku mayrtid, kulayle iyo qaboobe xilligii la joogaba, maxaa yeelay waxaa la caddeeyey in biyaha qaboobi ay geedka ragga jilciyaan oo dilaan.

CAAFIMAADKA XUBNAHA TARANKA NAAGTA

Xubnaha taranka dumarku waxa ay u baahan yihiin in loo daryeelo si ka daran kana feejigan kuwa ragga sababta oo ah:

- Xubnohooda taranka waxaa ku hoos jira qanjirro soo daaya dhidid iyo dheecaanno keena ur laga dido.
- Qolfada kintirku sida tan geedka ninka aan la gudin oo kale ayay u soo deysaa dareere si dhaqsa ah isu beddela, si aad ahna u soo ura, kaasi oo loo yaqaan (Baaro = Dooro).
- Cambarku waxa uu soo daayaa dareere Aysiidh ah oo haddii uu xaddigiisa dhaafo jirka iyo dharkaba halleeya.

- Afka daloolka kaadidu waxa uu ku yaal meel dedan, taasi oo keenta in dhibco kaadi ahi ay ku hooraan cambarka, keenaanna in uu uro.

- Cambarku waxa uu xiriir la leeyahay micnaha quruxda, ninkuna kolka ay haweeneydiisu isu dhiibto oo ay hor dhigto, waxa uu cambarka u eegaa sidii isaga oo hor fadhiya shey xurmo mudan. Lama xisaabi karo inta dumar daqiiqaddaasi ku waayey jacaylkii gacalkoodu u qabay, sababta oo ah "Albaabkii Jannada" ee uu wax badan dhawrayey baa kolkii uu kala furay qurmoon aanu filayni kaga soo baxay.

Hooyada xil gaar ah ayaa ka saaran hubinta nadaafadda xubnaha taranka inanteeda yar ka hor inta aanay qaan-gaarin iyo keddib intaba. Kolka ay gabadhu qabto cudurro sida jabtada oo kale ah, waa in si dhaqsi ah loo daweeyaa. Gef weyn bay ku tahay ehelka in aanay xil iska saarin daryeelka xubnaha inantooda iyaga oo ka baqaya inay ka xumaato amaba ku kacsato taataabashada goobahaasi, natiijaduna waxay noqonaysaa sidii ay qiyaasayeen si ka duwan, maadaama dareeraha ka yimaadda cambarka ee ay daryeel la'aani keento ama cudur sida jabtada oo kale ahi uu keenaa uu yahay kan kiciya dareenkeeda jinsiyeed, kuna dhaliya kacsi iyo gariir joogta ah.

Hooyada waxa la gudboon in ay inanteeda ku baraarujiso sidii ay nadaafadda ugu dadaali lahayd gaar ahaan xilliga caadada, fahamsiisana in mustaqbalka haweeneydu uu ku xiran yahay nadaafadda jirkeeda, haddii ay ku dadaashana aanay farxad gelineyn nafteeda iyo dadka la nool oo qura, balse ay damaanad qaadayso mustaqbalkeeda, fahmeysana ugu dambeynta in maalinta ay adduunka ugu farxadda badan tahay ay tahay maalinta ay xabadka u furto gacalkeeda, una soo bandhigto jir qurux, udug iyo soo jiidasho badan, qiimayn iyo qaddarinna mudan.

- War nin yahaw heedhe intaas oo sanadood baad Yurub, Carab iyo meel walba mareeysaye maxaad mid waloo cad u guursan weyday, waa adigaan Soomaaliya iyo carri aad waa hore ka dhooftay guur u soo doontaye?

- Saaxiibow waa runtaayoo waan soo arkay dumar badan oo cadcad, welibana quruxdooda haddaad indhaha saartid aad halkaaga iskula shubeysid, guurna igu baryayey, hase yeeshee naagihii Soomaalida ka sokow afkii, dhaqankii, diintii iyo dhiiggii oo aynu wadaagno, waxa aan marnaba lagu gaareynin tii nadaafad ahayd.

Waa sheeko dhab ah oon dhif iyo mar la'arag ahayn, aniguna shakhsi ahaanteyda waxa aan sheekadaasi mid la mid ah ka maqlay nin ajnabi ah oo gabar Soomaaliyeed qaba. Arrinkaasi runtii waa mid ay haweenka Soomaalidu ku ammaanan yihiin, annaguna haddii aynu raggii nahay ku faani karno.

Haweeneydu waa in ay xubnaheeda taranka mayrto maalintii ugu yaraan hal jeer, markaasi oointa ay kaadi-haysta faaruqiso, ay dabadeed ku mayrto biyo kulul iyada oo isticmaaleysa gabal saabuun ah oo loogu talagalay. Dabeeto waa in ay xubnahaasi ku qallajisid shukumaan ama gabal mara ah oo u gaar ah, isticmaashaana boolbire. Waxaa intaas dabadeed haboon in ay goobtaasi ku carfiso (deodorant) oo ah shiir bi'iye.

Fiiro gaar ah: Haweenka Soomaalida qaar baa aad nadiif u ah kolka ay arrintu jirkooda joogto, hase yeeshee aan xil sidaasi ah iska saarin nadaafadda guriga ay ku noolyihiin iyo tan jikada ay wax ku kariyaan intaba. Jikadu gaar ahaan, waxa weeye halka ugu mudan ee dumarka ajnabigu ay kaga libin heli karaan dumarka Soomaalida, haddii nadaafad lagu beretamo. Maacuunta, gidaarrada iyo daaqadaha jikada oo aan sidii loo baahnaa loo nadiifin, daaqadaha qolalka gaar ahaan qolka jiifka iyo kan carruurta oon la nadiifin, si maalinle ahna aan loo furin si hawadu isu beddesho nakhaskuna uga baxo, dharka carruurta oo inta la mayro, dabadeed meel lagu raseeyo iyada oon la kaawiyadeyn iwm. waa sifooyin ay ka siman yihiin guryo badan oo Soomaaliyeed. Dumarka Soomaalidu waa in ay waxyaabahaasi oo dhan u fiiro yeeshaan, waa haddii ay doonayaan in koobka nadaafadda aanay cidi kula beretamin.

BIYABAXA DEGDEGGA AH

Biyabaxa degdegga ahi waxa weeye in ay qofka biyuhu si aan xakamaysnayn uga baxaan inta aan galmada la guda gelin ama isla marka la guda galo. Waxa ay dhacdaa waqti aanu qofku diyaar ahayn iyo iyada oo aanu istiinkii loo baahnaa qaadan. Waxa haddaba taas ka dhalan karta galmo labada qof ama midkood aan raalligelin, taasi oo markaasi soo kordhisa walwal cusub. Biyabaxa degdegga ahi waxa uu ka mid yahay cilladaha ragga ka haysta xagga galmada kuwa ugu caansan, nin kastana waxa weeye xilli noloshiisa ka mid ah xaalad la soo derista.

MAXAA KEENA BIYABAXA DEGDEGGA?

Biyabaxa degdegga ahi ma laha wax si cad u sababa, khibradda uu qofku u leeyahay galmada iyo da'diisa oo korodha ayaa waxa ay awood u siiyaan in uu barto sidii uu biyihiisa u daahin lahaa. Waxaa suurtagal ah in biyabaxa degdegga ahi uu ku dhaco oo qura duruufo galmo gaar ah, ama sababtu ay tahay qofka oo aan muddo dheer biyabixin. Sidoo kale waxaa laga yaabaa in walwal badan, dareen ah qofku in uu dambi gelayo, niyad-jab, iwm., ay keenaan.

Biyabaxa degdegga ahi waxa uu ninka ku dhaliyaa in uu ceeb iyo dullinimo dareemo, gabadhuna ay markaasi aragto walwalka ninkeeda haysta iyada oon waxba la qaban karin. Maraarka qaar waxaba dhacda in arrintaas inta ay u adkaysan waydo, uu guurkii khalkhal galo oo furriin iyo natiijooyin aan loo aayin ku soo afjarmo.

DAWEYNTA BIYABAXA DEGDEGGA

Dawaynta biyabaxa degdegga waxaa loola jeedaa in la helo qaab galmada lagu dheereeyo, laguna gaarsiiyo waqti labada qof ay diyaar u yihiin in ay soo geba-gebeeyaan, iyaga oo markaasi gaaray heer raaxo kii ugu sarreeyay.

Dumar fara badan baa waxa ay ka cawdaan laba cilladood oo ay raggooda ka sheegtaan:

1. In aanay helin istiimin ku filan oo gaarsiin karta heerka gariirka ama dareen ee ugu sarreeya kolka loo diyaarinayo galmada.

2. In aanu muddo ku filan hawsha galmada ninku wadi karin oo uu dhaqso u biyabaxo.

Kolkaad dhakhtar u tagtid, si biyabaxa degdegga ah lagaaga daweeyo, waxaa laga yaabaa in uu ku yiraahdo: "Waqtiga ayaa daweynaya oo kolka aad muddo joogtid isagaa iskiis u ba'aya ee iska daa oo ha isku mashquulin, daweyn uma baahna eh". Waxa kale oo dhacda in uu kugula taliyo in aad is-dejisid kolka aad galmo samaynaysid ama aad maskaxdaada meel kale u duwdid ood wax kale ku fekertid, isaga oon faahfaahin dheeri ah ku siin.

Ragga qaar dhakhaatiirtu waxa ay kula taliyaan in ay joojiyaan cabista khamriga, sigaarka, isticmaalka daroogada, iwm. Waxa kale oo taladooda ka mid ah in cinjir (condom) la adeegsado, kaasi oo markaasi yaraynaya dareenka macaansi ee ninka, ama qaab galmo ka duwan kuwa caadiga ah la tijaabiyo, sida qaabka uu ninku dhacadiid u jiifo oo xaasku ay ku dul fariisato.

Haddaba, halkan waxan ku soo bandhigayaa labo qaab oo aan is leeyahay, haddii labadooda si wadajir ah loo adeegsado, biyabaxa waa la daahin karaa, waxana la gaari karaa muraadkii la lahaa 100%.

1- Biyabaxa Oo Jir Ahaan Loo Daahiyo:

Gabadha oo la istiimiyaa waxa ay keentaa in ay aad diyaar ugu noqoto galmada iyo in jirkeeda oo dhami uu istiin qaato oo ay markaas galmo diyaar u noqoto.

Marka ugu horraysa ee aad xaaskaaga geedka gelisid, heerka dareenkaaga raaxo iyo istiin wax badan buu ka duwanaanayaa dareenkaagii daqiiqad ka hor. Geedka oo gabadha la geliyaa waxa uu la soo baxaa dardar hor leh, aad buuna xawaarihiisu si dhaqsiyo ah u kordhaa. Haddaba, waxa lagaa doonayaa in xawaaraha dareenkaaga istiin qaadasho aad xakamaysid oo aad dejisid inta aadan wax kaleba samayn.

Sadarrada soo socda waxa aan kugu barayaa dhawr khiyaano oo haddii aas samaysid, biyabax degdeg aydnaan dib dambe isu arki doonin.

• Ragga qaar baa waxa ay galaan gef kan ugu weyn oo ah, kolka ay cambarka gabadha geedkooda geliyaan, oo labo ilaa saddex jeer horay iyo gadaal u gudbiyaan, inay dareenkooda marsho geliyaan, kuna socodsiiyaan xawaare aad u sarreeya oo gayaysiiya in uu dabkii biyabaxa ku huriyo.

Haddaba, kolka geedka ninka cambarka xaaska la geliyo, ma aha in dareenka la kordhiyo, hase yeeshee waa in la yareeyo oo hoos loo dhigo, lana gaarsiiyo heer la xakamayn karo oo aanu faraha ka baxayn. Taasi waxa ay markaas keenaysaa in aad gabadha xodxodasho iyo istiimin isugu darto, oo aad garsiido baryootan iyo maskaxdeedu in ay gaarto heer qarxid ku dhow. Xaaladdaas waxa aad ku gaarsiin kartaa in aadan geedka oo dhan wada gelin ee goombaarta oo keliya aad cambarkeeda si tartiib ah u gelisid, aad tartiib uga bixisid, keddib aad tartiib u gelisid, ka bixisid, dabadeed aad goombaartii ku maraanmartid kintirkeeda, keddib aad cambarka tartiib u gelisid.

Arrintaasi waxa ay keenaysaa in adigu aad xaaladdaas la qabsatid oo aad ka soo degtid kacsigii badnaa ee maskaxda kaa qarxin lahaa, lana qabsatid oo shaqo caadi ah oo socota ay kula noqoto.

Sidoo kale, dhadhankaas yare aad iyada siineysid waxa uu ku reebayaa dareen ah in ay wax badan raaboto oo wixii yaraa ee la dhadhansiiyay ka badan u mohato, rabitaankeeduna uu sii kordho.

Marka aad geedka ka soo saartid, goombaarta ku rug kintirka

cambarkeeda oo ku maraanmar, misana cambarka geli oo niiko yar ku dar, haddana ka soo saar oo kintirkii ku rug, sidaasna ku celceli.

Haddii haddaba, aad sidaas ku waddid muddo shan ilaa toban jeer oo ah gelin, ka soo bixin iyo kintir ku rugid, ugu dambayntana aad geedka wada gelisid, markaas waxa aad arkaysaa in adigu istiinka heerkaas ku socda aad la qabsatay, hase yeeshee ay iyadu cirka isku shareertay, maxaa yeelay si fiican baad geedka u jeclaysiisay hungurigana uga soo ridday. Waxa kale oo ay dareemaysaa in aad tahay qof qiimo weyn ku fadhiya, sababta oo ah markii hore afka ayaad u taabsiin jirtay oo qur ah oo waad dhadhansiin jirtay, haddase isagii oo dhan baad gunta u dhigtay oo aad si quman u gelisay, waxadna siisay hadiyad qiimo wayn ugu fadhisa oo ay baahi laxaad leh u qabtay.

• Khiyaano kale oo kaa kaalmaynaysa in aad dheeraysid galmada, muddo ku filanna aad geedka gudaha gabadha ku hayn kartid iyada oo aanay biyuhu kaa bixin waxa weeye, in marka adiga oo xodxodashadii dheerayd ee aannu ka soo sheekaynay soo dhaafay, markanna aad galmada xawli iyo dardar gelinaysid, waa in aadan neefta isku celin ee si dabeeci ah aad u neefsatid.

Barnaamijyada adduunka laga soo saaro ee ka hadla sidii biyabaxa dib loogu dhigi lahaa, waxa ay dhammaan isku raaceen in ay neefsashadu tahay wax aad iyo aad ahmiyad ugu leh galmada.

Neef isku celintu waa galmo dile iyo biyabax dedejiye aad u xun, waxana ugu sii xun in aadan xitaa adigu kolka aad neefta isku celinaysid ka warqabin. Aan ku weydiiyo eh marka aad galmo samaynaysid, neefsashadaada ma ka warqabtaa oo ma la socotaa? Waa in aad si caadi ah u neefsataa, gaar ahaan marka aad samaynaysid wax macaan badan sida galmada. Haddii aad yaraha dib u fekertid, waxa aad xusuusanaysaa markii kuugu dambaysay ee aad dhaqso u biyabaxday in aad neefta isku celinaysay.

Marka aad neefta isku celinaysid, waxad diidaysidaasin geedkaaga ay hawo gasho, hawadaas oo buuxin lahayd sambabbadaada. Sidaas waxa jirkaaga ugu billaabmaya culays iyo cadaadis, markaasna jirku waxuu raadinayaa sidii uu sida ugu dhaqsaha badan uga takhallusi lahaa waxa ku dhex jira oo dhan.

Haddaba, waa in aad hubisaa in aad si dabeeci ah oo buuxda sii socod iyo soo socodba u neefsanaysid. Markaas waxad ogaanaysaa in galmadaada iyo waqtigeedu ay si aan caadi ahayn u fiicnaanayaan, isuna beddelayaan

* Khiyaano kale oo aad galmada ku dheerayn kartid ayaa ah in waqtiga ay galmadu socoto aadan indhaha isku qaban. Haddii adiga oo galmo ku jira aad indhaha isku qabatid, waxa keliya oo kuu muuqanaya oo aad ka fekeraysaa waa raaxada iyo istiinka geedkaaga. Mar kasta oo aad raaxada iyo dareenka geedkaaga ka fekertid waa ay sii korodhaa raaxadaasi waana uu sii labanlaabmaa dareenkaagu. Waxay markaas ku gaarsiisaa heer aad xakamayn u caal waydo oo talo farahaaga ka baxdo, biyihiina ay heer dib loo dhigi karo amaba la qaban karo soo dhaafaan. Haddaba, indhahaaga fur, kuna raaxayso quruxda hortaada ama korkaaga kaaga muuqata.
* Khiyaano kale oo aan ku barayaa waxa weeye qaabka aad galmada u samaynaysid. Haddii aad rabtay in aanay degdeg biyuhu kaa bixin, waa in aad isticmaashaa qaab galmo jacayl wata. Qaab galmo oo qalbiga, aragga, maqalka, indhaha iyo dareenka taabasho, dhammaan u raaxeeya. Waa in uu ahaado qaab galmo oo kuu sahlaya inad geedkaaga cambarka si tartiib ah u gelisid, aad hubisidna in aad barteeda-G (G-Spot) istiiminaysid.

Qaabkani waxa uu sheegayaa sidatan: Gabadha oo dhabarka u jiifta, inta aad barideeda barkin hoosta ka gelisid, adiga oo daba fadhiya, jilbaha ku istaagtid, lugeheedana yaraha sare u soo qaaddid, labadeeda cajar oo isku qabsan aad gadaal geedka ka soo gelisid. Labadeeda gacmood waxa ay ku soo qabsanaysaa xaglaha labada jibib ee dhulka kuu mudan, labadeeda cagna waxa ay saaraysaa shafkaaga, adiga oo labada hanqaw ka haysta ayaadna sidaasi ugu raaxaynaysaa.

Xaaladdaas iyada ah, geedku cambarka ma wada gelayo, maxaa yeelay cajarradeedu way isku qabsan yihiin, afka cambarkuna waa ciriiri oo qallooc baa ku jira. Geedkaaga oo kacsan oo awood leh marka aad xagashaas ciriiriga ah ka gelinaysid, bushimaha cambarka ayaad si tartiib ah u dhex marsiinaysaa, wax yarna waad gelinaysaa, waxadna istiiminaysaa barteeda-G. Sidaas baad gabadha hunguri juq-juq iyo harraad ugu dilaysaa iyada oo u ooman in aad mar uun geedka wada gelisid.

Qaabkan galmo haddii la adeegsado, waxaa la caddeeyay in gabadhu ay u biyabaxayso si ka dhaqsiyo badan qaab kasta oo kale, weliba adiga biyahaagu in ay wax badan daahaan uma aad baahnid, maxaa yeelay si kastaba iyada ayaa kaa hormaraysa. Waxaa weliba suurtagal ah in ay dhawr jeer biyaha tuurto adiga oo aan weli hal mar biyabixin, halka adiga biyabaxaagu uu aad u daahayo. Midda kale, qaabkan adiga ayaa darawal ka ah xawaaraha niikada iyo gunta aad geedka ku geynaysid oo go'aankeeda gaaraya.

Kolka aad geedkaaga cambarka gabadha gelisid, si, aanay maskaxdu kuu qarxin oo aadan biyaha dhaqso ugu tuurin, ulana qabsatid qaabkan cusub, waxa kale oo aad samayn kartaa in aad geedkaaga gudaha cambarka ku haysid 20-30 ilbiriqsi adiga oon dhaqdhaqaaqin. Nin baa laga yaabaa in uu yiraahdo: "Aniga oon wax dhaqaaq ah samaynayn ma awoodi karo in muddo intaas la'eg aan geedkayga gudaha cambarka ku hayo". Hase yeeshee, qaabkani waa qaab jacayl, waadna samayn kartaa.

Si tartiib ah ayaad cagaha, oo ka mid ah meelaha ay dumarku sida aadka ah uga kacsadaan, oo iyagu shafkaaga saaran, u dhukan kartaa. Marka adiga oo geedka ku dhex haya, aad indhaha ka fiirisid, oo aad cagaha ka dhunkatid, oo aad gacmahaaga cagaha ilaa cajirrada uga salaaxdid, sidaas baad arrinta waxa aad uga dhigi kartaa mid jacayl iyo xodxodasho ah. Sidoo kale waxyar inta aad lugeheeda kala furtid, in aad kintirka farta uga maraanmartid, inta aad xoogaa isa soo goddid, oo aad lugeheeda soo dhex gashidna, aad markaas ibaha naasaha salaaxdid, afkana aad ka dhuuqdid, waxyaabahaas oo dhami waxa ay meel dheer gaarsiiyaan rabitaanka iyo kacsiga gabadha.

Arrinta oo dhan waxaa fure u ah in adigu dareenkaaga aad xakamaysid oo aad xawaaraha niikadaada iyo dardarta hawsha aad aayar ka dhigtid. Dhawr daqiiqo markaad sidaas tartiibta ahe deggan gabadha u shukaansatid, waxad arti doontaa in saliilyadii iyo dareenkii aad qabtay ay kaa yaraadeen, markaas keddibna aad xawaaraha si xawli ah u kordhin kartid, geedkaagana cambarka gabadha gudaha ugu gelin kartid, si xoog ahna ugu garaaci kartid, adiga oon ka baqayn in degdeg biyuhu kaaga baxaan.

Haddii, adiga oo qaabkii galmo ee aannu soo sheegnay adeegsanaya, aad gabadha xodxodatay oo aad istiimisay, barteeda-G aad ka salaaxday, dareenkeedana aad kicisay oo aad meel dheer geysay, waxa dhacaysa in si aad iyo aad uga dhaqso badan qaababka caadiga ah ay iyada biyuhu uga baxaan.

Haddii haddaba, aad ahaan jirtay qof ay markii hore biyabaxa degdegga ah far ba'an ku hayay, marka farriinta dersigaan ku jirta aad si fiican u fulisid, waxa imanaysa in gabadha intii aad doontid aad istiimin kartid, muddadii aad doontid geedkaaga ku hayn kartid, xilligii aad adigu doontidna aad biyabaxaysid.

2- Biyabaxa Oo Maskax Ahaan Loo Daahiyo:

Xilliga aad galmada ku dhex jirtid, maskaxdaada oo ka fekerta galmada lafteedu waxa ay dedejisaa biyabaxa. Haddii aad ahaan jirtay qof degdeg u biyabaxa, kolkay arrintaasi ay kugu taagan tahay oo inay degdeg biyuhu kaaga yimaadaan aad cabsi ka qabtid, galmada hadda socota kuma raaxaysan doontid, maxaa yeelay maskaxdu laba shay hal mar ma wa wada qaadi karto, haddii aadan adigu si dhab ah galmada ugu raaxaysanaynna, gabadhuna ma ku raaxaysanayso ee taas maanka geli.

Xalku haddaba, waxa uu si aad ah uga fududyahay sida ay dad badani u malaynayaan. Sida aan soo xusay, maskaxdu hal mar laba wax diiradda ma wada saari karto'e ha ka fekerin galmada, maxaa yeelay haddii aad galmo ka fekertid waxba kuu muuqan mayaan aan galmada lafteeda ahayni. Hase yeeshee gabadha lafteeda ka feker; jirkeeda, quruxdeeda, indheheeda, bushimeheeda, timeheeda, naaseheeda, iwm., oo ku istiin, kuna raaxayso aragga iyo taabashada qayb kasta oo jirkeeda ka mid ah. Waa in aad galmo ku samaysaa, kuna raaxaysataa gabadha jirkeeda oo dhan ee aadan diiradda saarin oo keliya xubinteeda taranka.

Baabkii saddexaad ee buugga waxaynu ku soo marnay doorka uu istiinku galmada ka ciyaaro. Waxaynu soo marnay in istiinku uu yahay qayb galmada ka mid ah. Sida caadiga ah ninku waxa uu u istiimaa qaab jireed oo waxa uu ku raaxaystaa xubintiisa taranka, hase yeeshee dumarku raaxada galmada ay ku raaxaystaan ma aha mid jireed ee waa mid dareen caadifadeed jirkooda oo dhan, tin ilaa cirib, ka soo fula. Sidaas daarteed, galmadu dumarka waxa ay u tahay caadifad ee sida ragga oo kale xubinta taranka keliya wax ku kooban uma aha.

Haddaba, haddii aad waqti u heshid in aad gabadha jirkeeda oo dhan istiimisid, haddaad waqti u heshidi in aad u sheegtid barideedu sida ay u qurux badan tahay, timeheedu sida ay u qurux badan yihiin, bushimeheedu sida ay dhuuqmada ugu fiican yihiin, haddii aad isku daydid in aad mar walba wax cusub sariirta ku samaysid, waxa ay markaas dareemaysaa in ay tahay naag buuxda oo qurux iyo soo jiidasho leh, aadna mudnaan u leh oo la jecel yahay. Sidaas baad markaas baahideeda caadifadeed ku dherginaysaa, waxayna helaysaa galmo aad iyo aad uga duwan galmada caadiga ah ee dumarka loo galmoodo. Waa taas waxa ay ku kala duwan yihiin galmada caadiga ah ee "tafta qabo ee jiid ah" iyo midda "waa wareey! War maxay ahayd madaxaaba i qarxi gaaraye! Galmo ka macaan badan weli maan arag" ah.

Waxa aan ka hadlayaa waxa weeye in dareenka kacsi ee gabadha aad qotaqotaysid oo aad kicisid, oo aad gaarsiisid heerka ugu sarreeya ee uu gaari karo, adiga oo weliba deggan oo dareenkaaga si fiican majaraha ugu haya oo aanu xukunkaaga ka baxaynin. Rag badan baa xaasaskooda naasaha iyo barida qabta iyaga oo aan dareen caadifadeed, haba yaraato eh, gabadhaas tusayn oo baahidooda galmo uun doonaya in ay haqabtiraan.

Waxa loo baahan yahay in gabal kasta oo jirka gabadha ka mid ah aad ku taabatid gacmahaaga, carrabkaaga, bushimahaaga iyo xitaa neefta kaa soo baxaysa. Waa in aad iyada oo dhan diiradda si fiican u saartid ee ma aha inad majuujisid oo aad xoog ku daydid, gacantana uga calaalisid naasaha, oo halkii ay raaxo dareemi lahayd ay xanuun dareento. Waa in jirkeeda iyo maqaarkeeda aad si naxariisi ku dheehan tahay oo aad adiguba dareemi kartid u salaaxdid. Dareenka caynkaas ah ee maskaxda qarxinaya marka aad sariirta ugu samaysid, gabadha ma waalaysid oo keli ah, ee adiga laftaada ayaa maskaxdaada ka saaraya welwelkii kugu jiraye ahaa, "armay biyuhu degdeg kaaga baxaan".

Haddaba, jooji indhaha aad isku qabsanaysid iyo fekerka aad ka fekeraysid dareenka geedkaaga iyo sida uu noqon doono marka aad galmada samaynaysid. Taas beddelkeeda, waxa aad diiradda saartaa jacaylka xaaskaaga iyo waxa ay iyadu dareemayso.

SEEGADA

WAA MAXAY SEEGADU?

Qofka seegaysanayaa ma rabo in uu qof kale rabitaankiisa kaga dhergo, balse isaga laftiisa ayaa iska dhergaya (isku biyabaxaya). Caadada seegaysiga rag iyo dumarba waa lagu arkaa, kumana koobna ragga oo qura sida ay dad badani u haystaan.

QAABABKA SEEGADA

1. Seegada maskaxda: Waa qofka oo biyabaxa isaga oon isticmaalin wax uu ku kacsado. Dadka aadka u dareenka fududi kolka ay ku fekeraan xubnaha taranka qof ay

jecelyihiin ama ay akhriyaan qoraallo jacayl amaba ay daawadaan sawirro ama aflaan dareenkooda kiciya, iyagoo macaansanaya bay isku biyabaxaan. Dumarka kuwooda aadka u kacsiga dhowiinta ay labada cajar isku dhejiyaan ama ay dhaqdhaqaajiyaan murqaha cambarka, bay sidaas ku biyabaxaan.

2. Seegada gacanta: Waa qofka oo gacantiisa ku ciyaarsiiya amaba gacan kale looga ciyaarsiiyo xubinta taranka ilaa uu ka gaaro heer biyabax.

3. Ku seegaysiga waxyaabo kale: Waxa jira waxyaabo fara badan oo u eg xubnaha taranka, kuwaasi oo uu qofku ku seegaysan karo, shucuubta dunida intooda badanina waxyaabahaasi waa ay garanayaan. Waxa jira shucuubta qaar inta ay taallo ka dhigan nin taagan oo geedkiisu kacsan yahay dhistaan, dabadeed xaflado diini ah u sameeya, iyaga oo taalladaas u adeegsanaya bekra-jebinta hablaha qaangaaray. Dabadeed kolkay xafladdaasi dhammaato, inta taalladaasi la qaado la dhigo meel loogu talagalay, si dumarka laga dhintay ay ugu seegaystaan. Hase yeeshee, farsamada casriga ahi waxa ay ina bartay geed dad-samee ah, aadna ugu eg geedka dabiiciga ah ee ragga, dumarkuna ay ku seegaystaan.

Dumarka qaar doonaya in ay seegaystaan ayaa waxa dhacda in ay xubintooda taranka geliyaan waxyaabo yaab leh, iyaga oon ka fekerin dhibaatooyinka ay waxyaabahaasi u geysan karaan. Waxa dhacda in dumarka qaar isgeliyaan qalab dhumuc weyn oo dhaawacyo u geysta, si loo soo saaraana mararka qaar u baahato dhakhtar iyo qalliin. Dumarka qaar baa isgeliya cirbado, musmaarro, qalmaan, maxaarro, iwm., qalabkaasi oo si sahal ah ugu gudbi kara kaadi haysta, dabadeedna keeni kara dhaawac halis ah.

MAXAA KEENA SEEGADA

1. Sababaha keena seegaysiga waxa ugu horreeya in ay qofka u fududaan weyso in uu helo xabiib uu ka xaaja guto, sidaasi

buuna ruuxu cid wax la qabata inta uu waayo, gacmahiida biyaha isaga saaraa. Seegaysiga caynkaasi ahi waxa uu ku badan yahay dadka ka fog jinsiga kale sida; ardayda dhigata kulleejooyinka (boarding schools), cusbitaallada, xabsiyada, warshadaha, ciidanka badda, dumarka aan la guursan, garoobbada iyo dumarka laga dhintay.

2. Waxa kale oo seegaysiga keeni kara in qofku uu ka dido galmada oo uu u arko wax xun sida wiil dhallinyaro ah oo lagu barbaariyay in galmada guurka hortiis cadaab lagu muteysto, isaga oon awoodna u lahayn in uu guursado. Waxa kale oo dhacda in qofku uu ka dido urta qofka kale, taasi oo keenta nacayb uu u qabo jinsiga kale sidaasina uu ku seegaysto.

3. Waxa dhacda in ragga qaar kolka ay u galmoonayaan haweenkooda ay si degdeg ah u biyabaxaan, dumarkoodii oon weli gaarin heer biyabax, taasi oo markaasi dumarka caynkaasi ah ku kallifta in ay seegaystaan.

4. Seegaysiga carruurta waxyaabaha doorka libaax ka qaata waxa ka mid ah finan yaryar oo ka soo baxa dubduleedka xubinta taranka (sida isnadaamiska oo kale), oo sida uu u xoqayo uu si lama filaan ah u kaco geedkii, dabadeedna uu sii macaansado ilaa uu biyaha tuuro, sidaasina uu ku barto kuna caadeysto seegaysiga.

5. Waxa kale oo ay da' yartu seegaysiga ka baran karaan saaxiibadooda kale haddii ay seegaystaan, inankuna sida uu saaxiibkii sigaar cabista uga barto si la mid ah buu seegaysigana uga bartaa.

Tira koobyo la sameeyay waxa ay caddeeyeen in ragga seegaysta ay gaarayaan 69-100%, iyaga oo raggu inta badan soo mara marxalad noloshooda ka mid ah oo ay ku seegaystaan, gaar ahaan inta u dhaxaysa da'da 13-20 jirka. Sababaha keena in uu seegaysigu da'daasi ku badnaado waxa weeye; kacsiga oo xilligaasi aad u daran (da' kacsi labbood), xishood iyo shukaansi aqoon la'aan, iyo weliba dhallinyarada oo intooda badani ay guur la'aan joogaan. Guud ahaan dhallinyaradu waxa ay seegaysiga iska daayaan kolka ay billaabaan galmo caadi ah.

Hablaha iyaga boqolkiiba inta seegaysataa waay kayar yihiin wiilasha, sababahaan soo socda awgood:-

1. Shahwada oo aan hablaha u gubin sida ay wiilasha u gubto.
2. Xubnahooda taranka oo ku jira meel qarsoon, dhifna ay tahay in ay la kulmaan wax taataabta oo kiciya dareenkooda, iyada oo lawada ogsoonyahay in kacsigu uu yahay sababta tooska ah ee keenta seegaysiga.
3. Iyaga oo aanu dhibaato ku hayn isku biyabax habeen, kol haddii aanay aqoon riyo habeen oo gaarsiisa heer biyabax, waase haddii aan la istiimin inta aanay seexan ka hor.
4. Rabitaanka jinsiyeed ee raggu waxa uu ku kooban yahay xubnaha taranka, oo kolka uu kacsadaba waxa uu doonayaa in uu galmo sameeyo, hase yeeshee rabitaanka dumarku waxa uu isugu jiraa mid xubin taran iyo mid nafsiyadeed. Waxa ay habluhu helaan raaxooyin kale oo ay kaga maarmaan tan biyabaxa sida; jacaylka, akhrinta sheekooyinka iyo riwaayadaha jacayl, xafladaha, shineemooyinka, jimicsiga, daryeelka jirkooda, qoob-ka-ciyaarka, iwm.

Waxa la caddeeyay in casrigaan cusub dumarka seegaystaa aanay ka yarayn 50%, meelaha qaarna ayba gaaraan 70-90%. Dumarka caynkaasi ahi waxa ay u badan yihiin kuwa aan weli bislaan iyo kuwa qaba qabow jinsiyeed (eraygaasi oo sida caadiga ah loogu yeero dumarka aan galmada ku raaxaysan).

DHIBAATOOYINKA SEEGADA

1. Haddii qofku uu u barto in uu ku kacsado oo ku biyabaxo gacantiisa, waxa mustaqbalka ku adkaanaysa istiiminta kaga timaada gacalkiisa inuu ka helo kacsi u dhigma kii uu ka heli jiray gacantiisa.
2. Seegadu ma keento haqab-beelka dhabta ah ee ay keento galmada cadiga ahi, iyada oo galmadu aanay ku koobnayn oo qura xubnaha taranka sida seegaysiga, balse tahay kulan nafsiyeed iyo mid jinsiyeed oo dhexmara labada isjecel,

sidaasina qaybaha jirka oo dhami ay kaga qayb qaataan raaxada ka dhalata kulankaasi.

3. Waqtiga galmada waxa maskaxda qofka ka buuxa istiin iyo raaxo macaan, hase yeeshee qofka seegaysanayaa si uu ku helo istiin waxa uu u baahan yahay in uu ku fekero waxyaabo dhib ku ah maskaxdiisa, kuwaasi oo keena daal iyo dhibaato maskaxeed.

4. Galmada caadiga ahi kolka ay dhacdo (gaar ahaan tan ka dhalata guurka), lagama qaado wax aan ka ahayn raaxo iyo raynrayn, hase yeeshee qofka seegaystaa kolka uu kacsado waxa uu illaawaa in uu sameynayo amaba sameyn doono wax sharci darro ah, laakiinse kolka uu biyabaxo ayuun buu indhaha kala furaa oo ku baraarugaa foolxumida waxa uu sameeyay iyo in uu keligiis isku raaxeystay, aysanna la joogin – sida uu maskaxda gashaday gabar qurux badan oo uu jecel yahay, sidaasi bayna murugo ugu dhalataa. Qofka caynkaasi ah waxa uu dareenkiisa dembi iyo murugo kordhaa kolka uu dadka ka maqlo in seegadu ay tahay wax keena dembi aanu Eebbe cafin iyo cudurro maskaxda wax u dhima, sidaasi bayna qofkaasi ugu dhalataa murugo joogta ah, xaasidnimo iyo damiir la'aani.

5. Galmada tooska ahi waxa ay u baahan tahay laba qof, waqti iyo meel ku habboon si ay u hirgasho, halka seegadu ay ka dhici karto waqti kasta oo qofka seegaysanayaa uu doono, sidaasina dadka qaar iskaga badbadiyaan, taasi oo dhibaato ku keenta jirka iyo maskaxda labadaba.

6. Waxay keentaa xiniinyaha iyo qanjirka Borostaatka oo barara, mar haddii aanu qofku biyihii galay xiniinyaha galmo buuxda isaga saarayn, oo kolba markii uu seegaysto qaar ku harayaan.

7. Waxa ay keentaa geedka ninka oo jilca ooy tabardarri ku timaado, gabadhiisana galmo buuxda la gudan waaya, dabadeedna guurkii cusbaa furriin ku gebageboobo.

8. Waxa ay keentaa ninka oo degdeg u biyabaxa, gaarsiina waayainta ay xaaskiisu gariir ka gaarto, halkaana guurkii ku fashilmo.

9. Habluhu mararka qaar way ku bekra-jabaan seegada.

Gabadha muddada dheer seegaysanaysay, caadana ka dhigatay, waxa laga yaabaa in ayba ku raaxaysan weydo galmada ay gacalkeeda la wadaagto, taasi oo iyana keenta guurkii oo burbura.

10. Waxa ay qofka tirtaa laab furnaanta, bashaashnimada, iyo awooddiisa shaqo, haddii uu iska badbadiyana waxa ay dhaawacdaa qanjirrada iyo xididdada maskaxda.

Fiiro Gaar ah: Isku biyabaxa habeenkii qofka kuma keeno tamar darri, maadaama aanay qanjirradiisa taranku daallayn, waxayna awoodaan in ay hal jeer habeenkii biyo tuuraan, sidaasna ku wadaan muddo soddon sanadood ah. Ninka caafimaadka qabaa waxa uu galmo samayn karaa 2-3 jeer usbuucii, isaga oon wax dhibaato ahi gaarin, hase yeeshee dadka qaarkiis oo 3-10 jeer malintii seegaysta waxa ay sameeyaan gef weyn, falkoodaasina waxa uu keenaa tamardarri iyo caajis ku yimaada xubnaha taranka iyo habdhiska maskaxda. Xubnaha taranku haddii ay helaan waqti nasasho ku filan waa ay ka soo kaban karaan dhibaatooyinka ka dhasha seegaysiga faraha badan, haddiise uu qofku joogteeyo seegaysiga, waxa ay markaasi u dhow dahay in uu dhaawac ku yimaado walxaha jirka ee firfircooneeya qanjirrada iyo xididdada maskaxda, xididdadaasi oo haddii ay dhintaan aanay suurtagal ahayn in ay mar labaad awood u yeeshaan in ay gutaan shaqadoodii caadiga ahayd.

SIDEE LA ISKAGA GOOYAA SEEGADA?

1. In uu qofku guursado, haddiiba uu awoodo. Waalidka dhalay dhallinyaro qaangaadhay, waa in aanay guurkooda ku xirin shuruudo iyo xujooyin aan laga bixi karin, taasi oo markaasi keenaysa in dhallintay dhaleen iyo kuway u dhixi lahaayeen labaduba quus iyo qalbijab qaadaan, sidaasna Shaydaan isugu dhiibaan ooy xaaraan ama seego dhexgalaan.

2. In aanu qofku iska badin cunitaanka iyo cabitaanka, taasi oo markaasi keenaysa kacsi iyo rabitaan jinsiyeed, waana

sababta uu Rasuulku (SCW) u faray qofkii aan guur awoodini in uu soomo.

3. Inuu qofku ka fogaado waxyaabaha hiyigiisa kicinaya sida; Buugagta, Sawirrada iyo Aflaanta qaaqaawan.

4. Qofkii qurux uu qalbigiisa ugu raaxeeyo raadinayaa waa in uu daawadaa dhirta cagaaran, ubaxa, badaha iyo quruxda dabiiciga ah ee Eebbe dunidan ugu deeqay.

5. In qofku doorto saaxiibbo wanwanaagsan, dhawrsan, hanuunsan, diintana ku dhaqma.

6. In qofku qalbigiisa ku mashquuliyo shaqo, waxbarasho, cibaado iyo Alle ka cabsi oo aanu marnaba nafta fursad usiin in ay ku fekerto wax aan habboonayn.

7. In aanu qofku ku seexan gogol raaxa leh cuud iyo cattarna lagu shiday, oo xusuusida galmo iyo gacal la baashaal.

8. In aanu qaadan dharka aadka u jilicsan, iskuna shubin barafuunnada dareenka kiciya.

9. In uu ka fogaado isdhex-galka ragga iyo dumarka, gaar ahaan dadyowga aan cowradooda dedan, dareenka dadka kalena aan u aabayeelin.

10. In Aanu seexan isagoon hurdo heyn, si ayan maskaxdiisu u raadin wax ay ku fekerto oo lammaane uu la baashaalaa uu ugu horreeyo.

11. In aanu kolka uu seexanayo caloosha u jiifan, si aanay xubintiisa taranku ugu lismin firaashka ka hooseeya, sidaasna ugu macaansan oo ugu kacsan.

12. In uu kaadi-haysta faaruqiyo (kaadiyo) mar kasta ooy kaadiyi qabato, gaar ahaan aroortii kolka uu hurdada ka tooso.

SEEGADA IYO ARAGTIDA ISLAAMKA

Eebbe waxa uu Aayadaha Qur'aanka ah ku leeyahay: (kuwa xubnohooda taran dhawra. Aan ka ahayn xaasaskooda iyo addoomadooda ayagu eed ma laha. dadkiise intaas keddib wax ka doonaa way xad gudbeen). (Al Mu'min uun: 5-7).

Aayadahaa Qur'aanka ah waxa kaaga iftiimaya in ruuxii macaan iyo raaxo ku doona hab aan galmo xalaal ah ahayni uu xadkii Eebbe gudbay.

Cabdullaahi IbnuMascuud (RC) waxa uu Nabiga (SCW) ka weriyey: (**Dhallinyarooy, kiinnii guur awoodaa ha guursado, maxaa yeelay guurku aragga waa u dabool ibtana waa u dhufays, kaan awoodinna ha soomo, soonkaa shahwada ka jebinayee**)[32].

Haddaba, haddii uu Rasuulku (SCW) ogyahay faa'ido ay caadada sirta ah (Seego) leedahay, dhallinyarada ayuu ku boorrin lahaa, waxase uu koodii awood (Meher, Marasho iyo Masruuf) heli kara, ku boorriyey in uu guursado, kaan awoodinna in uu shahwada isaga jebiyo qaab cibaado ah (Soon) ajarna ka helayo, dhibaatadii shahwadana iskaga reebayo.

Culimada diinta Islaamka badankoodu Seegada (Caadada sirta ah) way xarrimeen. Mad-habadaha Shaaficiya, Maalikiya iyo Xanbaliya intuba way xarrimeen iyaga oo u daliishanaya Aayadaha aynu kor ku soo sheegnay ee Suurat Al-Mu'min uun ku jira. Madhabta Xanafiya, iyadu waxa ay leedahay Seegadu assal ahaan waa xaaraan, waxayse ku bannaanaan kartaa saddex shardi haddii si wadajir ah loo helo:

1. In aanu ninku naag qabin.
2. In uu isaga baqayo xaaraan (sino) uu ku dhaco haddii aanay seegaysan. Taasi oo diinta loogu yeero: "Laba daran tii dembi yar dooro".
3. In aanu ula jeedin in uu ku raaxaysto, balse ula jeedo in uu shahwada isaga jebiyo.[1]

Haddaba, Seegadu guud ahaan diinta Islaamka waa ku xaaraan, maadaama aanay ahayn qaabkii dabiiciga ahaa ee uu Eebbe ugu talagalay in shahwada la'isaga shubo, balse ay tahay wadiiqo weecsan, qofkana waxa ay barto waxa ay baddaa uga daran,

---

32   *Bukhaari (1905, 5065, 5066), Muslim (1400/1), Abuu Daa'uud (2046).*

haddii uu mar qofku qabatimana sida uu naftiisa u qabto oo isaga gooyaa ay adagtahay.

GUDNIINKA

WAA MAXAY GUDNIINKU?

Ereryga Gudniin waxa loola jeedaa goyn, waana ta birta geedaha lagu gooyo lagu magacaabo Gudin[33]. Haddaba, marka laga eego xagga Sharciga Islaamka, gudniinka inanku (Circumcision) waxa weeye in laga gooyo Qolofta (Prepuce) oo iyadu ah maqaarka ku dahaaran Dhalfada (Balanus) oo ah madaxa xubinta taranka (Penus). Gudniinka Inantu (Clitorydectomy) waxa weeye in gabal laga jaro qolofta ku dahaaran Kintirka (Clitoris) oo isagu ah xubin ka mid ah xubnaha taranka kuna dhacda dusha sare ee godka Cambarka. Kintirku waxa uu leeyahay shaqo aad muhiim u ah, isaga oo keena dareenka macaansi iyo biyabax (Orgasm) ee haweeneyda xilliga galmada. Hase yeeshee, shucuubta xitaa kuwa hablohooda sunno gudeeya (sida ay dadka qaar ku magacaabaan), lama gooyo qolfada oo qura balse waxa lala jaraa Kintirka oo idil, halka gudniinka Fircooniga ah laga dabarjaro Kintirkii iyo dhammaamba faruuryihii Cambarka, sida aynu gadaal ka sharxi doonno.

Mowduuca gudniinku waxa uu ka mid yahay mowduucyada aan wax badan laga qorin, aadna mooddo in ay dadku ka hadalkiisa kaba xishoonayaan. Culimada Islaamka badankoodu ugama aanay hadal gudniinka sida ay uga hadleen waxyaabo badan oo ka ahmiyad yar sida; Cadaysiga. Tusaale ahaan, Imaam Abuu Xaamid Al-Gasaali silsiladdiisii kutubbada ee uu ugu magac daray (Soo noolaynta Culuumta Diinta), shan sadar oo qura ayuu kaga soo hadal qaaday gudniinka.

---

33 *Barbaarinta Ubadka (59*

Arrimaha sababay in ay culimada iyo dadka caamada ah labaduba ka gaabsadaan ka hadalka gudniinka, waxa ugu horreeya Qur'aanka kariimka oo isagu ah darka sharci dejinta Islaamka oon si toos ah iyo si dadban toona uga hadal mowduucaasi. Ma jirto hal Aayad oo – xitaa – laga dhadhasan karo jiritaanka gudniinku. Sidoo kale waxa la waayey hal Xadiith oo saxiix ah oo waajibinaya amaba sunno ka dhigaya gudniinku.

GUDNIINKA RAGGA

Sidii aynu hore u soo sheegnay, gudniinka raggu waxa weeye in laga gooyo qolfada oo iyadu ah maqaarka ku dahaaran dhalfada oo ah madaxa xubinta taranka ninka, sidaas buuna jirku uga takhallusayaa wixii wasakh, jeermis, nijaaso iyo ur ku hoos jiray maqaarkaasi la jaray.

Daraasado badan oo ay sameeyeen culimada caafimaadku waxa ay ku caddeeyeen in cudurrada kaadi mareenka raggu (yar iyo weyn) ay ku badan yihiin kuwooda aan gudnayn. Waxa kale oo la caddeeyey in cudurrada galmada laysku qaadsiiyo sida Jabtida iyo Aydhisku ay aad ugu badan yihiin ragga aan gudnayn. Waxa weliba intaas dheer, lana ogaaday waqti fog in gudniinka raggu uu yareeyo cudurka Kansarka ee ku dhaca xubnaha taranka ragga iyo kan ku dhaca luqunta Ilma-galeenka dumarka. Waddamada Mareykanka iyo Yurub waxaa jira fara dad badan oo isu guda si ay cudurradaas aynu soo sheegnay uga badbaadaan.

Gudniinka ragga sida ay culimadu leeyihiin, waxa looga dayday Nabi Ibraahim (CS). Nabi Ibraahim (CS) oo isaga loogu yeero Nabiyada Aabbohood, waxa uu Eebbe ina farayaa in aynu qaadanno diintiisii, oo wixii isaga la faray waa in aynu qaadanno wixii laga reebayna aynu ka fogaanno.

Aayadaha Qur'aanka ah ee caddeynaya sida ay waajib inoogu tahay in aynu raacno Nabi Ibraahim (CS) waxaa ka mid ah: **(Markaas baan kuu waxyoonnay "Nabiyoow" in aad raacdid diinta "Nabi" Ibraahim ee toosan, kamana aanu mid ahayn "Ibraahim" kuwa Alle wax kale la caabbuday)** (An-Naxal: 123)

Su'aashu waxa weeye, xaggee yaase guday Nabi Ibraahim (CS)? Si aynu su'aashaasi uga jawaabno aynu mar labaad dib ugu noqonno Qur'aanka kariimka ah. Eebbe waxa uu Aayaddiisa ku leeyahay: (Xusuusta markii uu "Nabi" Ibraahim Eebbihiis ku ibtileeyey erayo, uuna dhammaystiray. Waxa uu "Eebbe" yiri: Dadka ayaan Imaam kaaga dhigayaa. Waxa uu "Ibraahim" yiri: Dhashaydana "ka dhig". Waxa uu "Eebbe" yiri: Ballanqaadkayga waxba kuma laha dulmilowyaashu) (Al-Baqarah:124).

Erayada Nabi Ibraahim (CS) lagu ibtileeyey, waxa uu Ibnu Cabbaas (RC) ku fasiray in ay ka koobnaayeen; shan madaxa khuseeya kalana ah; shaarib gaabinta, luqluqashada, san-daarsiga, cadaysiga iyo sheexaysiga, iyo shan khuseeya jirka kalana ah; ciddiyo jarista, bisaq xiirista, gudniinka, kilkilo rifista iyo istinjada (saxaro iyo kaadi iska dhaqista).

Abuu Hurayrah (RC) waxa laga weriyay in uu yiri: Rasuulku (SCW) waxa uu yiri: (Abuurku waa shan; gudniinka, bisqin bir ku xiirashada, shaarib gaabinta, ciddiyo jarista iyo kilkilo rifidda)[34].

Nabi Ibraahim in uu isguday waxa caddeynaya Xadiith saxiis ah. Abuu Hurayrah (RC) waxa uu Rasuulka (SCW) ka weriyay in uu yiri: (Ibraahim (CS) Qaduum ayuu isku guday isaga oo siddeetan jir ah)[35].

Micnaha Qadduum culimadu qaarba si bay ku macneeyeen. Qaar baa ku fasiray meel ka tirsan Shaam, halka qaar kale yiraahdeen waa aaladdii uu Nabi Ibraahim (CS) isku guday, waxana loo badan yahay in ay ahayd Faas ama Gudin.

Culimadu waxa ay sheegaan in Nabi Ibraahim (CS) uu ahaa qofkii ugu horreeyey ee; isguda, ciddiyaha iska jara, surwaal gashada, Shaaribka gaabiya, kabo kabsada, seef ku dagaallama, iyo weliba qofkii ugu horreeyey ee ay madaxiisa cirro ka soo baxdo.

Haddaba, kol haddii Nabi Ibraahim (CS) la faray in uu isgudo, waajib bay taasi ahayd la saaray. Sidaas darteed, waxa annagana haddii aynu Muslimiin nahay ina saaran isla waajibaas Aabbeheen Nabi Ibraahin (CS) uu Eebbe saaray.

Ibnu Cabbaas (RC) waxa laga weriyey: (Nabigu "SCW" waxa uu dhashay isaga oo gudan xudduntiisuna go'antahay, markii uu awoowihiis Cabdul-Muddalib umuurtaas arkayna waxa uu yiri: Wiilkeygani waxa uu noqon doonaa mid meel sare gaara). Xadiith kale oo uu weriyey Anas Ibnu Maalik waxa uu ku sheegay in Nabigu (SCW) yiri: (Karaamooyinka Eebbe iigu karaameeyay waxa ka mid ah in aan dhashay aniga oo gudan iyo in aanay cawradeyda cidi weligeed arag).

GUDNIINKA RAGGA IYO ARAGTIDA ISLAAMKA

Intaynaan arrintaas u gelin, bal marka hore aynu dib ugu laabanno Carabtii hore iyo Casrul-Jaahiligii. Carabtii hore ninka buuryo qabka ah ee aan gudnayn way caayi jireen, waxana taas lagu xaqiijiyey gabayadii la tiriyey xilligaas. Buuryo qabku waxa uu ahaa qof dhiman oo la liido, waxana uu tusaale iyo bar tilmaameed u noqon jiray gabyaa kasta oo cid jab iyo caay la maaggan.

Gudniinku haddaba Islaamka ka hor waxa uu ahaa caado fac-ka-fac layska dhaxlay, waxana intaas dheerayd iyada oo kolka gaban la gudayo loo samayan jiray xaflad iyo waliimo gaar ah oo dadku isugu yimaado.

Haddaba, kolkii uu Islaamku yimid, gudniinka raggu waxa uu ka mid noqday caadooyinkii la ansixiyey, hase yeeshee culimada diintu ilaa iyo iminkadan la joogo, in kasta oo dhammaan ku qanacsan yihiin in wixii Nabi Ibraahim (CS) la faray ay annagana ina saaran yihiin, misana kuma aanay heshiin in gudniinku waajib yahay iyo in uu sunno yahay midnaba.

---

34   Bukhaari (5889, 5891). Muslim (257).

35   Bukhaari (3356, 6298). Muslim (2370/151)

Ibnu Xajar, isaga oo ka hadlaya ra'yiga culimada Islaamku ay ka qabaan gudniinka, waxa uu u soo koobay sidatan: (Gudniinka waxa waajibiyey Shaafici iyo dadkii raacay badankooda, waxayna qaarkood gaarsiiyeen heer ay yiraahdeen ninka qaangaarka ah Islaannimadiisu ma dhammaystirna ilaa gudo. Imaam Axmed iyo Maalikiyada qaar waxay yiraahdeen waa waajib, Abuu Xaniifase wuxuu yiri waa sunno).

Ibnul-Qayaanuim wuxuu yiri: (Fuqahadu way isku khilaafeen arrinka. Culimo badan ooy ka mid yihiin Shaafici, Maalik iyo Axmed way waajibiyeen, isaga oo weliba Imaam Maalik uu aad u adkeeyey oo yiri: Ninkaan la gudini Imaam ma noqon karo, maragna ma geli karo oo dhaartiisa lama aqbalo. Culimada gudniinku in uu waajib yahay ku dooddey waxa ay daliishadeen Aayaddii aynu soo sheegnay iyo weliba Xadiith saxiix ahoo uu Nabigu (SCW) ku yiri: **(Haddii ay labada gudniin kulmaan qubays baa waajibay)**[36].

Xasan Al-Basri iyo Abuu Xaniifah waxa ay iyagu yiraahdeen waa sunno ee waajib ma aha. Ibnul-Qudaama isna waxa uu sheegay in gudniinku ragga waajib ku yahay, waxanu intaas raaciyey "Haddii uu nin da' ahi Islaamo oo naftiisa uga baqo gudniinka waa laga deynayaa".

Sheekhul-Islaam Ibnu Taymiyah kolkii la weydiiyay: (Ka warran qof Muslin ah, Qaan gaar ah, Caqli leh, Sooma, Salaaddana tukada, hase yeeshee aan gudnayn oon daahir ahayn, ma bannaan tahay taasi? Qofkii guditaanka iska daayase muxuu xukunkiisu yahay?). Waxa uu ku jawaabay: (Haddaanay dhibaato ka soo gaarayn waa la gudayaa, maxaa yeelay waa mashruuc Islaami ah ooy culumada Islaamku isku raaceen, Shaafici iyo Axmed way waajibiyeen, Ibraahiim (CS) siddeetan jir keddib ayuu isguday, dhibaatada ka imaanaysana waxa lagala tashanayaa dhakhaatiirta, oo haddii uu masalan "xilliga" Xagaaga dhibayo waxa dib loogu dhigayaa waqti kale, Ilaah baana garanaya).

Xasan Al-Basri waxa uu leeyahay: (Rasuulka (SCW) waxa ku ag islaamay Caddaan, Madoow, Roomaan, Faarisi iyo Xabashi, midkoodna weligii ma aanu baarin "si uu u hubiyo in uu gudan yahay iyo in kale").

Ibul-Jowziyah baase ka jawaabay hadalka Xasan Al-Basri isaga oo leh: (Looma baahnayn in la baaro, maxaa yeelay Carabtii islaamtayna waabay gudnaayeen oo waxa ay ahayd caadadooda, Yuhuudduna way gudnaayeen, Nasaaraduna waxa ay u qaybsanaayeen qaar gudan iyo qaar aan gudnayn, kuwaan gudnaynna waxa ay ogaayeen in halkudhigga Islaamku yahay gudniin, sidaas daraaddeed iyagaaba iskood isu gudi jiray kolka ay Islaamaan sidii ay u qubaysan jireen, qofkii da' ah oo ay dhib ku tahayna cafis ayuu ahaa).

FAA'IDOOYINKA GUDNIINKA RAGGA

Gudniinka ragga faa'idooyinka ku jira waxa ka mid ah:

Faa'idooyin Islaannimo: Waa abuur Eebbe Aadanaha ku abaabiyay, waxana lagu gartaa qofka muslinka ah, waana halku-dhig iyo cinwaan islaannimo. Sidoo kale, waxa weeye u hoggaansamid amarka Alle iyo raacid sunnadii aabbeheen Ibraahim (RC).

Faa'idooyin Caafimaad: Qolfada oo la jaro waxa uu jirku uga takhallusayaa wixii wasakh, jeermis, nijaaso iyo ur maqaarkaasi la jaray ku hoos jiray. Cudurrada kaadi mareenka raggu waxa ay ku badan yihiin kuwooda aan gudnayn. Cudurrada galmada laysku qaadsiiyo sida Jabtida iyo Aydhisku aad bay ugu badan yihiin ragga aan gudnayn.

Waxa intaas dheer, lana ogaaday waqti fog in gudniinka raggu uu yareeyo cudurka Kansarka ku dhaca xubnaha taranka ragga iyo kan ku dhaca Ilma-galeenka dumarka. Dalalka Yurub iyo Maraykanka waxa jira dad badan oo isu guda si ay cudurradaasi iyo qaar kale oo badan uga badbaadaan.

SIDEE, GOORMEESE INANKA LA GUDAYAA?

Waxa Qolfada laga gooyaa qayb goynteedu ay suurtagal ka dhigi kartyo in dhalfada oo dhan amaba inteeda badani ay qaawanaato. Inamada qaar baa qolfo la'aan ku dhasha (iyagoo gudan), haddaba ubadka caynkaas ahi gudniin uma baahna haddii ay qolfadoodu intii loo baahnaa ka go'antahay, haddiise aanay wada go'nayn waa la dhammaystirayaa.

Gudniinku waxa uu leeyahay laba waqti oo kala ah: Waqti uu waajib yahay kaasi oo ah waqtiga qaan gaarka iyo waqti uu sunno yahay oo ah inta aanu qofku qaan gaarin. Waxa sunno ah bay culimadu leeyihiin in ilmaha la gudo waqi u dheexeeya marka uu dhasho ilaa iyo toddoba jirkiisa, waqtigaasi oo u naxariis badan, dhaawacuna bogsoon ogyahay. Culimada badankoodu waxa ay isku raaceen in ay wanaagsan tahay in la gudo maalinta toddobaad ee dhalashadiisa, in uu taag daranyahay mooyee, markaasi oo dib loogu dhigayo.

Layth Ibnu Sacad waxa uu yiri: **(Wiilka waxa lagu gudayaa toddoba sano jir ilaa toban sano jir)** Waxa kaluu sheegay Nabi Ibraahim (CS) in uu wiilkiisii Isxaaq (CS) toddoba sano jir ku guday, wiilkiisii Ismaaciilna (CS) saddex iyo toban jir ku guday)[37].

Saciid Ibnu Jubayr waxa uu yiri: Ibnu Cabbaas (RC) ayaa la su'aalay: Maxaad ahayd markii Nabiga (SCW) la oofsanayay? Waxa uu yiri: (Maalintaas waan gudnaa, ninkana ilaa uu da' kala garasho gaaro may gudi jirin)[38]. Werin kale waxa uu ku yiri: (Nabiga (SCW) waxa la oofsaday aniga oo gudan)[39].

GUDNIINKA DUMARKA

Qur'aanka kariimka ah laga heli maayo hal Aayad oo gudniinka hablaha si toos ah iyo si aan toos ahaynba uga hadashay. Mana

jiro Xadiith saxiix ah ama go'aan ay culimadu isku raaceen
oo gudniinka banneynaya. Kitaabka Fiqhi Sunna waxa ku
soo aroortay in ay Axaadiista ka hadlaysa gudniinka habluhu
dhammaantood daciif yihiin oo aanu mid saxiix ahi ku jirin.
Nabigu (SCW) waxa uu dhalay afar gabdhood in uu gabdhihiisa
gudayna sunnadiisa iyo siiradiisa midna laguma sheegin.

Sheeko laga soo xigtay kitaabka (Qisasul-Anbiyaa') ee uu
(Thaclaba) qoray, waxa ay leedahay sidatan: (Saarah waxa dhalay
boqor ka mid ahaa boqorradii xilligaa jiray, waxayna ahayd
gabar qurux badan, Ibraahiim (CS) baana guursaday. Iyadoo ay
Saarah la socoto ayuu Ibraahiim soo maray boqor kale, markaas
buu boqorkii Ibraahim (CS) weydiiyey cidday gabadhu tahay.
Ibraahiim markii uu boqorkii uga sheekeeyay cidda ay Saarah
tahay buu ka baqay in uu damco, markaas bay labadooduinta ay
boqorkii habaareen buu labada lugood iyo labada gacmoodba ka
qallalay. Boqorkii baa markaas Ibraahiim ku yiri: Waan ogahay oo
adigaa sidaas i yeelaye Ilaah ii bari in uu i caafimaadiyo, aniguna
waxan kuugu dhaaranayaa in aanan dhibaato idiin geysanayn.
Markaas buu Ibraahiim u duceeyey oo Eebbe caafimaadkiisii u
soo celiyey. Boqorkii baa markaas yiri: Naag sidan ahi in ay isu
adeegtaa waa khalad, markaas buudabadeed Haajar siiyey si ay
ugu adeegto.

Saarah waxa ay Ibraahiim ku tiri: (Haajar waan kuu hibeeyaye
orod oo u galmoo). Haajar waxa ay qaadday uurka nabi Ismaaciil,
Saarana waxa ay isla markiiba qaadday uurka nabi Isxaaq. Labadii
wiil baa dhashay weyna isla koreen.

Maalin buu Ibraahiim (CS) wiilashii soo orotamiyey, markaas
baa waxa soo hor maray Ismaaciil, markaas buudhabtiisa ku
fariisiyey halka uu Isxaaq dhinaciisa fariisiyey. Falkaasi waxa uu
ka careysiiyey Saarah oo arkeysay waxa dhacayey, waxayna tiri:

---

37   IbnuQayim Al-Jawziya (Tuxfatul-Mawduud bi-Axkaamil Mawluud: 231).

38   Bukhaari (6299).

39   Bukhaari (6300)

(Addoonta inankeedana dhabtaad ku fariisinayaa inankaygana agtaadaad fariisinaysaa sow ma aha?). Halkii bay ku masayrtay, waxanay ku dhaaratay in ay Haajar jirkeeda cad ka jari doonto suuraddeedana beddeli doonto. Ibraahiim baa markaas ku yiri: "Gud, labada dhegoodna ka dalooli". Sidii bay yeeshay, waxanay ahayd markii ugu horreysay ee dumar la gudo dhegana laga dalooliyo).

Waxaa kale oo la weriyay: (Markii ay Saara Nabi Ibraahim (CS) Haajar u hibaysay ayuu u galmooday, uur bayna qaadday. Saara markaasinta ay masayrtay bay ku dhaaratay in ay "Haajar" saddex xubnood ka goyn doonto. Nabi Ibraahim (CS) baa markaas in ay sanka iyo labada dhegood ka jarto kabaqay. Markaas buu faray in ay dhegaha ka dalooliso oo guddo. Sidaas bay Haajar ku noqotay dumar tii ugu horraysay ee la gudo, dhegaha loo dalooliyo, maro dheerna dhulka ku jiidda, sidaas bayna dumarkii iyada ka dambeeyay oo dhan sunno ay ku daydaan ugu noqotay)[40].

Kitaabka uu qoray Ibnul-Qayim Al-Jowziyah (Tuxfaul-Mowduud bi Axkaamil-Mowluud) iyo kan kale ee Ibnul-Kathiir (Al-Bidaayah wan-Nihaayah), waxa ku qoran sheekadan mid la mid ah, in kasta oo ay saddexda sheeko meelaha qaar ku kala duwan yihiin.

Xadiithka ugu caansan ee gudniinka dumarka loo daliishadaa waa ka Ummu-Cadhiya Al-Ansaariya looga weriyay in Rasuulku (SCW) uu haweenay dadka Madiina ku gudi jirtay ku yiri: **(Haddaad gudayso ha tabar tirin, sidaas baa naagta u fiican ninkuna jecelyahay eh)**[41].

Xadiithka siyaalo kala duwan baa loo weriyey. Ummu Cadiyana mararka qaar waxa lagu magacaabay Ummul-Xabiibah, guud ahaanna culimadu waxa ay isku raaceen in uu Daciif yahay oo aan lagu kalsoonaan karin.

Haddii aynu xitaa ka dhigno in uu Xadiithku saxiix yahay, toosinta ku jirtaa ma aha amar uu Rasuulku (SCW) ku bixiyey in hablaha la gudee waxa weeye qaabkii loo gudi lahaa haddiiba la gudayo. Erayga (ursii) micnihiisu luqad ahaan waxa weeye

(Sanka uun u saar), ka kale ee "ha tabar tirin" isna waa "ha wada goyn oo ha dilin", waxana labada erayba loola jeedaa in qayb aad u yar uun laga jaro inta muuqata ee goobta la gudayo (Kintirka), maxaa yeelay haweeneyda sidaas baa wejigeeda u farxad badan maadaama ayisu arkayso in ay markaasi tahay qof nool oo dareen iyo shahwo leh, ninkana u fiican, sababtoo ah nin kastaa haddii uu arko haweeneydiisii oo howsha la wadda, dabcan waa uu ku sii kacayaa.

Jaaxid waxa uu yiri: (Carabtu way gudi jireen ragga iyo dumarka labadaba laga soo billaabo Ibraahiim (CS) ilaa maantadan aynu joogno) Waxa uu weliba intaas raaciyey: (Hindidu wax kasta carabta waa kala mid aan ka ahayn guditaanka ragga iyo dumarka, waxana ay taas u yeelayaan aqoonta dheeriga ah eey u leeyihiin shahwo kicinta).[5]

Ummul-Muhaajir waxaa laga weriyey: (Annaga oo dhawr hablood ah bay muslimiintu na qabsadeen marka ay la dagaallamayeen Roomanka, markaas buu Cusmaan bin Caffaan (RC) inoo soo ban dhigay in aynu islaanno, intii kale way diideen aniga iyo gabar kale mooyee. Markaas buu yir: Guda "labadooda" oo daahiriya, sidaas baan Cusmaan ugu noqday adeegto). Gudniinka dumarka lagama yaqaanno dalalka loogu yeero galbeedka Carabta (Tuniisiya, Marooko, Liibiya) iyo dalal kale oo Islaam ah. Wararku waxa ay sheegayaan in Carabtu adeegtooyinka (dumarka addoomaha ah) oo qura ay gudi jireen. Maalik waxa laga weriyey in uu yiri: (Ninkii adeegto iibsadaa haddii uu doonayo in uu haysto ha gudo haddii uu doonayo in uu sii iibiyase kuma qasbana gudniinkeeda).

Kolkii IbnuTaymiyah la weydiiyey haweeneyda ma la gudayaa? Waxa uu ku jawaabay: (Ilaah baa mahad leh, haah waa la gudayaa guditaankeeduna waxa weeye in laga jaro foodda sare ee maqaarka dhoowka Diiqa u eg, naag hablaha guddana Rasuulku "SCW" waxa uu ku yiri: "U ursii awooddana ha ka qaadin wejigana sidaas baa u farxad badan ninkana u fiicane". Ulajeeddada laga leeyahay

---

40   *Ibnul-Kathiir (Qisasul-Anbiyaa: 1/2007).*

41   *Abuu Daa'uud (5271).*

gudniinka ninku , waa in la saaro wasakhda ku qarsoon qolfada, gudniinka dhaweeneydana waa in la dheellitiro rabitaankeeda, haddii aanay naagtu gudnayn waxa ay noqotaa mid aanay waxba deeqin). Dhammaad warkii Ibnu Taymiyah.

Dadka u ole'oleeya gudniinka dumarku waxa ay soo daliishadaan Xadiith saxiix ah oo laga weriyey Caa'ishah "RC" Nabiguna "SCW" ku leeyahay: (Labada gudniin haddii ay kulmaan qubays baa waajibay). Xadiithka Maalik baa ku weriyey kitaabkiisa Al-Mowdi', Muslimna Saxiixiisa, Tirmidi iyo Ibnu Maajan Sunankooda. Waxayna ole'oleeyeyaashu ku andacoodaan in erayga 'Labada gudniin" uu daliil u yahay gudniinka ragga iyo dumarka labadaba. Hase yeeshee dadka ka soo horjeeda gudniinku iyana waxa ay ku doodayaan in eraygaasi aanu daliil u noqon karin gudniin dumarka. Waxay leeyihiin Afka Carabiga kolka laba wax la magacaabayo waxa labadooda lagu magacaabaa magaca kan caansan ama awoodda badan. Waxay tusaale u soo qaadanayaan erayo fara badan sida Al-Qamaraan (labada Bil) oo loola jeedo Bisha iyo Qorraxda, Al-Cishaa'aan (labada Cishe) Maqribka iyo Cishaha, Al-Duhraan (labada Duhur) Duhurka iyo Casarka, Al-Abawaan (labada Aabbe) oo loola jeedo Aabbaha iyo Hooyada. Waxay tusaale xoog leh u soo qaateen Aayadda Qur'aanka ah: (Labada badoodna ma sinna oo tanina waa macaan muguc ahooy cabisteedu qurquro tahay, tanina waa cusbo qaraar badan) (Faadhir: 12)

Labada Bad kan hore ee macaani waa Webi kan dambe ee qaraarina waa Bad. Sidaas daraadeed bay leeyihiin sunnada Nabiga ee saxiixa ah meelna kama soo galo gudniinka habluhu, waxa lagu doodayo oo Xadiithyo ku saabsan habla gudistuna gebigood waa wada daciif aan shir lala tegi karin, arrinkuna ma sii dhaafsana caado uu Islaamku u daayey waqtiga iyo horumarka cilmiga ama iyagu ha toosiyaan ama ha tiraane.

Ibnul-Jowziy waxa uu diiday in hablaha dhegaha loo dalooliyo oo waxa uu taas ku tilmaamay in ay tahay is shaabadeyntii Rasuulku (SCW) uu yiri: (Eebbe waa Lacnadaa ta is shaabadeysa iyo ta wax shaabadeysa). Ibnul-Jowziy waa uu xarrimay dhegaha hablaha yaryar loo daloolinayo maadaama ay xanuun ku keeneyso, hase yeeshee waa uu oggolaaday in hablaha la gudo. Haddaba, isaga oo sharraxaad ka bixinaya sababaha uu u banneeyey gudniinka waxa uu yiri: (Faa'idooyinka gudniinka waxa ka mid ah nadaafadda, isqurxinta, suurad hagaajinta iyo toosinta shahwada oo iyada haddii laysa badbadiyana dadku Xayawaannada ka mid noqonayo haddii iyada oo dhan la waayana uu ma noolaha ka mid noqonayo, gudniinka ayaa shahwada toosinaya waxanad taa ka garan kartaa kolka aad aragtid ninka iyo naagta aan la gudini in aanay weligood galmo ka dhergeyn).

Daarta Fatwada Masaaridu way banneysay gudniinka dumarka. Sheekh Jaadal-Xaq Cali Jaadal-Xaq markii uu arrinkaas ka fatwoonayey waxa uu soo qaatay Xadiithkan: (Dumarkii Madiina u haajiray waxa ka mid ahayd Ummu-Xabiibah oo lagu yaqaannay habla gudka.

Markuu Rasuulku (SCW) Ummu-Xabiibah arkay ayuu weydiiyey: Arrinkii aad gacanta kula jiri jirtay miyaad maantana sidii ugula jirtaa? Markaas bay tiri: Haa Rasuulkii Allow, haddaanuxaaraan ahayn oodan iga reebeyn. Markaa buuRasuulku (SCW) yiri: Mayoo waa xalaale iisoo dhowoow aan ku baree. Markay u soo dhowaatayna waxa uu ku yiri: (Ummu-Xabiiboy haddaad yeesho ha daalin (ha wada gooyn = ha dabar jarin), isagaa wejigana fura ninkana u wanaagsane). Sheekh Jaadal-Xaq Xadiithkan waxa uu ka soo qaatay kutubbada Shiicada sida la xaqiijiyey, kitaab Sunni ah oo laga helayaana ma jiro.

Waxaynu halkaa ka garan karnaa in gudniinka dumarku aanu ahayn waajib iyo sunno toona, balse uu yahay caado uu Islaamku u daayey samanka iyo hadba inta uu cilmigu horumaro, oo iyada oo cilmiga lala kaashanayo lagu soconayo ama la'iska deynayo.

GUDNIINKA FIRCOONIGA

Gudniinka Fircooniga ahi waxa weeye caado aan wax shaqo ah ku lahayn diinteenna Islaamka, balse soo jirtay kumanaan sano,

ayna faraaciintii hore dadka ku khasbeen, gaar ahaan casrigii
Ramsiis oo ahaa kun sano ka hor dhalashadii Nabi Ciise (CS).
Faraaciintu kolka ay Suudaan (Dhulkii Nuubiyiinta) qabsadeen
sidoo kalena boqorradii Nuuba ay Masar qabsadeen bay caadada
gudniinka Fircooniga ahi waxa ay ku fidday Waadiga Niil, ilaa
iyo waqtigaan la joogana way ka jirtaa. Ma jirto dunida meel aan
Waadiga Niil iyo waddamada ku dhowdhow ahayn oo laga yaqaan
caadadaasi. Tusaale ahaan, lagama yaqaan dalalka waqooyiga
Afrika ee Muslinka ah, Shaam, Ciraaq, Jasiiradda Carabta iyo
Yaman toona. Waxa la hubiyey in gudniinka caynkaasi ah laga
adeegsado oo qura dalalka Masar, Suudaan, Soomaaliya iyo
Kiinya.

Intaynaan u gelin dhibaatooyinka gudniinka Fircooniga ah, bal
aynu marka hore sharrax gaaban ka bixinno xubnaha taranka
dumarka, si ay akhristaha ugu sahlanaato in uu ogaado waxa
dhacaya.

Xubnaha Taranka dumarku (Qaybaha sare) waxa ay ka kooban
yihiin:

- Faruuryaha waaweyn: Waa laba lakab oo maqaar ah, kana
  billowda bisaqleyda jiitamana ilaa lafta dabaqanaanta
  halkaana ku milma. Faruuryuhu waxa ay ka samaysan
  yihiin gaballo xayr iyo carjaw isugu jira iyo shabakad
  dareemeyaal aad u dareen fudud ah. Waxa kale oo ka dhex
  buuxa xididdada dhiigga qaada oo soo gaarsiiya dhiig aad
  u fara badan.

- Faruuryaha yaryar: Waa laba lakab oo maqaar khafiif
  ah, kuna dhaca dhanka gudaha ee faruuryaha waaweyn,
  waxana laftooda soo gaara dhiig aan yarayn. Dhanka
  gadaale, faruuryaha yaryari waxa ay ku kulmaan xuubka
  bikaarada, dhanka horena waxa ay daboolaan Kintirka.
  Faruuryaha yaryar waxa dhinaca dambe kaga dhex jira
  daloolkii hoose ee Cambarka dhanka horena kii kaadida.

- Kintirka: Waa xubin u dhiganta geedka ninka kolka laga
  eego xagga kicitaanka iyo dareenka, waxana ku dhexjira
  xididdo fara badan oo dhiigga qaada. Kintirku sidii aynu
  soo sheegnayba waxa uu ku yaal halka ay ku kulmaan

labada faruuryood ee yaryar dhankooda hore, salkiisuna
waxa uu ku dhow yahay daloolka kaadida. Kintirka ciyaar
ciyaar looma abuurin, balse waxa uu leeyahay shaqo dabiici
ah oo aad muhiim u ah. Sida geedka ninku u kaco ayuu
Kintirkuna u kacaa, dabadeedna labada faruuryood ee
waaweyn dhiig ka soo buuxsamaa, qanjirraduna dheecaan
soo daayaan fududeeya howsha galmada, haweeneydana
siiya dareenka macaansi ee howshaasi galmo.

Xubnaha taranku waxa ay leeyihiin shaqo leh qaayo aad u weyn,
taasi oo ah sidii isku si looga qaybgeli lahaa shaqada Bayoolojiyeed
ee muhiimka ah.

FULINTA GUDNIINKA FIRCOONIGA

Markanna aynu fiirinno waxyaabaha dhacaya kolka gabadha la
gudayo. Gudniinka Fircooniga ahi waxa uu khasab ka dhigayaa
in la jaro qayb ka mid ah Faruuryaha waaweyn iyo in gebi ahaanba
la dabar jaro Faruuryaha yaryar iyo Kintirka. Dabeeto qori
dhuuban (sida kan cuudka kabriidka) inta la dhex suro faruuryihii
waaweynaa ee qaybta laga jaray baa markaas dhinacyada laga
soo qodbaa, amaba lama qodbee, labada bawdo ee inanta layku
dabraa, si dhaawacii faruuryuhu isugu bogsado (baanto). Afartan
beri keddib baa dabarka laga furaa si loo hubiyo in uu cambarkii
gebi ahaamba isku baantay. Qoriga yar ee dhexda la suray waxa
loogu talo galay in kolka ay faruuryuhu isku baantaan ay reebaan
dalool ay inantu ka kaadiso kolka ay qaan gaartana dhiigga
caadadu uu ka soo baxo.

Sidaas baa haddaba dumarkeenna looga xayuubiyaa xubintii
taranka ee Eebbe u sameeyey. Inanta sidaas loo galay waxa nafteeda
iyo nolosheeda hareeya nacayb iyo cadawtinimo, mar haddii aanay
galmada ninkeeda ugala qaybgeli karin sidii dabiiciga ahayd ee
laga doonayey. Waxay weysaa raaxadii ay ka heli lahayd galmada
saxda ah, waxana nafteeda ku dhasha welwel iyo walbahaar,
dareentaana in ay baadi tahay, dhankay dabayshu u socotana ka
hor jeeddo, iyada oo weliba isu qaadata in ay samaynayso hawl ay
ku khasban tahayna. Haweeneyda caynkaasi ah waxa ku abuurma

cudurro nafsiyeed, jireed iyo jinsiyeed fara badan, waxayna isu
dhiibtaa xanuun iyo taag darri ugu dambaynta ku dhaliya qabow
jinsiyeed (Kacsi la'aan), waana aafada ugu daran ee qayb libaax ka
qaadata khilaafaadka maanta guri Soomaaliyeed oo ka marani uu
yaryahay.

DHIBAATOOYINKA GUDNIINKA FIRCOONIGA

Waxaynu si kooban uga soo hadalnay dhibaatooyinka tooska ah
ee ka dhasha gudniinka Fircooniga ah, hase yeeshee bal markan
aynu wax ka taabanno dhibaatooyinka aan tooska ahayn ee
gudniinkaasi keeno.

1. Shoogga Qalliinka: Shoog xoog leh baa ku dhasha shaqada
   xubnaha jirka oo dhan, gaar ahaan kolka inanta la gudayo
   iyada oon la kabaabyayn. Shooggaasi waxa uu keenaa
   bareesharka dhiigga oo aad hoos ugu dhaca iyo xawaaraha
   neefsashada oo yaraada, waxyaabahaas oo isu geyntoodu
   ay geeri keeni karaan. Shoogga qalliinku waxa kale oo uu
   inanta ku abuuraa baqdin joogta ah iyo galmada oo aanay
   jecleysan.

2. Dhiig bax: Waxa taas keena haweeneyda inanta gudaysa
   oon haba yaraatee wax aqoon ah u lahayn xididdada
   dhiigga qaada ee goobaha ay jarayso ka buuxa. Hablo
   badan baana gowracaasi naxariis darrada ah awgiis dhiig
   bax ugu dhintay.

3. Laxaw iyo Hambalaaluq: Sababtu waxa weeye aqoon darri ku
   saabsan aasaasiyaadka cilmiga caafimaadka. Hambalaaluqa
   waxa keena cudur sideyaalka soo raaca Aaladda aan
   nadiifka ahayn amaba mararka qaar ruujinada ah ee inanta
   lagu gudayo iyo jawiga guud ee ay ku nooshahay labadaba.

4. Kaadida iyo Dhiigga Caadada oo ku xirma: Waxa laga
   yaabaa in kolka gowraca (gudniinka) la samaynayo uu
   daloolka kaadidu dhaawacmo maadaama uu si ba'an ugu
   dhow yahay Kintirrka la dabar jarayo. Waxa kale oo laga
   yaabaa in daloolka dusha sare lagu abuurayaa (Ilaah baa
   wax abuuri karee) uu aad ciriiri u noqdo oo laftiisu qayb

ahaan ama guud ahaanba dhaawaca la bogsoodo. Arrintu uma baahna sharraxaad intaas ka badan bay ila tahay, maadaama meesha aan ka guuxayo la wada garanayo.

5. Xanuunka Nifaaska: Mar kasta ooy haweeneydu ummulayso waxa lagama maarmaan ah in lagu adeegsado Maqas iyo Middiyo, si loo dillaaciyo looguna sameeyo dalool uu ilmuhu soo dhaafi karo, mashaqadaasi oo haweeneyda miskiinta ah ugu filan in uu ku yimaado xanuunka Nifaaska ee dilaaga ahi. Waxa kale oo ka fekerka qalliinka ku soo fool lihi haweeneyda ku dhaliyaa baqdin iyo welwel gaarsiin kara in ilmihii kaba soo bixi waayo, ooy markaasi qalliin kii hore ka sii xag jira u baahato si ay u ummusho.

6. Madhalaysnimo: Tirakoobyadu waxa ay sheegayaan in dumarka dalka Suudaan ee madhalayska ah 20-25% gudniinka Fircooniga ahi uu sabab u yahay madhalaysnimadooda.

7. Ugu dambayntii, xanuunka uu gudniinka Fircooniga ahi ku reebayo nafsiyadda gabadha, kana dhasha jeexista iyo tolista joogtada ah mar kasta ooy ummulayso ayaaba dhibaato oo dhan ugu filan haddii dhab loo fekerayo.

GUDNIINKA FIRCOONIGA IYO ARAGTIDA ISLAAMKA

Culimada Islaamku gebi ahaanba way ka soo hor jeesteen gudniinka Fircooniga ah, waxayna yiraahdeen iskaba daa in gudniinka caynkaas ahi waajib, sunno amaba sharaf yahaye, waxa weeye burcadnimo iyo beddelis la beddelayo abuurka Eebbe. Ilaah waxa uu lacnaday haweenka is shaabbadeeya iyo kuwa wax shaabbadeeya labadaba. Shaabbadu waxa weeye in cirbad iyo wax la mid ah jirka qayb ka mid ah lagu mudmudo, si goobahaasi midab jirka kale ka duwan loogu sameeyo.

Caadadaasi ilaa iyo maanta waxa ay ka jirtaa dalal badan waxana tusaale loo soo qaadan karaa dalka Itoobiya, oo ay dumarku ciridka cagaarsadaan.

Haddaba, culimada diinta Islaamku waxa ay gudniinka Fircooniga ah u aqoonsadeen in uu yahay shaabbadeyn iyo beddelis la beddelayo abuurka Eebbe.

Culimadu kolka ay diidayaan gudniinka Fircooniga ah waxa ay daliishanayaan Aayado Qur'aan ah oo fara badan, ayna ka mid yihiin:

(**Wax kasta "Eebbe" wuu abuuray, welibana si qiyaasan buu u sameeyay**) (Al-Furqaan: 2).

(Waxa weeye Abuurkii Eebbe uu dadka ku abuuray, abuurka Eebbana lama beddeli karo) (Ar-Ruum: 30).

(Wuuna idin suuraadiyay, suuraddiinnana wanaajiyay, isagaana ugu dambaynta loo noqonayaa) (At-Taghaabun: 3).

("Eebbe" waxa weeye kan Ilma-galeenka dhexdiisa sida uu doono idiinku suuraadiya, Ilaah kale ma jiro waana dad-ka- deeqtoone maamul wanaagsan) (Aala-Cimraan: 6).

(Dhab ahaantii, dadka waxa aynu ku abuurnay muuqaal kan ugu wanaagsan) (At-Tiin: 4) iyo Aayado kale.

Haddaba, goynta qayb jirka ka tirsan oo nabad qabtaa waxa ay ka hor imaanayaa dhammaan Aayadaha aynu kor ku soo sheegnay. Waxaba ugu siid daran Aayadda ugu dambaysa oo qofka dhegaha xoolaha jeexjeexaya ku tilmaantay qof abuurka Alle beddelaya shaydaanna ka amar qaata. Haddaba, mar haddiiba dhegihii xoolaha jeexjeexiddooda shaydaan lagu adeecayo, miyaanay taas ka sii dembi badnayn in jir bani'aadam oo aan jirranayn la jarjaro?

Dadka qaar baa ku dooda in gudniinka Fircooniga ahi dumarka dhawrsanaan u kordhinayo. Haddaba, haddii uu arrinku sidaas yahay, muxuu Eebbe u abuuri waayey haweenku iyagoon lahayn xubnahaa laga xayuubinayo? Miyaanu Eebbe oran Insaanka waxan ku abuuray suurad tan ugu wanaagsan? Mise suurad Ilaah sameeyey baa cid kale toosin uga baahan?

Dalkeenna waxa sanad kasta lagu dib gooyaa kumanaan dumar

ah iyada oo loo adeegsanayo magaca Eebbe, waxana la marsiiyaa xanuun ay dunida ku arkaan kan ugu daran. Haddaba, haddii aynu Soomaali nahay waxa nala gudboon in aynu joojinno dhiigga sabab la'aanta looga daadiyo dumarkeenna.

Baabkaan waxa aynu ku soo afjarayaa Buraambur ay tirisay gabar Soomaaliyeed oo ka dhiidhinaysa gudniinka Fircooniga ah, kuna boorrinaysa dumarka in ay u hub qaataan dabargoynta caadadaasi xun een dhaawac mooyee dheef kale lahayn:

Haddaad Gabadhiinnii Soomaaliyeey guddaan;
Gerweyn wax aad mooddo iyo galeef u qaadataan;
Haddii uu gobo' leeyo dhiiggeedu goor walbaba;
Soow dhib la geystiyo gardarreysi soow ma aha;

Haddaad gabadhiinnii guurkeedi dhaawacdaan;
Ood ka wada gooysaan cadkii gaarka u ahaa;
Ooysan gacal moodin kii caawa loo gelbiyo;
Waxa uu u gudaayoo u galaayaba aaanay garan;
Soow dhib la geystiyo gardarreysi soow ma aha;

War goob kastood joogtaan dumarow soo gurmada;
Dagaal dabargoyn gudniin u soo wada guntada;
Gefkaas joojiya ku dhaha gaarsiiya guri walbaba;
Oo ka guulkeenoo ka gungaara waxaan gurracan.

CUTUBKA
5^{AAD}

TURXAAN-BIXINTA NOLOSHA QOYSKA

WAAJIBAADKA NINKA

Sida uu Imaam Abuu Xaamid Al-Gasaali (Eebbe ha'u naxariisto eh) ku qoray kitaabkiisa (Ixyaa'u Culuumid-Diin), ninku kolka uu guursanayo, waxaa waajib ku ah in uu fiiro u yeesho, ushana dhexda u qabto laba iyo toban arrimood oo muhiim ah, kalana ah:

1. **Waliimada:** Waliimada (Sabta=Alla-bariga) la sameeyo habeenka aqalgalku waxa weeye sunno, waxanad ka garan kartaa Xadiith saxiix ah oo laga weriyey Aanas ibni Maalik (Alla ha ka raalli noqdee) oo ahaa: (Rasuulka "SCW" ayaa C/Raxmaan Ibnu Cowf (RC) ku arkay raad jaalle ah, makaa buuweydiiyey: (Waa maxay waxaani?) C/Raxmaan waxa uu yiri: "Islaan baan ku guursaday iniin muggeed oo dahab ah", markaas buu Rasuulku "(SCW)" yiri: "**Eebbe hakuu barakeeyo**" una raaciyey: (**Waliimo samee Ri'ba allaha ka dhigee**)[42].

2. **Edeb uu kula dhaqmo iyo dhibkeeduu u dulqaato:** Ninku kolka uu guursado waxaa laga doonayaa in uu wax ka beddelo dhaqankiisa iyo akhlaaqdiisa, kana gudbo dhallinyaranimadii iyo fowdadii uu ku noolaan jiray kolkii uu naftiisa uun mas'uul ka ahaa, uuna is dareensiiyo in fal kasta oo ka dhacaa uu saameynayo la-wadaagaha cusub ee noloshiisa. Eebbe waxa uu Aayaddiisa Qur'aanka ku yiri: (Wanaagna "haweenkiinna" kula noolaada) (An-Nisaa': 19).

Umu-Salama (RC) waxaa laga weriyay: Dardaaran uu Nabigu (SCW) bixiyo inta aanu Eebbe oofsan waxa ugu dambeeyey: (Salaadda Salaadda iyo waxa ay midigtiinnu hanatay "Addoomada" dusha ha ka saarina waxanay awoodi karin. Alla Alla Haweenka,,, maxaabiis weeye gacmaha idiinku jira, Eebbaad ka amaaneysateen, xubnohooda tarankana waxa aad ugu xalaashateen kelmadda Eebbe)[43].

Waxaa la weriyey in ninkii ku sabra edebdarrida ooridiisa uu Eebbe siiyo ajar la mid ah nabi Ayuub kii uu siiyey kolkii uu ku sabray imtixaankii la geliyey, naagtii ku sabarta edebdarrida ninkeedana uu Eebbe siiyo abaalmarin u dhiganta tuu siiyay Aasiya oo ahayd xaaskii Fircoon).

3. **Dulqaadka oo uu ugu daro kaftan iyo fara-ciyaar:-** Kaftanka iyo fara-ciyaarku way farxad geliyaan dumarka, Rasuulkuna (SCW) wuu la kaftami jiray haweenkiisa. Waxa la weriyey in uu Rasuulku (SCW) la orotami jiray Caa'ishah (RC) oo ay maalin ka orod badisay, maalin kale oo uu asagu ka orodbadiyayna ku yiri **(Tan tii u qaado)[44]**.

Xadiith kale Rasuulku (SCW) waxa uu ku yiri: **(Mu'miniinta kan ugu iimaanka badani waa kan ugu akhlaaq wanaagsan, ehelkiisana ugu baarrisan)[45]**.

Haddaba, ninka waxa laga doonayaa in kolka uu islaantiisa la joogo iska bi'iyo ad-adayga, ulana ciyaaro sidii in uu carruur yahay, kolkiise uu raggiisa dhexjoogo, muujiyo ragannimadii looga bartay.

4. **In aanu ku talaxtegin kaftanka iyo fara-ciyaarka:** Waa inaanu jilayciisa iyo fara-ciyaarkiisu noqon kuwii edebdarro islaanta bara, gaarsiiyana heer ay isagiiba qiimayn weydo,

---

42   *Bukhaari (6386), Muslim (1427).*

43   *Nasaa'i (7057), Ibnu Maajah (1625).*

maxaa yeelay wax kasta oo xadkooda dhaafaa lidkooday isu beddelaan. Haddaba, waa in uu (sida dhakhtarkuba dawada ugu qiyaaso qofka uu dabiibayo) xaaskiisa u jilicsanaadaa, hase yeeshee jeexdaa xuduud aanay ka gudbi karin, si aanay dembi ugu xambaarin ama ragannimadiisa u xaqirin.

5. **Masayr dhexdhexaad ah:** Waa in aanu ninku ka seexan arrimaha khatartooda leh, isla markaasina waa in aanu ka shakiyin wax kasta, iskuna deyin in uu ka salgaaro saqiir iyo kabiir.
Ibnu Cumar (RC) waxaa laga weriyay: Rasuulku (SCW) kol uu safar ka yimid welina aanu magaalada soo gelin, waxa uu yiri: **(Habeenkii haweenka "guryaha" ha u garaacina)**[46], laba nin oo amarkiisa ka tallaabsadayna kolka ay guryahoodii tageen waxa ay ku arkeen "wax aanay jecleysan".

Masayrku waa wax loo baahan yahay, oo waa in aanu ninku u deyn in ay wax waliba u dhacaan sida ay doonaan. Bal ila eega Xadiithkaan: Mughiira Ibnu Shucba (RC) waxaa laga weriyay: Rasuulku (SCW) waxa uu yiri: **(Habeenkii la'i dheelmiyey waxa aan Jannada ku arkay guri weyn ooy daaraddiisa jaariyadi joogto, markaas baan iri: "Yaa iska leh gurigaan?" waxana la'i yiri: "Cumar baa iska leh", kolkaas baan damcay in aan eego dhexdiisa, waxase aan soo xusuustay masayrkaaga Cumarow)**[47]. Markaas buu Cumar ooyay isaga oo leh: **(Ma adigaan kaa masayrayaa Rasuulkii Allow).**

Diinteenna Islaamku waxa ay qabtaa in aanay haweneydu gurigeeda ka bixin haddii aanay ninkeeda amar ka haysan, kolka ay baxaysana ay jirto arrin muhiim ah oo kalliftay bixitaankaasi.

6. Marasho iyo Masruuf dhexdhexaad ah: Ninku waa in aanu xaaskiisa baahi iyo arrad ku dilin, isla markaasina waa in

---

44   *Abuu Daa'uud (2578), Nasaa'i (8895), Ibnu Maajah (1979).*
45   *Tirmidi (1162), Nasaa'i (9109).*

aanu ku ciyaarin maalka Eebbe siiyey.

Ilaah waxa uu Aayaddiisa ku yiri: (Cuna oo caba hana ku ciyaarina, Eebbe ma jecla kuwa xoolohooda ku ciyaara eh) (Al-Acraaf: 31). (Gacantaadana luqunta haku xiran hana wada kala bixin) (Al-Israa': 29). Micnaha Aayaddu waxa weeye, war bakhiilnimada badanna iska daa, xoolahaagana bidix iyo midig ha'u daadin.

Abuu Hurayrah (RC) waxa uu Suubbanaha (SCW) ka weriyay in uu yiri: (**Diinaar aad Eebbe jidkiis "jihaad" ku bixisay, diinaar aad addoon xorayntiisa loogu haysto siisay, diinnaar aad ruux sabool ah ku saddaqaysatay iyo diinaar aad reerkaaga siisay, waxaa ugu ajar badan ka aad reerkaaga siisay**)[48.]

7. Barasho iyo baris arrimaha la xiriira Caadada: Waa in uu bartaa, xaaskiisana baraa Caadada iyo waxyabaha ka dhalan kara, gaar ahaan kuwa la xiriira nadaafadda iyo salaadda sidii ay u qallayn lahayd. Waa in uu u sheegaa in haddii uu dhiiggu ka istaago salaadda Maqrib ka hor hal rakco intii laga tukadaba ha noqotee, ay markaasi waajib ku tahay in ay qallayso salaaddii Duhur iyo tii Casir ee tegey, haddii uu dhiiggu ka joogsadana salaadda Subax waxyar ka hor ay markaasi waajib ku tahay in ay qallayso salaaddii Maqrib iyo tii Cishe labadaba.

Haddii haddaba, ninku aanu hawlahaasi garanayn waa in uu culimada soo weydiiyaa dabadeedna iyada gaarsiiyaa amaba ay labadoodu isu raacaan, marnabase lama oggola in ay keligeed iska baxdo iyada oon amar isaga ka haysan. Waxa kale oo jira in dadka aqoontoodu gaaban tahay qaarkood ay khuraafaad iyo

---

46   *Axmad (Misnad: 5780).*

47   *Bukhaari (3680), Muslim (2395).*

48   *Muslim (995).*

kutiri-kuteen ka rumaysan yihiin dhiigga Caadada, waxaas oo dhanna waa in uu kala dagaallamaa xaaskiisa.

8. Dumarka badan oo uu caddaalad wax ugu qaybiyo: Ninku haddii uu dhawr xaas qabo, waa in uu si caddaaladi ku jirto wax ugu qaybiyo. Kolkuu dal kale amaba deegaan kale u safrayo, doonayana in uu mid ka mid ah dumarkiisa sii kaxaysto, waa in uu u qori tuuraa sida uu Rasuulkuba (SCW) yeeli jiray. Haddii habeen uu middood la baryi lahaa ka baaqdo, waxa ku waajib ah in uu dib uga gudo.

Caa'isha (RC) waxa laga weriyay: Rasuulku (SCW) kolka uu dumarkiisa xagga wax siinta iyo gogoshaba si caddaalad ah ugu qaybiyo, waxa uu dhihi jiray: **(Eebboow waa kaas dadaalkaygii ku saabsanaa wixii gacantayda ku jiray, tabarse uma hayo wixii gacantaada ku jira ee aan gacantayda ku jirin)**[49].

Waxa gacanta Alle ku jira een gacantiisa ku jirin waxa uu ka waday bay culimadu yiraahdaan jacaylka, Caa'isha (RC) ayaana ahayd haweenkiisa tan uu ugu jeclaa sida Xadiithka saxiixa ah ku soo aroortay[50].

Rasuulku (SCW) markii uu xanuunsanaa ooy ajashiisii soo dhowaatay, waxaa lagu wareejin jiray oo uu midba habeen la baryi jiray dumarkiisa. Dumarkiisa ayuu weydiin jiray: (Xaggeen ahay berrito?), isaga oo rabay in uu ogaado maalinta Caa'isha. Dumarkiisii baa markaas u oggolaaday halkii uu doono in uu iska joogo"[51].

9. Is-afgaranwaa iyo Dagaal aloosma: Haddii ninka iyo xaaskiisu is-maandhaafaan oo dhibaato ay xallin waayaan timaado, waxa ay diintu qabtaa in la saaro laba garsoore; mid ka socda qaraabada ninka iyo mid ka socda qaraabada

---

49   Tirmidi (1140), Abuu Daa'uud (2134), Nasaa'i (3943), Ibnu Maajah (1971).

50   Bukhaari (3662), Muslim (2384).

51   Bukhaari (4450).

naagta, si ay u eegaan arrinka meesha yaal iyo sidii ay dib-
u-heshiisiin uga dhex dhalin lahaayeen labada ruux, haddii
ay wanaag doonayaanna Ilaah baa waafajinaya.

Haddii haddaba, ay belaayadu ka socoto dhanka naagta oo
aanay dooneyn wanaag kuwada noolaasho, waxa loogu yeeraa
(Naashiso). Naashisada iyo naagta aaan salaadda tukan, waxa
loo baahan yahay in uu ninku waaniyo, u digo, cabsiiyo, dhawr
habeenna dhabarka u jeediyo (waa gogosha uune ma'aha in uu
guriga oo dhan uga guuro). Haddii uu intaas wax uga keeni
waayana, waa in uu markaas garaacaa. Garaacuse waa in aanu
ahaan mid dhaawaca, waana in aanu wejiga ka garaacin, laf ka
jebin, dhiigna ka keenin.

Mucaawiya Ibnu Xayda (RC) waxaa laga weriyay: Rasuulka
(SCW) waxa la weydiiyey: (Muxuu yahay xaqa ay naagtu ninkeeda
ku leedahay?), markaas buu ku jawaabay: (In uu quudiyo haddii
uu quuto, in uu dhar u iibiyo haddii uu asba iibsado, in aanu
wejiga ka cayn kana garaacin, in aanu dil dhaawaca dilin, haddii
uu ka guurayana gogosha uun ku dhex guuro)[52].

10. Asluubta Galmada: Kolka uu ninku xaaskiisa u tegayo,
    waxaa sunno ah in uu ku billaabo magaca Eebbe iyo
    duco. Ibnu Cabbaas (RC) waxa uu Rasuulka (SCW) ka
    weriyey in uu yiri: (Haddii uu midkiin kolka uu xaaskiisa
    u galmoonayo yiraahdo "Alloow Shaydaan innaga fogee,
    waxa aad ina siisana ka fogee", haddii ay ubad isu dhalaan
    Shaydaan "ubadkaas" ma dhibo)[53].

Ninku waa in aanu u galmoon xaaskiisa iyada oo caada qabta, waase
uu istiimin karaa oo xitaa gacanteeda biyaha isaga saari karaa,
raashin ayuu la cuni karaa, la seexan karaa, mase u galmoon karo.
Galmada koowaad iyo tan labaad dhexdooda waxa wanaagsan in
uu geedkiisa mayro. Haddii uu isku dhadhabo waxa wanaagsan
in uu horta inta uu kaadihaysta faaruqiyo dabadeed geedka mayro
inta aanu gabadha utegin[54].

52   *Abuu Daa'uud (2142), Nasaa'i (3987), Ibnu Maajah (1850).*

53   *Bukhaari (3271), Muslim (1434).*

Kolkay ninka iyo xaaskiisu kala dhergaan,inta ay weyseystaan bay seexan karaan iyagoon janaabadii ka qubaysan. Caa'isha (RC) waxaa laga weriyey: (Nabigu (SCW) in uu seexan jiray isaga oo janaaba qaba, jirkiisana aan kabbo biyaa marin)[55]. IbnuCumar (RC) waxaa laga weriyay: (Nabiga (SCW) waxa aan ku iri: "Qofkeen isaga oo janaaba qaba miyuu seexanayaa?". Waxa uu yiri: "**Haa, haddii uu weysa-qaato**")[56].

Qofku isaga oo janaabo qaba lama oggola in uu xiirto, ciddiya jarto, bir jirkiisa taabsiiyo, dhiigna iska keeno, maxaa yeelay qaybahaasi jirkiisa ka baxay daahir ma aha, Aakhirana kolka jirku isku soo uruurayo waxa ay imaanayaan iyaga oo janaabo qaba[57].

Haddii aynu u nimaado arrinta ku saabsan ninku in uu geedkiisa kala bixi karo xaaskiisa inta aanay biyuhu ka imaan, waxa arrintaasi ka dhalatay dood fara badan, hase yeeshee waxaa jira Xadiith saxiix ah oo laga weriyey Jaabir Ibnu Cabadillaahi (RC) oo oranaya: (Waan kala bixi jirnay xilligii Rasuulka (SCW), isaga oo Qur'aanku degayo) ama – waa sida uu Muslim qoraye- (Waan kala bixi jirnay, kolkii Nabiga (SCW) loo sheegayna nagama aanu reebin)[58].

Muslim waxa kale oo uu qoray Xadiith laga weriyey isla Jaabir (RC) oo ah: (Ninbaa u yimid Rasuulka (SCW) kuna yiri: Jaariyad baa ii joogta inoo adeegta, geedaha Timirtana inoo waraabisa, aniguna waan soo kormeeraa, mana jecli in ay uur qaaddo, markaas buu Rasuulku (SCW) yiri: "Kala bax haddaad doonto, wixii loo qoray uun baa u imaan doonee". Ninkii kolkii uu muddo maqnaa buu mar kale Rasuulka (SCW) u yimid, kuna yiri: "Jaariyaddii uur bay qaadday". Rasuulka (SCW) baa markaas ugu jawaabay: "**Waan kuu sheegay in wixii loo qoray ay u imaan**

---

54   *Al-Gazaali (Ixyaa'u Culuumid-Diin).*

55   *Tirmidi: (118), Abuu Daa'uud (228), Ibnu Maajah (518).*

56   *Bukhaari (287), Muslim (306).*

57   *Al-Gazaali (Ixyaa' Culuumid-Diin).*

doonaan")[59.]

Asluubta Ubad dhalista: Ninka carruur dhalaya waxaa laga doonayaa shan waxyaabood oo kala ah:

* In aanu aad ugu farxin wiilka u dhashay, kana murugoon gabadha, maadaama aanu garanayn labadooda kan u khayr badnaan doona. Imisaa ruux wiil dhalay, dhibaatada uu u soo hooyey awgeed ku hammiyey haddii uu ka dhiman lahaa, ama beddelkiisa gabari u dhalan lahayd. Waxaa la weriyey in ay habla-korintu Eebbe xaggii kaga ajar badan tahay wiilal korinta. Ibnu Cabaas (RC) waxa uu Rasuulka (SCW) ka weriyey Xadiith micnihiisu yahay: (Qofkii laba gabdhood dhala ooïnta ay la nool yihiin u sama-fala, iyagaaba Jannada gelinaya)[60.]

Waxaa la weriyey in qofka carruurtiisa adeeg suuqa uga keenaa uu la mid yahay qof sadaqo u keenay. Haddaba, kolka uu hor dhigo haku billaabo baa la yiri hablaha, maxaa yeelay qofkii gabar ka farxiyaa waxa uu la mid yahay qof Alla-ka-cabsi u ooya, qofka cabsidiisa u ooyaana Eeebe Cadaab waa uu ka xaaraantinimeeyaa jirkiisa.

* In uu ku addimo dhegta dhallaanka u dhashay. Abuu Raafic (RC) waxaa laga weriyay: (Waxaan arkay Rasuulka (SCW) oo Xasan Ibnu Cali (RC) makay Faaduma (RC) dhashay dhegta uga addimaya)[61.]

*

Waxaa habboon in uu uga addimo dhegta midig, uga aqimo dhegta bidix, hadal barisna uga billaabo Laa Ilaaha illal-Laah, maalinta toddobaad ee dhalashadiisana buuryada ka jaro (gudo).

* Wiilka in uu magac wanaagsan u bixiyo. Suubbanaha (SCW) waxaa laga weriyey in uu yiri: (**Haddaad magac bixineysaan Cabdiyeeya**)[62.] Xadiithka micnihiisu waxa weeye wiilashiinna u bixiya magacyada ku billowda Alle caabbudis sida; Cabdullaahi, Cabdiraxmaan, Cabdul-Qaadir, iwm.

---

58   *Bukhaari (5209), Muslim (1440).*

59   *Muslim (1440).*

60   *Ibnu Maajah (3670), Xaakim (7351).*

Ibnu Cumar (RC) waxaa laga weriyay: Rasuulku (SCW) waxa uu yiri: (Magacyadiinna Eebbe waxa uu ugu jecel yahay Cabdul-Laahi iyo Cabdur-Raxmaan)[63].

Waxaa kaloo Rasuulku (SCW) yiri: (Maalinta Qiyaamaha waxa la'idinkugu yeerayaa magacyadiinna iyo magacyada aabbayaashiine, magacyo wanaagsan la baxa)[64]. Gabadha lafteeda magac wanaagsan waa in loo bixiyaa.

• Inuu wiilka ugu walqalo laba neef oo ari ah, gabadhana hal neef. Ummu-Karaz Al-Kacbiya (RC) waxaa laga weriyay in ay Rasuulka (SCW) walqasha wax ka weydiisay, uuna yiri: (Wiilka waxa laga gawracayaa laba Ari ah, gabadhana mid, idinna dhibi mayso in ay lab yihiin iyo in ay dheddig yihiin)[65].

Waxaa weliba habboon in uu maalinta toddobaad inta uu timaha ka xiiro, saddaqeeyo miisaankooda oo dahab ama qalin ah. Samura (RC) waxa laga weriyay in uu yiri: Rasuulku (SCW) waxa uu yiri: (Dhallaan kastaa waxa uu u xiranyahay walqalkiisa, waxaa loo walqalaa maalintiisa toddobaad, waa loo magac bixiyaa, madaxana waa laga xiiraa)[66].

• Inuu ugu af-billaabo Timir ama Xalwo. Asmaa' bintu Abii-Bakar (RC) waxaa laga weriyey: (Cabdullaahi Ibnu Zubayr baan "Quba" ku dhalay. Markaas baan inta aan Rasuulka (SCW) u keenay, dhabta u saaray. Markaas inta uu timir dalbay oo calaaliyey ayuu afka ugu tufay, wax calooshiisa galana waxa ugu horreeyay calyada Rasuulka (SCW). Markii uu timirtii ugu dhanxanageeyay buu dabadeed in Alle barakeeyo u baryay, waxana uu ahaa dhallaankii Islaamka ugu horreeyay ee -muslimiintii Madiina u soo

---

61   Abuu Daa'uud (5105), Tirmidi (1514).

62   Ad-Dhabaraani (20/179).

63   Muslim (2132).

64   Abuu Daa'uud (4948).

haajirtay- u dhashay. Waxay tiri: Aad iyo aad bay ugu farxeen, maxaa yeelay waxa lagu yiri: "Yuhuud baa idin sixirtay oo la idiin dhali maayo")[67].

• Furriinka: Inkasta oo furriinku Diinta ku bannaan yahay, haddana waa wax Eebbe banneeyey kuu ugu neceb yahay. Furriinku waxa weeye dhibaato loo geysto qofka la furayo, in qofka la dhibaateeyana waxa ay bannaan tahay oo keliya kolka uu la yimaado dembi uu ku mutaystay amaba kolka ay khasab ku tahay kan wax dhibaateynaya.

Eebbe waxa uu Qur'aanka ku leeyahay: (Haddii "haweenku", ay war idinka maqlaan, waddo aad ku furtaan ha u raadina) (An-Nisaa': 34).

Haddii ninka aabbihiis ku khasbo in uu naagtiisa furo, waa in uu furaa iyada oo loo daliishanayo Xadiithka IbnuCumar oo ah: **(Waxaan qabay naag aan jeclaa, aabbahay baase necbaa oo igu amri jiray in aan iska furo, markaas baan arrinkii gaarsiiyey Rasuulka "SCW", markaas buu igu yiri: "Ibnu Cumaroow naagtaada iska fur")**[68].

Haddaba, wiilku waa in xaqa waalidkiis uu ka hormariyaa kan xaaskiisa, kol haddii uu waalidku leeyahay iska furna waxa ay u badan tahay in uu ku arkay xumaan aanu isagu ku arag.

Eebbe waxa uu leeyahay: (Haka saarina "dumarka kolka aad furtaan" guryohooda iyaguna yaanay ka bixin in ay xumaan muuqata la yimaaddaan maaha eh) (Ad-Dhalaaq: 1).

Haddiise xumaantu ka timaado dhanka ninka ooy haweentu damacdo in ay iska furto, waxa ay kula heshiin kartaa in ay xoolihii uu ku bixiyey dhammaantood ama qaar ka mid ah madax furasho ahaan ugu celiso, sidaasna ku furo, waase in aanu dalban wax ka badan inta uu bixiyey.

---

65   *Abuu Daa'uud (2832), Ibnu Maajah (3162), Axmed (27680).*

66   *Abuu Daa'uud (2838), Tirmidi (1522), Nasaa'i (4220), Ibnu Maajah (3165).*

67   *Bukhaari (3909, 5469), Muslim (2146).*

68   *Tirmidi (1189), Abuu Daa'uud (5138), Ibnu Maajah (2088).*

Haweentii ninkeeda "ifur" tiraa isaga oon wax dhibaata ah u geysan, ha ogaato in aanay Janno raja ka qabin, waxana taa loo daliishanayaa Xadiithka Rasuulka (SCW) oo ah: (Naagtii ninkeeda weydiisata furriin iyada oon wax dhibaata ahi dhex marin, janno waa ka xaaraan). Ninku kolka uu xaaskiisa furayo waa in uu afar waxyaabood tix-geliyaa:

• In uu furo kolka ay caadada ka qubaysato, hase yeeshee aanu weli u galmoon, maxaa yeelay waxa markaas laga yaabaa in uur ku soo baxo, ciddadeediina ay sidaas ku dheeraato, haddii ay taasi dhacdana waa in uu soo celiyaa. Daliilka arrinkaasina loo soo qaadanayaa waa sidatan: Ibnu Cumar baa islaan uu qabay furay iyada oo caada qabta, markaas buu Rasuulku (SCW) ku yiri Cumar (RC): (U sheeg "wiilkaaga" inta ka dhaqanayso ha soo celiyo'e, dabadeed caada kale kaga dhacayso oo ka dhaqanayso, markaas keddibse haddii uu doono ha furo haddii uu doonana ha haysto). Waana Xadiith saxiix ah oo laga weriyey Ibnu Cumarka laftiisa.

• In uu ku furo hal dalqad, si uu u soo ceshado haddii ay u caddaato in uu khaldamay, haddiise uu saddex ku furo waxaa laga yaabaa in uu gefkiisa garawsado isaga oon meel uu ka noqdo joogin, oo ay tahay markaasi in uu sugo ilaa nin kale inta uu ka guursado, dabadeed ka furayo. Waxa Diinta ku xaaraan ah in ninka loo xalaaleeyo naagtuu furay (Nin inta uu guursado dabadeed furo iyadoy niyad ka tahay in uu kii hore oo saddexda ku furay u xalaaleeyo). Miyaanay suurtagal ahayn in ay ninka dambe ka hesho wax aanay ku heysan kii hore?, sidaasina furriinka kaga hortagto ninkeeda dambena ku adkaysato? Dhibkaas oo dhan miyaanay dhigin saddexdii dalqadood ee la'is daba dhigay?

• Kolka uu furayo, in uu si deggan oon qaylo iyo buuq lahayn ugu sheego sababta uu u furayo, laabtana ugu dejiyo hadiyad ka yaraysa qalbi-jabka iyo murugada uu ku keenayo kalataggaasi, haddii uu jiray meher ugu harsanaana degdeg u siiyo.

• In aanu sirteeda ka sheekeyn kolka uu guursado iyo kolka uu furayo intaba, ninkii sidaas yeelana hoog iyo halaag baa u dambayn. Waxa uu Muslim weriyey in uu Rasuulku (SCW) yiri: (Khiyaano midda ugu weyn Eebbe agtii maalinta Qiyaamaha waxa weeye in uu ninku u xod sheegto xaaskiisa, iyana u xod sheegato, dabadeedna waxa ay ku sireysatay uu ka sheekeeyo oo faafiyo).

WAAJIBAADKA NAAGTA

Waxaa haweeneyda waajib ku ah in ay ninkeeda daacad u ahaato una yeesho wax kasta oo uu ka dalbado, aan ka ahayn in ay Eebbe ku caasido. Haddaba, xaqa uu ninku ku leeyahay naagtiisu waa wax aad u weynoo haddii ayan gudan gaarsiin kara Naar, haddii ay gudatana Janno ku geleyso. Waxaa Rasuulka ((SCW)) laga weriyey in uu yiri: (**Naag kasta oo dhimata ninkeedoo raalli ka ah, Jannaday gashaa**)[69]. Waxaa la sheegay in xilligii Rasuulka ((SCW)), nin safrayey uu naagtiisa amar ku siiyey in aanay ka soo degin dabaqa sare oo ay ku jirtay, isaga oo aabbeheedna dabaqa hoose ku jiray.

Dabeeto aabbeheed baa bukooday, markaas bay Rasuulka ((SCW)) u dirtay dad si uu ugu oggolaado in ay aabbeheed u soo degto. Markii uu Rasuulku ((SCW)) ogaaday amarkii ninkeedana waxa uu ku yiri: (Ninkaaga hadalkiisa yeel). Aabbihii waa uu dhintay, markaas bay mar kale Rasuulka ((SCW)) amar weydiisatay. Waxa uu ku yiri: (Ninkaaga amarkiisa yeel). Kolkii aabbihii la aasay buu ((SCW)) ergo u soo diray ugu bishaareysa in Eebbe uu aabbeheed ugu dembi dhaafay amarkii ninkeeda ee ay adeecday awgiis.

Rasuulka ((SCW)) waxaa laga weriyay in uu yiri: (**Naagtu haddii ay shanteeda tukato, bisheeda soonto, cambarkeeda dhawrto, ninkeedana adeecdo, Jannada albaabka ay doonto ayay ka** gashaa)[70].

Caa'ishah (RC) waxaa laga weriyey in ay tiri: (Gabar baa Rasuulka "(SCW)" u timid, markaas bay ku tiri: "Rasuulkii Allow gabar baan ahay lasoo doontay, mana jecli guurka eh muxuu yahay xaqa uu ninku naagtiisa ku leeyahay? Markaas buu yiri: "Haddii ay madaxa ilaa gondaha carun kaga yaal leefid ku dhammaysana gudi kari mayso xaqa uu ku leeyahay". Markaas bay tiri: "Miyaanan markaas guursanayn?" waxa uu ku yiri: "Maya'e guurso isagaa kuu khayr badane").

Ibnu Cabbaas (RC) waxa uu yiri: (Naag baa u timid Rasuulka "(SCW)", kuna tiri: "Waxaan ahay naag madax-bannaan ah, waxanan doonayaa in aan guursado, ee muxuu yahay xaqa ninku?". Markaas buu ku yiri: (**Xuquuqda ninku uu ku leeyahay xaaskiisa waxaa ka mid ah in haddii uu doono in uu u galmoodo iyada oo Rati dushii saaran aanay ka diidin)**[71]. Riwaayad kale waxa ay leedahay: (**Ninku haddii uu xaaskiisa u yeero ha ka yeesho, xitaa haddii ay Tinnaar muufo ku dubayso)**[72].

Haweeneydu waa in aanay guriga cidna wax ka siin ninkeeda oon oggolayn, haddii ay sidaas yeeshana isna ajarkii buu helayaa iyana dembigii. Waxaa kale oo uu ku leeyahay in aanay soon sunno ah soomin isaga oon u oggolaan, haddii ay soontana gaajo iyo harraad waxan ahayn ka heli mayso. Haddii ay guriga amar la'aan ka baxdana Malaa'ikta ayaa naclad ka deyn weyda ilaa ay guriga kaga soo noqoto ama ka towba keento).

Abuu Hurayrahh (RC) waxa uu Rasuulka (SCW) ka weriyay in uu yiri: (Ninku haddii uu xaaskiisa gogosha ugu yeero oo ay ka diiddo, oo uu isaga oo u caraysan seexdo, Malaa'igta ayaa lacnadda ilaa ay ka waa' bariisato)[73].

69   Tirmidi (1161), Ibnu Maajah (1854), Al-Xaakim (7328), Beyhaqi (8744)
70   Ibnu Xibbaan (1296).
71   Albaani (Saxiixu-Targhiib: 1943).
72   Tirmidi (1160)

Rasuulku ((SCW)) waxa uu yiri: (Haddaan qof ku amri lahaa in uu u sujuudo qof kale, naagta ayaan ku amri lahaa in ay ninkeeda u sujuuddo, xaqa uu ku leeyahay weynaantiisa awgeed)[74]. Waxa kale oo uu yiri: (Naagi waxa ay wejiga Eebbeheed ugu dhowdahay kolka ay gurigeeda dhex joogto. Salaadda ay ku tukato gurigeeda daaraddiisa ayaa kaga fadli badan ta ay ku tukato Masjidka, salaadda ay ku tukato guriga dhexdiisuna way kaga fadli badan tahay ta ay daaradda ku tukato, halka salaadda ay gogosheeda ku ag tukataa ay kaga fadli badan ta ay guriga intiisa kale ku tukato)[75].

Waxaa iyana xuquuqda uu ninku ku leeyahay naagtiisa ka mid ah; in ay isdaryeesho isna asturto iyo in ay ka waantowdo wax aanu awoodi Karin in ay weydiisato.

WAXYAABAHA AY RAGGU DOONAYAAN DUMARKUNA AANAY DAREENSANAYN

Ma fududa in haweeneydu ay ninkeeda sida uu rabo u raalli-geliso, gaar ahaan kolka ay arrinru galmo ku lug leedahay. Waxaa markaas kulmaya isaga oon waxa uu tabanayo si bareer ah ugu sheegi karin iyo iyada oo aqoon-darri ka sokow isaga uun wilaayada saaratay. Haddii uu xitaa "sidaas baan rabaa sidaasna iga daa" oran lahaa, hawshii galmada ayaaba sidaas ku dhadhan beelaysa. Ninku waxa uu jeclaan lahaa in xaaskiisu ay dookhiisa iyo rabitaankiisa isaga oon u sheegin iskeed u garato.

Haddaba, si aynu arrinka u fududeyno, ugu horreyntaba waa in ay haweeneydu ogaataa in rag oo dhami isku dookh ka yihiin dhanka galmada oo waxa ninkeedu ka doonayaa ay yihiin waxa nin kasta oo kale uu xaaskiisa ka doono, aanayna ahayn wax ninkeeda ku kooban. Marka xiga waa in ay isku daydaa in waxyaabaha aynu soo sheegi doonno ay dhaqan geliso, si ay ninkeeda rabitaankiisa

---

73   *Bukhaari (3065), Muslim (1436).*

u raalligeliso iyana raaxada ula wadaagto.

١. MARMAR HOGGAANKA QABO

Ka badbadin igama aha haddii aan iraahdo rag oo dhami way u riyaaqaan kolka ay arkaan haweenkooda oo galmada hoggaanka u haaya, halkay iyagu ka doonan lahaayeen. Ninku markaasi waxa uu rabbigiis iyo ragannimadiisa ku mahadiyaa sida uu ugu raaxaynayo xaaskiisa, isaga oo weliba falkeedaasi si ba'an ugu kacsada.

Haddaba, gabaryahay waa in aanad ka xishoon in aad gacalkaaga ugu baaqdid si aan bareer ahayn una tustid in aad galmo doonaysid, sida adigoo ku jiitama (isku naba), horaadka saara, madaxa iyo garka u salaaxa, hadal macaan oo xodxodasho ahna xaraaraddiisa ku kiciya.

٢. SI XORRIYAD LEH U RAAXAYSO

Dumarka qaar baa rumaysan in dhaqdhaqaaqa (niikada) iyo reenka ka baxa xilliga galmada oo raggu dareemaa amaba maqlaa tahay wax ceeb ah, sidaas darteedna iscaburiya iskuna celiya dareenkooda oo dib u liqa. Allow yaa usheega dumarka caynkaas ah in ay iscaddibayaan, isna seejinayaan, raggoodana seejinayaan raaxo iyo macaan tii ugu darrayd.

Gabaryahay ogoow rag oo dhami in ay aad iyo aad u jecelyihiin in ay maqlaan haweenkooda oo reemaya, neeftuuraya, dhunkashada iyo dhabanna qabsigana la wadaagaya. Ogoowna haddii uu ninkaagu arko adigoo iska hoosyaal, istiin iyo raaxana aanad qaadanayn, hawsha uu qabanayana la qaybsanayn, in uu marka hore isagu iska shakinayo oo aaminayo in uu yahay wax-ma-tare

---

74   Axmed (1261), Albaani (Saxiixul-Jaamic: 7725).

75   Abuu Daa'uud (570), Tirmidi (1173)

aan ku raalligeli karin, marka xigana uu kaa qaadanayo fikrad
xun oo ah in aad tahay mid aan mayd waxba dhaamin, maantuu
ku guursadayna khasaare ka joogo.

Gabaryahay galmadu ma aha oo qura kaqaybgal jireed ee waxa
weeye oo kale kaqaybgal dareen iyo rabitaan, dhunkashada iyo
erayada macaanina waa lagama maarmaan, mana loo baahna in
aad ka xishootid ee sidaas u ogoow.

٣. GALMO KELIYA MA AHA

Waxyaabaha ninku xaaskiisa ka doonayaa kuma koobna in ay
sariirta ugu raaxayso, balse waxa uu mararka qaar u baahan yahay
jacayl aan 'jabitaan' lahayn oo ay laabtiisu ku qabowdo, kalsoonida
uu naftiisa iyo naagtiisa ku qabaana ku kororto. Waxyaabaha
haddaba uu doonayo waxaa ka mid ah, dhunkasho macaan,
shafka ku qabasho, salaaxis aanay doonisi ku jirin iyo haasaawe
macaan. Waxyaabahaai kolka ay guurka ka maqan yihiin waxa uu
noqdaa sida raashin aan cusbo lahayn.

٤. ODAYGAAGU AALAD MA AHA

Dumarka qaar baa u haysta in ninka ay waajib ku tahay in uu
xaaskiisa habeen kasta u tago, haddii uu sidaas yeeli waayana
uqaata in uu isbeddelay ama dumar kale ka raacay amaba ay
ka dhammaatay oo aanu iyadaba raalligeli karin. Haddaba,
gabaryahay ninkaagu aalad maaha shaqeysa mar kasta oo inta
batrool lagu shubo la istaaro, balse waxa weeye bani'aadam ay
saameeyaan duruufaha uu ku noolyahay, dadka uu ku dhex
noolyahay iyo shaqooyinka uu qabto intaba.

Ninku kolka uu ka fekerayo duruufaha hadba noloshiisa ku soo
kordha, niyad uma hayo naag utag, naftiisa iyo niyaddiisuna
uma qaybsami karaan laba meelood, markaasi oo kalena waxaa
haweeneyda la gudboon in ay isku daydo sidii ay u fahmi lahayd

mashaakilkiisa, ulana socon lahayd duruufihiisa ugana gargaari lahayd sidii uu uga gudbi lahaa.

RAGGIINNA LISA, IDINKUNA RAAXAYSTA

Layli loogu magac daray Layliga Kegel (Kegel Excercises) baa ahaa kii ugu horreeyey ee gacan la mahadiyay ka geystay sidii ay haweenku ku gaari lahaayeen heer biyabax. Waxaa Layligaasi lagu tiriyaa in uu ka mid ahaa horumarradii ugu muhiimsanaa ee uu gaaray Cilmiga Jinsigu, waxana markii hore loo isticmaali jiray daweynta dadka ay kaadidu ka fara baxsato ee aan suuliga gaarsiin karin.

Waxaa jira saddex muruq oo ku yaal sinaha hoostooda kuwaasi oo kantaroola godka saxarada, godka cambarka iyo kaadi mareenka. Shaqada murqahaasi waxa weeye miirid, majuujin iyo joojin kolka uu qofku kaadinayo ama saxaroonayo. Mar haddii ay murqahaasi dabcaan, ma awoodaan in ay kaadi mareenka u xiraan sidii looga baahnaa, qofkuna isaga oon isogayn bay kaadidu ka baxsataa. Haddaba, Layliga Kegel waxa looga gollahaa in uu xoojiyo murqahaasi si ay hawshooda habsami ugu gutaan.

Muruqa Gumaarka oo isagu ka mid ah saddexdaasi muruq ee aynu soo sheegnay, waxa hawsha uu ka qabto kaadi mareenka u dheer isaga oo kantaroola cambarka naagta. Haweenka saddex dalool oo dalool in kayar ayuun buu muruqa gumaarkoodu xooggan yahay una shaqeeyaa sidii laga filayey. Iyadoo ay taasi jirto, bay misna tirada haweenka qaba kaadi baxsadku ay aad u yartahay. Kolka uu muruqa gumaarku adag yahay waa uu isku laablaabmaa oo isku majuujismaa, kana dhigaa cambarka mid adag oo wada seed ah, arrintaasi oo lagama maarmaan ah kolka la doonayo galmo laga dhergo, haddiise uu murqaasi dabcasan yahay cambarku awood ma laha uu ku majuujismo oo ku laablaabmo, geedka ninkana ku liso.

Haddaba, kolka uu cambarku ballaaran yahay muruqa

gumaarkiisuna dabacsan yahay, geedka ninku ma yeelanayo awooddii ciriirinta iyo lisanka lagama maarmaanka u ahayd galmo lagu wada raaxaysto, haddiise muruqaasi adag yahay, kolka geedka ninku ku lismo ayuu sii kacaa oo kordhiyaa majuujiskii iyo lisankii, sidaasina haweeneydu ku gaartaa istiin iyo gariir kan ugu sarreeya.

Xoojinta awoodda muruqa gumaarku waxa ay haweeneyda u suura gelisaa:

1. U adkaysiga dhalmada.
2. Xukumista kaadida.
3. Yaraynta dhabar xanuunka.
4. Kordhinta raaxada galmada (iyada iyo ninkeeda labadaba).

Layliga Kegel ee lagu xoojinayo muruqa cambarku waxa uu leeyahay faa'idooyin la hubo, ma dhib badna barashadiisu, mana daaliyo haweeneyda xilliga galmada. Waxaa weliba intaas dheer isaga oo gacan ka geysta in ay sinaha, gumaarka, iyo godka hoose ee xubinta taranku ku toosnaadaan halkii loogu talagalay, sidaasina haweeneyda ay fooshu ugu fududaato xilliga dhalmada oo aanay iyada iyo uurjiifkuba dhibaato kala kulmin.

Dumarka bartay Layliga Kegel waxa uu u leeyahay faa'idooyin ka badan caafimaad iyo nabad-ku-dhalid. Waxay dumarkaasi si ulakac ah u kordhisan karaan istiinka iyo macaanta galmada, waase haddii ay Layliga u bartaan sida soo socota:

Haweenku intooda badan awood bay u leeyihiin in ay xukumaan muruqa gumaarka, waxase uus uga baahan yahay in ay si fiican ugu fiirsadaan uguna feejignaadaan. Waxaan hore u soo sheegnay in shaqooyinka muruqa gumaarka ay ka mid tahay in uu kantaroolo kaadida. Haddaba, kol haddii ay haweeneydu awoodi karto in ay joojiso burqadka kaadideeda, taa micneheedu Waxa weeye in muruqii gumaarku majuujismay oo isku uruuray. Aan idin xusuusiyo in ay jiraan murqo kale (waa taynu hore u soo niri murquhu waa saddex) oo tamar daran kuna jira afka kore ee cambarka oo iyaguba kaadida sidaasi si la'eg u celin kara.

Si ay taas meesha uga saarto waa in ay haweeneydu kolka ay kaadshayso labadeeda lugood intii karaankeed ah kala fogeysaa, kolkaasi oo celinta kaadidu ay u baahanayso dadaal iyo awood dheeraad ah, awooddaasi oo isku soo uruurinaysa muruqa gumaarka. Taa lafteeda dumarka badankiisu wuu yeeli karayaa, hase yeeshee hadda faa'ido kaadi joojin ka weyn bay haweeneydu huwantahay, oo ah in ay sidaas ku baranayso waxa uu yahay muruqa aynu ka hadlaynaa, lana socon karto kolka uu isku soo duubmayo oo uu majuujismayo, haddii ay dhawr maalmood sidaas yeeshana waxa ay kasbataa khibrad, waxanay awood u yeelataa in ay waqti kasta muruqaasi majuujiso oo isku dhuujiso, iyada oo weliba tababarkii kaadi joojinta halkii ka sii wadata.

Drs. Marry Ford oo ku takhasustay Cilmiga Ummulintu waxa ay leedahay: (Kolka aad baratid majuujinta muruqaasi, wixii markaas ka dambeeya kaagama baahna wax awood ah oo ka badan indhaha oo aad isku qabatid kalana qaaddid, waxase loo baahan yahay in halka jeer ay muruq majuujintu socoto muddo aan ka yarayn laba sakan).

Kol haddii ay haweeneydii baratay kantaroolka muruqa gumaarka, waa in ay aroortii inta aanay sariirta ka toosin majuujisaa 5 – 10 jeer, waqtigaasi oo ay muruq majuujintu sahal tahay. Sidoo kale mar kasta oo ay kaadshayso waa in ay samaysaa layligaasi. Haweeneyda uu layligu u hor leeyahay waxaa lagula talinayaa in ay ku billowdo lix fadhi, halkii fadhina ay samayso toban majuujis, sidaasina waxa ay ku samaysaa lixdan majuujis maalintii. Waxaa laga yaabaa in uu layligaasi qofka ula muuqdo wax dhib badan, kol haddiise aynu ogaanno in halkii majuujis aanu qaadanayn wax ka badan laba sakan, halkii fadhina labaatan sakan, layliga oo idilna laba daqiiqo maalintii, markaas haweeney kastaa way samayn kartaa bay ila tahay.

Haweeneydu waxa ay u baahan tahay siddeed usbuuc si ay u qaybto Layliga Kegel. Usbuuca saddexaadba way dareemi kartaa horumarka la taaban karo ee ay ka gaartay raaxada galmada kana dhashay layligaasi. Waa in aanay joojin layliga ilaa iyo inta koorasku ka dhammaanayo, isticmaashaana mar kasta oo ay kaadshayso ama galmo ka qaybqaadanayso. Waqtiga galmada, waa in ay si ulakac ah isugu qabataa oo u majuujisaa muruqa inta lagu jiro hordhaca galmada, taasi oo hadhowto kolka cambarka iyo geedka ninka la'is geliyo, sahal ka dhigaysa in uu iskii isu majuujiyo.

Muruqa gumaarka oo laga qaybgeliyo galmadu, waxa uu shaqada cambarka ka dallacsiiyaa qaabbile aan waxba qaban una dallacsiiyaa ka qaybgale isagu goobta maamula.

Gunaanadkii iyo gebagebadii, waxaa dumarka uurka leh lagula dardaarmayaa in ay sameeyaan Layliga Kegel dhalmada ka hor, si uu u xoogeysto kanaalka cambarku, una barto sidii uu iskii isugu uruursan lahaa uguna kala bixbixi lahaa, kala baxbaxaasi oo keenaya in ay haweeneydu si fudud ku dhasho. Sidoo kale waa in ay Layliga samaysaa dhalmada keddib, si muruqii gumaarku uu awooddiisii iyo shaqadiisii u soo ceshado.

DHAQAN MAALMEEDKA REERKA

Waxaa laga yaabaa in akhristayaal fara badan oo khibrad ballaaran u leh arrimaha qoysku, kolka ay akhriyaan talooyinka iyo tusaalooyinka soo socda ay u arkaan wax caadi ah oon cilmiyaysnayn, hase yeeshee waxaa iga xusuusin ah in sababaha yaryar oon si keli keli ah ahmiyad loo siin kolka ay is uruursadaan ay raad xoog leh ku yeeshaan hore u socodka ama burburka nolosha qoyska.

Si haddaba jacaylka labada qof u noqdo kii waara, waxaa lagama maarmaan ah in la waraabiyo. Waraabintaasi dadku way ku kala aragti duwan yihiin, taasi oo ku xiran hadba bay'ada uu qofku ku barbaaray. Qof baa jecel in mar waliba hadiyad loo keeno si loo tuso sida weli loo jecel yahay, halka qof kale uuba dhibsado koolkoolinta iyo ka badbadinta daryeelka gaarka ah, uuna ku kaaftoomo nolol qoys oo deggan wax walibana u socdaan sidii caadiga ahayd.

Waxyaabaha adkeeya hannaan socodka jacaylka labada isqaba waxa ka mid ah isweydaarsiga hadiyadaha, xusuusnaanta munaasabadaha gaarka ah ee farxadda u leh labada qof amaba midkood, dareensiinta joogtada ah uu midkood dareensiiyo kan kale in uu yahay qof la jecel yahay, isa sagootinta iyo isa soo dhaweynta kulul, hiwaayadaha midkood oo uu kan kale kala qaybgalo, si wanaagsan oo dhego iyo laab furnaan ah oo la'isu maqlo, horumarka midkood iyo hawlaha uu qabanayo oo uu kan kale u muujiyo sida uu ugu garab taagan yahay uguna faraxsan yahay, haddii uu midkood fashilmo uu kan kale niyadda u dhiso una dareensiiyo in aanay waxba dhicin lagana kaban karo, iwm..

Waxaa lama huraan ah in labada isqaba midkoodna aanu fududeysan raadka ka imaan kara erayadiisa iyo habka uu ugu dhawaaqayo, sababta oo ah erayadu waxa laga yaabaa in ay marmar keenaan xanuun ka kulul kan dharbaaxada. Haddii haddaba, midkood dareemo rabitaan ah in uu ka jawaabo hadal aanu jecleysan oo kaga yimid kan kale, waa in uu liijaanka ku adkeeyaa naftiisa, una diidaa in ay bixiso jawaab beddel ah, xitaa haddii acsaabtiisa iyo baahidiisuba ku kallifayaan jawaabtaasi.

Waa in ay labada qof bartaan sidii ay u weydiin lahaayeen waxa ay doonayaan si degganaani ku jirto, uguna jawaabi lahaayeen sidaasi si la mid ah. Waa in mid waliba aanu ka xishoon in uu qirto gefkiisa, iskana dhigin qof laga raayey. Waa in uu ogaado in gefka oo la qirtaa uu yahay geesinimo tan ugu weyn, iyada oo weliba qirashadaasi ay qofka kale naftiisa ku abuureyso qaddarin iyo qiimeyn gaar ah oo uu u hayo qirtaha.

Kolka ninkeedu olyada iyo biyaha isku daro oo uu dheellitirnaanta maskaxeed ka baxo xanaaq iyo caro awgood, waa ineysan haweeneydu ku soo dhoweyn aamusnaan iyo ismoogeysiin, taasi oo markaasi ninka ku abuureysa daandaansi dheeraad ah iyo dhaawac ku yimaada raganimadiisa. Waa in ay kolkaasi si degdeg ah jawaab jilicsan oo ay ku dheehan yihiin jacayl iyo xilkasnimo ugu jawaabtaa, taasi oo markaasi si dhaqsa ah hubka uga dhigeysa uguna celineysa degganaantiisii hore, kolkaasi oo ninku inta uu dib isugu laabto oo arko khaladkiisa uu ka kororsanayo jacayl iyo xushmayn uu u qabo xaaskiisa raaliyada ah. Haddii haddaba, ay xanaaq iyo kacdood kala hor timaado waxa ay ninka uga dhigan tahay toorri la suray. Ragga qaar baa ku gaara heerkaasi si dhaqsi ah, iyaga oo lumiya kantaroolka maskaxdooda, xanaaqooduna ku dhammaadaa in ay burburriyaan wax allaale iyo wixii ka agdhow gacantooduna gaarto, amaba laga yaabaa in ay ku dhawaaqaan furriin.

Waxyaabaha handada geeddi socodka nolosha qoyska kuwooda ugu khatarsan waxaa ka mid ah haweeneyda oo dareenta kelinimo nafsiyadeed iyo mid caqliyeed. Haddii ay haweeneydu dareento in ninkeedu uu doonayo in ay dhinaciisa uun iskaga noolaato isaga oon wax ahmiyad ah siin, waxa ay uga daran tahay dil waxshinimo. Haddaba, ninku waa in uu xaaskiisa ka qaybgeliyaa arrimaha shaqadiisa ahmiyadna siiyaa rabitaankeeda yar, xoojiyaana macnawiyaadkeeda haddii uu dhantaalmo. Waa in uu xaaskiisa u kaalmaystaa shaqooyinka xafiiska haddii ay suurtagal tahay gaar ahaan kolka aanay weli carruur isu dhalin.

Kolka ninku uu ka soo laabto shaqada isaga oo jir iyo maskaxba ka daallan, tabar uma hayo in uu dhegeysto dacwooyinka iyo eer sheegashada xaaskiisa, balse waxaa uu doonayaa in uu arko iyada oo u diyaarisay cunto uu jecel yahay. Waxa dhab ah in ay haweeneydu dhibaato iyo feker billowday xalayto marka ay seexaneysay iyada oo ka fekeraysa waxa ku soo fool leh oo ah shaqooyinka guriga iyo qoyska sida u diyaarinta carruurta dugsiga, u diyaarinta quraacda reerka oo dhan, soo iibinta wixii ay karin lahayd, dhar dhaqis iyo kaawiyadayn, iwm. In kasta oo dhibaatooyinkaasi oo dhami sugayaan, haddana waa in ay wax waliba ka hor marisaa nadaafadda guriga iyo tan jirkeeda intaba, waana in aanay illoobin isqurxinta iyo lebbiska wanaagsan.

Waxaad arkaysaa haween kolka ay gurigooda iyo ninkooda la joogaan lebbista dharka jikada amaba wax u dhigma, kolka ay aqalka dibadda uga baxayaanna lebbista dharka moodadii ugu dambeeysay, iskuna shuba barafuun nooca ugu qaalisan. Haddaba, haweenka caynkaasi ah waxa aan u sheegayaa marka hore in uu jiro Xadiith oranaya: (Naagtii gurigeeda ka baxda iyada oo uu barafuun ka soo carfayaa waxa ay la mid tahay naag sineysatay) .

Marka labaadna in haddii ay raggoodu ka raacaan dumar kale ay iyagu u qoolan yihiin, sababta oo ah sida ay iyaguba u dareemayaan kolka ay si wanaagsan u lebbistaan in rag badani hunguriyeynayaan, ayay nimankoodu nainta ay ka daalaan isdaryeelid la'aantooda ay u hunguriyeeyaan dumar kale oo si fiican isu soo taagay. Ma aha mar la'arag in nin xaaskiisa sanado badan la noolaa, maalin ay magaalada u dhaadhacayso ama xaflad u socoto uu aad ula dhaco lebbiska iyo uduggeeda, lana noqoto qof kale, si aan qarsoodi lahaynna ugu yiraahdo: (Naa heedhe heblaayoy illayn kumaba ogeyne sidanaad u qurux badnayd.) amaba ku yiraahdo: (Alla maanta qurux badanidaa oo waabad lebbisataye xagee baad u socotaa?), goortaa dabadeedna ku baraarugo in uu qabo marwo ka qurux badan boqolaal uu la dhaco iyaga oo waddada yaacaya. Waxaa intaas dheer oo suurtagal ah in uu isyiraahdo: (Quruxdaan ay weligeed kaa qarsan jirtay tolow ruuxa kale ooy u waddaa waa kuma?), sidaasina kolka uu arko haweeneydiisii areebada ahayd oo maantainta ay isqurxisay aqalka ka baxaysa uu qalbigiisa masayr galo waxyeelleeya jacaylkooda.

Haddaba, haweenka caynkaasi ah oo mujtamaceenna ku badan waxa aan u sheegayaa: (Ogoow in aan lagaa qurux badnayn haddii aad isqurxiso, ogoowna in ninkaagu uu gacanta kuugu jiro, haddaad iska sii deysana sida aad ku soo ceshataa ay adag tahay). Anigu waxan garanayaa haweeney inta uu ninkeedu shaqada ku maqan yahay qadada diyaarisa, aqalka hagaajisa, qubaysata oointa ay lebbisato
lebbis kan ugu qurux badan isna udgiso, dabadeed sugta inta uu ka imaanayo iyada oo markaasi ku soo dhoweeysa farxad, qurux iyo dareen aanu weligiis meel kale ka heleyn. Runtii aad baan ula dhacsanahay, una qaddariyaa haweeneydaasi oon rumaysanahay in iyada oo kale tahay fara kutiris.

Waxaan isku deyayaa in aan kala saaro quruxda iyo soo-jiidashada jinsiyeed (sex appeal). Quruxda oo keli ahi ragga qaar ma qanciso, hase yeeshee soojiidashada jinsiyeed waxa ay ku hurisaa dab aan dhaqso u damin. Soo jiidashada jinsiyeed waxa aan ula jeedaa nadaafadda oo ay la socoto ilqabato (sida dadka qaar yiraahdaan heblaayo jinniyo ayay leedahay), labadaasi oo kulmaana uma oggolaadaan nolosha qoyska in ay kala daadato. Haweeney kastaa waxa ay leedahay ilqabato gaar ah oo ay khasab ku tahay in ay barato, una soo bandhigto hab mudan in ninkeedu il gaar ah ku eego. Ilqabato waxa aan ula jeedaa, qaybta jirka ama sasaanka haweeneyda ka mid ah ee ay kaga wanaagsan tahay dumarka kale, kagana soojiidasho badan tahay. Jirkeeda kala qaybqaybsan, qaararkeeda, habka soo joogsigeeda, dhaqdhaqaaqeeda, socodkeeda, hadalkeeda, iwm., waxaasi oo dhan waxa la yiraahdaa ilqabatooyin, waxanay haweeneyda siiyaan soojiidasho ka xoog badan tan quruxda aanay waxba la socon.

Waxyaabaha ay raggu dumarka ku raacaan waxaa ka mid ah timaheeda oointa ay dheeryihiin hawadu midmid u laliso, mana ka helaan qaababka shanlleysi (feerasho) ee dad sameega ah ee markii la taabtaba duma. Sidoo kale ilkaha dabiiciga ah ee cadcadi waa ay soo jiitaan ragga, waxana haweeneyda khasab ku ah in ay iska ilaaliso af-ur. Anigu kollayba nin baan ahaye, uma dulqaadan karo in aan la dhaqmo haweeney afkeedu urayo. Raggu waxaa kale oo ay jecel yihiin wejiga jlicsan guduudkuna ku jiro, indhaha indha kuusha khafiifka ah kor laga mariyay iyo bushimaha guduudan, mana jecla wejiga iyo bushimaha sida ba'an loo dhayay.

Waxaan shaki ku jirin in casrigaan cusub ay noloshu dumarka khasab kaga dhigtay in ay tartan iyo riigtan la galaan ragga, waxana caadi noqotay in ay haweeneydu xafiis ka shaqayso, wax barato, kana qaybgasho siyaasad iyo dublomaasiyad intaba. Haweenka caynkaas ahi kolka ay guryahooda joogaan waxa ay galaan jikada, kana qaybqaataan hawlo fara badan oo shaqada guriga ah, halkaasina waxa aad ka dareemi karayaa naagnimadooda. Waxaa dhab ah in ragga oo idil ay ku farxaan kolka ay arkaan dumarkooda oo dhex noqnoqonaya jikada, iyaga oo digsi ama saxan hore iyo gadaal u sida, cajiin qasaya, khudaar shiidaya, dhadhaminaya maraq dabka saaran, iwm. Taas micneheedu ma'aha in jacaylka raggu uu ku jiro calooshooda sida ay dumar badani ku doodaan, balse waxa weeye qaddarin ay qaddarinayaan fanka wax karinta sida ay u qaddariyaan fan kasta oo kale, kuna faana sida ay haweenkoodu cuntada u karin yaqaannaan.

DARMAAN LALA DARDAARMAYO

Gabaryahay ma dooneyaa in aydnaan duqaaga kala gaboobin?

• Guriga uga dhig janno uu ku raaxaysto inta uu joogo, una soo xiiso inta uu ka maqan yahay, hana uga dhigin cadaab uu ka doonto meel uu uga cararo.

• Dhoolacaddeyn iyo weji furnaan ku salaan kolka uu guriga soo gelayo, sidaasna kula joog ilaa uu ka baxayo. Dhibaato kastoo ku haysatana dhoolacaddee.

• Kala qaybgal murugadiisa iyo mashaakilaadkiisa, iskuna day in aad mar waliba ka farxisid, si uu u illaawo daalka uu la soo kulmo inta uu kaa maqan yahay.

• Isku day in aad samaysid waqti adiga iyo ninkaagu hadal macaan iyo haasaawe aad is weydaarataan dhawr daqiiqaba ha ahaatee.

• Marmar hadiyad u keen haba qiimi yaraatee.

• Kala qaybgal hiwaayadihiisa hana ka daalin, ogowna in naagta caqliga badani ay tahay ta taqaan waxa uu duqeedu jecel yahay.

• Isku day in aad alaabada guriga taal iyo qaabka ay u dhigan yihiin wax ka beddeshid hadbana dhinac ka soo jeedisid, daahyo nafta soo jiita iyo ubaxna ku qurxisid. Mar waliba gurigaagu ha ahaado mid qurxoon, nadiif ah oo nidaamsan si uu ninkaagu ugu nasto.

• Isku day in aad marmar wax ka beddeshid muuqaalka jirkaaga iyo dharkaaga, isuna qurxi oo isu dhis si aanu dumar kale u dhugan.

• Ugu yeer magac jacayl iyo erayo nafta soo jiita.

• Ku qanac intii Eebbe kuu qoray, dushana ha ka saarin wax aanu qaban karin, hana uga sheekeyn waxa uu walaashaa ninkeedu u keeno iyo waxa aanu u keenin.

- Wax kasta oo uu ku yiraa ka yeel aan ka ahayn dembi aad Eebbe ka gashid, maxaa yeelay haddaad dhimato isaga oo raalli kaa ah waxa aad tahay ehlu-janno.

- Been ha'u sheegin ninkaaga, ogowna in haddii uu been kugu ogaado shakiguu kaa qaadaa aanu weligii ka baxaynin.

- Meel uu xumaan kugula malayn karo ha is dhigin, wax kastoo shaki iyo in laga sheekeeyo keeni karana ka fogow.

- Ha badsan ka bixitaanka guriga, ogowna haddii uu maanta kuu sabro in aanuberrito kuu sabri doonin.

- Iska ilaali taleefannada badan, ninkaagu ha joogo ama yaanu joogine.

- Xusuusnow ballamada uu dadka kale la leeyahay, xusuusina.

- Ku mahadi waxa uu ku siiyo haba yaraadeene, maxaa yeelay Eebbe ma eego naagta aan ninkeeda ku mahadin.

- Xiriiri una roonow ehelkiisa iyo qaraabadiisa, kalana qaybgal faraxooda iyo murugadooda, si uu isna ehelkaaga iyo qaraabadaada u xiriiriyo.

- Ha u ammaanin ehelkaaga, hana u cayn ehelkiisa, waxaa laga yaabaa in uu kuu dhaafiyo erayo ku dhaawaca eh.

- Ku kaalmee arrimaha Diinta sida Soonka iyo Sako bixinta, una toosi oo xusuusi waqtiga Salaadda.

- Kula noolow ninkaaga waqtiga la joogo sida uuyahay, hana baarbaarin wixii uu taariikh soo maray, maxaa yeelay waxaa laga yaabaa in aadan ku farxin.

- Ha u ammaanin gabar saaxiibtaa ah, yaanu kaa raacine.

- Ha u ammaanin nin kale, ma jecla in aad ammaanto nimaan isaga ahayne.

- Iska ilaali masayrka badan, masayr waa dab eh, ogowna haddii uu dillaaco dadkuu gubayo adigaa ugu horreyn doona eh.

- Xanaaq iska ilaali, ninkaagana ka ilaali, inta uu kuu galo waxa uu kuu geystaa kaaga badan eh.

- Haddaad tahay naag nin hore soo furay, iska ilaali erayada ay ka midka yihiin "Ninkeygii hore saas ima yeeli jirin, waxaa ima siin jirin, waxaa iima diidi jirin, iwm."

- Haddii uu ninkaagu danyar yahay adna daaro dhaadheer ku noolaan jirtay, marnaba iska ilaali in uu kaa dhadhamiyo erayo abaalsheegad ah sida adiga oo xusuusiya raaxadii aad ku noolayd inta aanu ku guursan ama xoolo kuwaaga ah oo aad siisay aad ugu abaalsheegatid, maadaama erayada caynkaas ahi ay raganimadiisa iyo karaamadiisa dhaawacayaan.

Haweeney garoob ah baa beri ii sir warrantay. Waxay tiri: Markaan guursanayey waxan isweeydiinayey Su'aalahaan soo socda: Muxuu ninkaygu iga rabaa? Maxaan sameeyaa si uu iiga raalli noqdo? Ma waxa uu doonayaa in aan ahay qof diinta taqaan oo ku dhaqanta, mise in aan u lebbisto sida gabdhaha gaabsiga loogu tago? Ma waxa uu doonayaa in aan lebbisto dhar jirkeyga inta ka bannaani ka badantahay inta ka daboolan, mise waxa uu rabaa in aan qaato Jilbaab iyo Niqaab? Ma waxa uu doonayaa in aan ahaado qof furfuran oo dadka dhex gasha, mise qof xirxiran oo isaga uun meel ugu xiran? Ma waxa uu doonayaa in aan ahay gabar la koolkooliyey, horteeda loo daayey bad shirtaana aanay jirin, mise in aan ahay qof waayeel ah, deggan, sida hooyadiis u caqli badan?

Muddo markii la'i qabay, waxa aan billaabay in aan isweydiiyo su'aalo kuwii hore ka duwan: Muxuu ninkeygu isaga kay indhatiraa, dumar kalena u dhugtaa laga yaabo in aan anigu wax badan qurux dhaamo? Muxuu u kari la' yahay in uu ila fariisto meelna ii raaco? Muxuu wixii aan sameeyo wax uga sheegaa, isaga oon isaguba naftiisa la xisaabtameyn tiisuna mar waliba la quman tahay? Kolka aan caadada ka dhaqdo oo uu dhawr habeen ila baashaalo, muxuu iiga xiisa dhacaa? Inkastoo aan cuntada ugu fiican u kariyo, guriga nadaafaddiisa ku dadaalo, dharka si yaab leh ugu dhaqo, haddana iima soo jeedo oo wuu iga sii jeedaaye maxaa dhacay?

Su'aalihii aan isweydiinayey bay tiri, kolkaan guursanayey iyo keddib markaan guri degey, jawaabohoodii waxan ogaaday keddib markaan gurigeeygii gacantayda ku dumiyey oo la'i furay.

Haddaba, waa inay -bay tiri- dumarka walaalahay ahi tijaabadayda ka Faa'ideystaan inta ay goori goor tahay, intii ay hadhow tooda ka sheekayn lahaayeen sideyda oo kale.

Waxan ogaaday (waa sida ay gabadhu tiriye) in ninku kolka uu xaaskiisa la joogo yahay carruur cagaweyn, uuna jecelyahay in ay dumar oo dhan keligeed isku wada tahay. Waxa uu jecelyahay:

1. Inay hooyadiis uga egtahay xagga degganaanta, caqliga iyo diinta, sideeda oo kalena ay u koolkooliso oo waxa uu doono ugu yeesho.

2. Inay saaxiibtiis ahaato uu dantiisa, duruuftiisa iyo waxyaabo kale oo aanu qof kale oo bina'aadam ah u sheegan kareyn uu iyada u sheegto.

3. Inay u ahaato adeegto dhega xiran' oo iyada oo aamusan sida uu doono ugu adeegta.

4. Inay u ahaato qof caqli iyo xikmad badan kolka la yiraahdo hala hadlo, wax kasta oo laga hadlayana si cilmiyeeysan aragtideeda uga dhiibata.

5. Inay u ahaato sida dumarka weriyeyaasha ah, kuwa dharka xayeysiiya iyo kuwa aflaanta jila ee aynu maalin kasta Taleefishanka ku aragno, micnaha in ay tahay naag qurux badan, lebbis qurxoon, lana socota moodada dharka wixii maalin kasta cusub.

6. Inay u ahaato sida naagaha jirkooda iibiya oo si layaab leh jirkooda u kala dhigdhiga, badeecadoodana u soo bandhiga, si ay macmiishooda u soo jiitaan.

Waa kaas qaabka uu ninku u fekerayo, maadaama uu ka daalayo kana xiisa dhacayo naag keligeed ah ama qaab gaar ah leh, si gaar ahna u fekerta, si gaar ahna u lebbisata. Waxa uu jecelyahay in ay u ahaato dhammaan dumarka aynu soo sheegnay oo laysku dardaray, maalinta uu doonana noocuu doono ka helo.

Haddaba, haweeneydu iyada oo kaashanaysa dumarnimadeeda waa in ay garan kartaa goortuu sidaas in ay ahaato ka rabo iyo goortii uu sida kale doonayo. Waa in aanay jilbaab u soo xiran habeen uu kululyahay oo uu galmo diyaar u yahay, waase in ay u soo xirataa dhar khafiif ah oo layska dhex arkayo, isla markaasna ay sidii qof waaya aragnimo iyo xikmad leh ula dooddaa, caqligiisana la hadashaa, rag fara badan baana dumarka caynkaas ahi soo jiitaan.

Haweeneydii oo hadalkeedii sii wadataa waxa ay tiri: waxa aan u sheegayaa gabadha walaashay ah in aanu ninkeedu u keenin guriga in ay cunto u kariso, dhar u dhaqdo, aqalkana u hagaajiso, oo haddii uu intaas keliya rabo, waxa uu awoodaa in uu adeegto soo kireeysto. Walaashay, ninkaagu waxa uu kaa doonayaa in uu arko naag inta aanu asagu doonan ayadu doonata. Nin kastaa waxa uu jecelyahay in ay xaaskiisu waqti kasta diyaar u tahay, doonitaankuna aanu hal dhinac uun ka socon.

Haddaba, aan khibraddayda ugu deeqo qoysaska isku cusub iyo kuwa mowjaduhu hadba gebi ku ridayaan welise aan bustaha bannaanka isu dhigin. Gabaryahay haddii ay dhab kaa tahay in aad gurigaaga janno ka dhigatid, gacalkaaga iyo adigana gabow iyo geeri waxan ahayni idin kala geyn, waanadaydan qaado oo wax ku qabso:

1. **Indhaha:** Isha ninku waxa ay haweeneyda ka eegtaa meel ayan iyadu ka maleysanayn. Sidaas darteed, u lebbiso dhar kan ugu qurxoon, shardina ma aha mar kasta in aad lebbisatid dhar qaali ah, ama dhar qaawanaan xiga, sababtoo ah ninku waxa dabeecadihiisa ka mid ah in uu wax waliba ka xiisa dhaco marka ay dhawr jeer ku soo noqnoqdaan. Sidaas darteed, maalinba cayn uga dhig, maalin dharka haweenka gaabsiga meherad ka dhigtaa qaataan oo waxa ay dedayaan waxa ay daboolqaadayaan ka badanyihiin, maalin dhar jirkaaga oo dhan astura min madax ilaa majo, sida adiga oo Masjid u socda, maalin dharka ragga, maalin dhar rakhiis ah. Intaas keliya ma aha ee u allif qaabab lebbis oo kala duwan. Sidoo kale waxyaabaha raggu aad u xiiseeyo waxa ka mid ah adiga oo beddela qabka timo feerasho, adigoo maalin sheexaysta, maalin gadaal u xira, maalin aafro ka dhigta. Sidoo kale mar timaha gaabsada sidii dhallinyarada cusub, maalin dheeraysta oo daaya. Sidoo

kale roosetooyinka (Bushimo caseeyaha) aad marsanaysid maalin isku duug oo daamanka, indhaha, iyo wejiga oo dhan casee, maalin khafiif ka dhigo, midab degganna marso amaba mid aan bushimaha laga garanayn. Sidoo kale Bisqin xiirashada, raggu mar waliba wexey jecelyihiin in wax waliba loo beddelo.mar iska daa ha xiirine ha kugu bexee, dabadeedna si kedis ah maalin u jar kana soo saar wax jilicsan oo sida xariirta oo kale ah, qaabab kala duwan u jar, mar sida gammuunka oo kale, marna mid yar oo ku yaal dusha cambarka, mar kalena wada xiir gebigiis, iwm.

2. **Sanka:** Ninku ma jecla hal nooc oo Barafuun ah, sidaas darteed waa in aad bedbeddeshaa uduggaaga, barafuunkaad maalin marsatidna ha ku celin maalinta labaad. Mar barafuun isku shub, mar catar, mar uunsi, iwm. Xitaa ninku marmar waxa uu jecelyahay in uu uriyo udgoonka dabiiciga ah ee xaaskiisa iyada oon waxba ismarin, waxanaba laga yaabaa in uduggaasi uu kala caraf badnaado barafuun kan ugu qaalisan.

3. **Dhegaha:** Codka macaan ninku waa uu jecelyahay kolka uu ka maqlayo gidaar ka gadaal (raadiye, talefishan, iwm), haddaba ka warran haddii uu codkaasi hortiisa ka yeerayo, ayna ugu heeseyso xaaskiisa uu jecelyahay. Sidaas darteed, kula hadal cod macaan oo koolkoolin leh, una qaad mararka qaar heesaha uu jecelyahay. Codka xanta ah ee aad dhegta afka ula saartaana jirkiisa oo dhan wuu dhaqaajiyaa.

4. **Qaab kuu gaar ah u koolkooli.** Tusaale ahaan; kolka uu shaqada ka yimaado isaga oo daallan u masaajee oo si raaxa leh ugu daliig, adigoo nal khafiif ah qolka u daaraya, muusiko macaan oo cod gaaban lehna u shidaya amaba adigu si hamham ah ugu heesaya, adiga ayaa markaas arki doona isaga oo kugu billaabaya istiimin iyo fara-ciyaar, iyo in uu isna markiisa kuu masaajeeyo.

5. **Shumiska ka badi.** Marka aad jiiftaan, kolka uu tooso, marka uu shaqada aadayo iyo markii uu ka yimaado, dhegtana ugu sheeg in aad dharareysid soo laabashadiisa inta uu kaa maqanyahayna aad tebeysid.

6. Marmar shaqada taleefan ugu dir, una sheeg sida aad ugu hiloowday araggiisa iyo sida aad ugu xiistay codkiisa.

7. Ku kedi munaasabadaha muhiimka ah ee maskaxdiisa ka maqan sida; maalintii ugu horreysay ee aad isbarateen, maalintii aad aqalgasheen, maalintii dhalashadiisa, iwm, kedisna uga dhig xaflad yar oo aad labadiinna oo qurihi ka soo qaybgashaan. Waxaad doonto oo dhar ah markaas soo xiro, sida goonno gaaban, cariiri ah, jirkaaga intiisa badanna laga arkayo. Hadiyad u hibee haba yaraatee. Xitaa haddii uu isagu munaasabadda hilmaansan yahay, ha ku eedeyn sida uu u hilmaamay ee usheeg sida aadan adigu u illaawi karin munaasabad ceynkaasi ah.

8. Guriga nadaafaddiisa iyo gogoshiisa ku dadaal, kana dhig mid ay markasta carafi ka soo kacayso. Dharkiisa mar kasta u diyaari, uunsi uu jecelyahay ugu shid, barafuun ugu bilbil, kabahana u casee oo u nuuri.

9. Haddii aad doontid in aad meel saaxiibbadaa u raacdid amaba xitaa ehelkaa, haddii uu guriga joog ku yiraahdo ka yeel oo ha ka hor imaan xanaaq iyo madax adayg ayuun baa uga kordhaya ka hor imaadkaaga eh, hase yeeshee goor dambe si aayar ah u weeydii sababta uu kuugu diiday in aad baxdid.

10. U diyaari cuntooyinka uu jecelyahay xitaa haddii aanay adiga kuu dhadhamayn, iskuna day in aad u soo iibisid nooca cunto ee uu jecelyahay mar kasta ooy duruuftu kuu saamaxdo.

11. Nin kastaa aad ayuu ugu farxaa kolka uu arko in aad waalidkiis ixtiraameysid, mashaakilna aadan ku abuureyn, ee isku day in aad isjecleysid waalidkiis, gaar ahaan hooyadiis, sababta oo ah dumar badan bay dhibaato ba'ani ka dhex taagan tahay iyaga iyo soddohyaalkood. Soddohdaa ixtiraam iskuna day in aad u jeclaatid sida hooyadaa oo kale. Mar kasta oo aad booqatid, madaxa ka dhunko amaba xitaa haddii ay kula deggan tahay, u soo iibi hadiyadda aad u soo iibisid hooyadaa mid lamid ah way ku farxayaa kuuna ducaynaysaaye.

12. Haddaad aragtid ninkaaga oo murugeysan isku day in aad ka khafiifisid, haddii uu kaa diidana si adiga kuu gaar ah ugu koolkooli sidii carruurtii isagaa degayee.

13. Suuqa kolkaad wax ka soo iibsanaysid ha ku raaco, dookhiisana iibso, waxa uu markaas dareemayaa faan. Ku raac dookhiisa gaar ahaan kolka ay arrintu joogto dharka hoosta laga xirto iyo dharka habeenkii xilliga jiifka aad dartii u xiratid. Dooro midabbada uu jecelyahay, mararka qaarna tus dookhaaga iyo dhar aad keligaa soo iibsatay oo ka yaabiya.

14. Ugu yeer in uu kula daawado filin jacayl ah oo soo xusuusiya sida uu kuugu jeellan yahay, kuna dhaliya in uu kula baashaalo.

15. Qaababka galmada isku bedbeddela, iskuna day in aad xishoodka ka guuleysatid, kana codsatid ninkaaga noocyada galmo ee aad ka heshid. Xishoodku waxba kuu kordhin maayo, haddaad xabiibkaaga ka xishootidna ogoow cid kalood u xod sheegan kartaa ma jirtee.

16. Kolkaad dooneysid in aad Bisqinta xiiratid, u daa asagu ha kaa xiiree, sida uu jecelyahayna ha u xiiree. Waad arki doontaa kolka uu xiiritaanka dhameeyo isaga oo galmo doonaya, sababtoo ah inta uu xiiritaanka ku jiray oo uu goobaha taranka taataabanayey ayuu gebigii taagmay, adna kolley kama digtoonaan yarid oo diyaar baad markaas tahaye.

Ugu dambayntii, Garoobka waanadan ii sir warrantay iigama aanay faalleyn habana yaraatee iisoo hadalqaadin, waxa laga rabo haweeneyda uurka leh, ta ummusha ah, ta caadada qabta iyo ta ubadka nuujisa. Hase yeeshee maadaama aanan laftaydu arrinka iyada xusuusin, dembiga dusha kama wada saari karo, balse waa in aan mar labaad iyadii dib u raadiyaa, si aan sheekada inta dhimman uga soo dhuro, dabadeedna iyada oo dhan idiin soo bandhigo.

Haweeneyda u dhalatay qosol iyo farax la'aantu waa in ay samayso sida ay sameeyaan dumarka dukaamada iibiyaa kolka ay macaamiishooda kula kulmayaan bashaashnimo iska yeelyeel ah, sababta oo ah wejiga bashaashka ahi waxa weeye qayb ka mid ah naagnimada.

NINYAHOW NAAGTAADA DHAQO

Sida naagtaba looga doonayo in ay adeecdo oo u adeegto ninkeeda, maalkiisana aanay ku bixin idankiisa mooyee, ayaa sidoo kalena ninka looga doonayaa in uu xaaskiisa u roonaado, wanaagna ku dhaqdo. waxa uu Eebbe Qur'aankiisa ku leeyahay: (Ku dhaqda wanaag, haddaad nacdaanna waxaa dhici karta wax idinku aad nacdeen in Eebbe khayr badan dhex dhigo) (Al-Baqarah: 256) . Rasuulkana ((SCW)) waxa laga weriyey: **(Mu'miniinta ka ugu iimaanka badani waa ka ugu edebta badan, waxana idiinku akhyaarsan ka xaaskiisa ugu akhyaarsan)**[77].

Dab kastaa kolka uu dillaacayo koob biyaa kolay ku tahay waa lagu damin karaa. Anigoo haddaba aragtidaasi a amba qaadaya, ayaa waxan oran karaa dhibaatooyinka ugu badan ee qoysaska dhisan dumiyaa waxa ay ka billowdaan is afgaranwaa yaryar oo aan markaas micna lahayn, isla goobtaasna wax looga qaban karo, haddiise la daayo ama batrool lagu sii daro sii holciya, kolka ay isbiirsadaan waxa ay gaaraan heer furriin mooyee faraj kale laga quusto.

Ninka haddaba doonaya in uu guri barwaaqo dego, waxa la gudboon in uu waanooyinka soddonka ah ee soo socda si fiican u dhuuxo, uga fekero, xisaabtana ku darsado. Waxyaabaha aan hoos uga hadli doonaa, waxan isleeyahay waxa weeye waxyaabo ninku haddii uu sameeyo aan isaga waxba ka dhibayn, xaaskiisa ku abuuraya kalsooni, dulqaad, jacayl iyo farxad joogta ah, guurkoodana ka dhigaya kii lagu nasto oo lagu nagaado abid.

1. Ha xumeyn xaaskaaga. Xumeynta aad xaaskaaga xumeeysaa nooc ay ahaataba, waxa ay ku reebtaa aano urugo aan weligeed ka bixin. Waxyaabaha ay xaasku ka carooto laabteedana aanay kaaga cafineyn, xitaa haddii ay carrabkeeda kaaga cafiso, waxa ugu daran adigoo dila iyo adigoo caay ama ceebeyn u geeysta iyada ama ehelkeeda,

amaba adigoo sharafteeda iyo karaamadeeda wax ka sheega.

2. Si fiican u dhaq si fiican ha kuu dhaqdee. Dareensii in aad jeceshahay iyo in aadan ka maarmin. Nafteeda u raaxee oo raalligeli, caafimaadkeedana ku dadaal. Haddii ay xanuusato, wax kasta u hur sidii ay ku dawoobi lahayd, sidii ay u caafimaadi lahaydna u soo jeed.

3. Ogoow in ay xaaskaagu jeceshahay in aad la fariisatid, kalana sheekeysatid wax kasta oo aad dareemeysid. Guriga ha ku soo laaban adigoo weji cabaanu oo aamusan, taasi oo iyada ku rideeysa welwel iyo shaki.

4. Haku khasbin xaaskaaga in ay kula wadaagto hiwaayadahaaga gaarka ah. Tusaale ahaan, haddaad caalim ku tahay cilmiga xiddigiska, ha ka filan in ay sidaasda oo kale jeceshahay xiddigaha iyo meerayaasha.

5. Noqo nin dhawrsan oon balwad lahayn sida aad iyadaba ka rabtid in ay noqoto. Waxa jira Xadiith uu soo saaray Dhabariy oo oranaya: (Dhowrsanaada dumarkiinnu ha dhawrsanaadaane). Iska jir in aad indhaha ka daba taagtid dumarka aan xalaasha kuu ahayn, sida kuwa aad wadaagtaan goobta shaqo ama goobta waxbarasho, kuwa waddooyinka maraya iyo xitaa kuwa aad taleefishanka ka daawatid.

6. Iska jir in aad xaaskaaga ka masayrisid. Ha ku soo hadal qaadin, kaftanba ha kaa ahaatee, in aad doonaysid in aad naag kale guursatid, hana u ammaanin dumar kale, waxyaabahaasi oo laabta ka wareemaya, kalgacalka ay kuu qabtana ku beddelaya welwel, shaki, malo iyo murugo joogto ah.

7. Ha xusuusin xaaskaaga xumaan iyo ceebo ay sameeysay waqti lasoo dhaafay, gaar ahaan ha ku hor sheegin ceebahaasi hana ku caayin dadka hortiisa.

8. Dhaqankaaga wanaaji, ayaan markaad joogtana dhaqan wanaag hor leh lasoo bax, sida aad iyadaba uga rabtid, kana digtoonow wax kasta oo xaaskaaga ka xanaajin kara.

---

77   *Tirmidi (1162), Ad-Daarami (2792).*

9. Dhaqan iyo diin wanaagga xaaskaaga kaga dayo haddii ay kugu dhaanto. Imisaa rag hanuunay kolkii ay guursadeen haween diin leh oo dhawrsan, dhaqan wanaagsanna leh.

10. Isdeji, carada iyo xanaaqana iska daa. Haddaad gabadha ka gardarnaatid, u cudurdaaro oo ka raalligeli, hana seexan adigoo u caraysan, iyana ay murugeysantahay ooy illintu dhabankeeda ku taallo. Ogoow waxyaabaha aad ka carootaa inta badan ma aha waxes astaahila in aad qoyskaaga farxaddiisa u baabi'isid eh. Shaydaanka iska naar, isdeji, ogoowna dhaqanka iyo jacaylka adiga iyo xaaskaaga idiin dhexeeyaa in ay ka weyn yihiin in ay ku waxyeelloobaan caro iyo is fahamwaa mar dhacay.

11. Isku kalsooni ku abuur xaaskaaga, hana ka dhigin sida adeegto waxa aad doontid kuu yeesha waxa aad tiraahdidna kaa yeesha. Ku dhiirrigeli in ay yeelato shaqsiyad, fikrado, iyo go'aanno iyada u gaar ah. Kala tasho umuurahaaga oo dhan, kulana dood si xikmad leh. Qaado ra'yigeeda haddii uu kuula muuqdo in uu saxyahay, una sheeg in aad ra'yigeeda qaadaneysid, haddii uuse ra'yigaagu kula saxsanaado si degganaan iyo dadnimo wanaag leh uga dhaadhici.

12. U mahad celi kuna ammaan kolka ay wax mudan in lagu ammaano looguna mahad celiyo sameeyso. Xadiith uu Tirmidi weriyey baa ahaa: **(Qofkii aan dadka ku mahadini Allena kuma mahadiyo)**[78].

13. Xaaskaaga ha eedeyn, hana cambaareyn, hana barbar dhigin dumar kaloo aad ku leedahay way kaa fiican yihiine ku dayo.

14. Isku day in aad ku tartid kuna taakulaysid wax kasta oo ku dhiirrigelin kara in ay aqoon kororsato. Haddii ay doonayso in ay Dugsi ama Jaamacad dhigato, u fududee oo garab istaag, kol haddii waxa ay baranaysaa ka hor imaanayn diinta, kana mashquulinayn waajibkeeda marwonimo ee guriga. Kolka ay guul soo hooyso, la farax oo dareensii in aad guusha la wadaagto, garabkeedana aad had iyo goor taagan tahay.

15. Si fiican u dhegeyso xaaskaaga, kuna dhiirrigeli in ay kuu sheegto wax kasta oo laabteeda ku jira. Iska jir in aad

ku jeesjeestid ama hadalkeeda jebisid (beenisid). Waxa
jira dumar aan hadal daayin oo deriska iyo dadka xanta.
Haddaba, kuwaas oo kale si xikmad leh, diintana waafaqsan
arrinkooda ku dawee.

16. Dareensii xaaskaaga in ay agtaada aamin ku tahay, oo
aad adigu dugsi iyo duggaal uga tahay duruufo kasta ooy
ka baqayso. Dareensii in aadan weligaa dumar kale ka
doorbideyn kana doonaneyn.

17. Xaaskaaga dareensii in aad adigu masruufkeeda iyo
marashadeeda mas'uul ka tahay, xitaa haddii ay xoolo
badan leedahay. Ha damcin xooleheeda kuu xalaal ma
ahee, maal bay haysataa darteedna ha kaga masuugin.
Ogoow xaaskaagu, si kasta ooy taajirad u tahay in ay ku
farxayso kuguna qiimeynayso dadaalka aad ugu jirtid sidii
aad mustaqbalkiinna u dhisi lahayd, mas'uuliyaddeedana u
qaadi lahayd.

18. Iska jir xiriirka dumarka aan kuu bannaanayn, ogoowna in
ay ka mid yihiin waxyaabaha ugu badan ee guryaha dhisan
dumiya.

19. Dheellitir jacaylka xaaskaaga iyo jacaylka waalidkaa iyo
tolkaaga, dhinacna dhinaca kale ha uga eexan oo daraf
waliba xaqa uu kugu leeyahay sii, adigoon darafka kale
xumeyn.

20. U ahow xaaskaaga sida aad jeceshahay in ay kuu ahaato,
ogoowna in ay iyaduba kugu jeceshahay waxa aad adigu
ku jeceshahay. Ibnu Cabbaas (RC) waxa uu yiri: (Waxaan
jeclahay in aan xaaska isugu qurxiyo sida aan u jeclahay in
ay isugu kay qurxiso)[79].

21. Soo wareeji oo ku soo madaddaali guriga dibaddiisa ha
soo hawa beddelatee, gaar ahaan ka hor intaanay ubad
madaddaaliya dhalin, waxa aad jeceshahay in ay kula
qaybsatana la qaybso.

22. Reerkeeda xariiri, dhaqaalee, si xushmad lehna ula dhaqan
oo u soo dhowee.

---

78 *Axmed (7755), Abuu Daa'uud (4198), Tirmidi (1926).*

23. Waqtigaaga oo dhan shaqadaada ha siin yaanay ka maseeyrine. Waqiyadaada fasaxa iyada kula qaado guriga gudihiisa ama dalxiis u kexee oo soo wareeji, yaanay caajis dareemine.

24. Kolka aad guriga ka baxaysid, ku sagooti dhoola caddayn, kana dalbo in ay kuu soo ducayso. Kolka aad guriga ku soo laabatidna ha ku degdegin ee waqti sii ay kulankaaga isugu diyaariso, gaar ahaan kolka aad safar ka soo gashid, aan ahayn waxa laga yaabaa in aad ku aragtid qaab iyo lebbis aadan jeclaysan in ay kugu qaabisho.

25. Adiga iyo xaaskaagu nolosha isku il ku eega oo isku day in aad aragtida ka midoowdaan.

26. Isku day in aad xaaskaaga ka kaalmeysid howlaha guriga qaar. Caa'ishah (RC) waxa ay tiri: (Rasuulku (SCW) haweenkiisa ayuu howsha la qaban jiray, Salaadda waqtigeeda kolka la gaarana Salaadduu u bixi jiray) .

27. Isku day in aad isha ka dadabtid meelaha qaar ay xaaskaagu ku liidato, ama lagaga fiicanyahay, isna xusuusi wanaagga iyo waxtarkeeda, si ay u daboolaan ceebeheeda. Rasuulku (SCW) waxa uu yiri: **(Nin Mu'min ahi ma liido naag Mu'minad ah, haddii uu dhaqan ku naco mid kaluu ku raacaa)**[80]. waxa uu yiri: **(Nin Mu'min ahi ma liido naag Mu'minad ah, haddii uu dhaqan ku naco mid kaluu ku raacaa)**[81].

28. Xaaskaaga shukaanso, la kaftan oo la ciyaar. Rasuulku (SCW) oo nin Saxaabiya la hadlayaa waxa uu yiri: (Gabar maxaad u guursan weysay aad la ciyaartid oo kula ciyaarta). Bukhaari baa weriyey. Cumar bin Khaddaab (RC) oo caan ku ahaa ad-adayg iyo xoog, xitaa, waxa uu dhihi jiray: (Ninku kolku xaaskiisa la joogo waa in uu sida carruurta ahaado, kolka uu dad kale la joogana rag ahaado).

29. Xaaskaagu haddii ay kugu soo hadal celiso waa in aad dhegeysatid ra'yigeeda una dulqaad yeelatid. Rasuulka (SCW) dumarkiisu way ku ra'yi celin jireen kamana aanu caroon jirin.

---

79   *Ibnu Abii-Sheybah (5/272), Cabdir-Razaaq (4/196).17*

30. Deeqsi u ahow xaaska iyo carruurtaada, waxa aad u awooddana ha kala bakhaylin. Rasuulku (SCW) waxa uu yiri: (**Diinaarrada waxa ugu fadli badan ka aad ehelkaaga ku bixisid**)[82].

Ragga waxa lagula dardaarmayaa in ay dumarkooda isu qurxiyaan oo isu carfiyaan. Aayad Qur'aan ahi waxa ay oranaysaa: (Waxay wanaag ku leeyihiin inta iyaga lagu leeyahay oo kale). Waxa weliba la sheegaa in haweeneydu kolka ay barafuunka ninkeeda uriso, isla goobtaasi ku godlato, oo galmo ugu baahato. Ibnu Cabbaas (RC) waxa laga weriyey in uu yiri: "Ninku ha isugu diyaariyo xaaskiisa sida isaguba uu jecel yahay in ay isugu diyaariso"

Ninku waa in aanu kolka uu guriga joogo isdhigan oo wax waliba in ay sida ay doonaan u dhacaan ku dhaafin, balse waa in uu guriga ku leeyahay mowqif sidii isaga oo xafiiska shaqada jooga. Dumarku waxa ay jecelyihiin in raggoodu ay leeyihiin muuqaal carruurnimo, waxayna necebyihiin muuqaalka nimow-naagnimo ee xagga lebbiska, adeegsiga barafuunnada dumarka, surwaalka ku dheggan, kabaha qoobka dheer, bushimaha cascas, iwm.

QOLKA JIIFKA

Waxaa la yiri nin baa isaga oo ku jira abaabulka dhismaha gurigii uu ku aqalgeli lahaa waxa talo weydiistay saaxiibkiis isagu hore u guursaday:

• Saaxiibow waad ogtahay in aan guursan doono mar dhow, haddana aan ku jiro dhismihii iyo isku dubbaridkii gurigii aan ku aqal geli lahaa. Haddaba, saaxiibow rag baa igula taliyay in aan jiifka ka dhigo hal qol aan aniga iyo xaaskeygu wadaagno, rag kalena waxa ay igu yiraahdeen (samee laba qol jiif, hal adigu seexo kan kalena xaaskaagu ha seexato). Haddaba, adigu maadaama aad tahay saaxiibkay guur soo maray ila taliyoo xaggee baan seexdaa?

80   Bukhaari (5692).

81   Muslim (1469).

82   Muslim (995)

- Anigu saaxiibow waxaban kugula talin lahaa in aad dal kale seexatid.

Laakiinse, degdegtaas arrintu ma'aha. Qolka jiifka keliya iyo labada qol ee jiif mid waliba waxa uu leeyahay samaantiisa iyo xumaantiisa, waxana aynu isku deyeeynaa in aannu inta ugu muhiimsan ka sheegno sifooyinka qolalkaasi, innaga oo u deynayna kan u sharraxan guurku in uu dookhiisa ku doorto kuu rabo labadaasi nooc ee qolalka jiifka.

Daraasaddeenna kaga hadli meyno dhinacyada dhaqaalaha, kirada guryaha, iwm., balse waxan xoogga saaraynaa dhanka socodka nolosha qoys iyo raadadka nafsiyadeed. Waxaa jira waxyaabo badan oo inoosoo jiita hab jinsiyeed haddii aannu isdareensiinno ama maskaxda ku sawiranno innaga oon arag, aas-aaskaas ayaana lagu dhisay fanka casriga ah ee tolliinka dharka dumarka. Dawaarluhu isaga oo fankaasi adeegsanaya ayuu isku dayaa in uu qariyo ceebaha jirka, muujiyana qurux iyo taagnaan, gaar ahaan dharka hoose ee dumarka sida rajabeetada, kastuumada, sootaanada, iwm., kuwaasi oo kor u qaada taagana naaska raaracsamay, hagaajiyana wixii foolxumo ah oo ka muuqda qaabkiisa iyo dhumucdiisa intaba. Sidoo kale waxa ay qariyaan sinaha waaweyn iyo jirka caatada ah ee isaga oo qaawan aan xiisaha lahayn.

Qolka jiifka keliga ah waxaa ninka iyo xaaskiisa labadaba ka qabsada xorriyad la'aan iyo in aanu midkoodna u dhaqmi karin sidii uu u dhaqmi lahaa haddii uu keligiis yahay, haddii kale waxa uu xabiibkiisa maalin kasta hor dhigayaa rajo beel hor leh, sidaasi oo uu maalin waliba ku waayo dhibic ka mid ah soo-jiidshadiisii, muddo dabadeedna waxaa la gaarayaa heer uu aad u yaraado rabitaankii uu mid waliba u qabay kan kale. Haweeneyda maalintii isxaradhaa kolka ay habeenkii qolka jiifka timaado waxa ay wejiga ka rogtaa wixii ay ku dhoodhoobtay, halkaasina ninkeeda uga caddaataa xaqiiqada wejigeedu, subaxdii kolka uu hurdada ka soo kacana dhibsadaa aragtidiisa.

Inta badan waxaa jirta in muuqaalka wejiga oon waxba lagu xardhini uu ka qurux badan yahay kolka la xardho, hase yeeshee dumarka intooda badani taa kuma qancayaan, waxana maaro looga la'yahay moodada cusub, taasi oo khasab kaga dhigeysa in ay adeegsadaan alaabo ay sameeyeen warshado ka kala socda dalal kala duwan. Waxaa iyana jira rag aanu waxba u ahayn muuqaalka dhabta ah ee wejiga dumarku haddii aan la xardhin, waase laga tira badan yahay sida aan qabo ragga caynkaas ah.

Waxyaabo fara badan baa mararka qaar ka dhaca qolka jiifka, kuwaasi oo in aanay qurux badnayn iskaba daaye ah wax laga dido oo laga yaqyaqsado. Qolka jiifka keliga ahi sida caadiga ah waxa uu ka kooban yahay laba sariirood oo isku dheggan. Sariir isku dhejisku waxa weeye caado duug ah oo markii hore laga bartay dalka Ingriiska, hase yeeshee iminka dunida oo dhami taqaan. Haddaba, maadaama labada isqabaainta ay isdhinac seexdaan hal go' wada huwanayaan, waxa aan shaki ku jirin in neefta ka soo baxda habeenkii dad ruuxa ugu nadaafad badani aanay mar kasta noqon karin mid udgoon.

Waxaa jirtay haweeney u dulqaadaneysay ninkeeda muddo siddeed sano ah isaga oo habeen kasta caado ka dhigtay in uu sariirta isku dheggan ku dul kaadiyo. Ugu dambayntii inta ay u adkeysan weyday oo xarka goosatay bay ka dacwootay, sidaasina looga furay.

Sidoo kale rag badan baa ka ash-asha dhiigga caadada, isna dareensiiya in uu yahay wax laga dido, inkasta oo haweeneydu iyadu ay u aragto wax caadi ah maadaama uu bil kasta ku soo noqnoqdo oo ay sidaasi ula qabsatay. Haweeneyda qabta dhiigga caado, si kasta ooy u daryeesho nadaafaddeeda, ninka dareenka fududi waxa uu ka dareemaa ur, isaga oo raba in xaaskiisu ay mar waliba ahaato mid caadi ah, haddiise ay caadi u noqon weydo oo uu billaaabo ka ash-ashid, waxa ay taasi ku dhalinayaa rabitaan la'aan, gaar ahaan haddii uu yahay nin dhallin yar. Waxaa la wada garanayaa in haweeneydu waxyaabaha ay dhiigga caadada iskaga bi'iso ay ka qariso ninkeeda oo aanay u oggolaan in uu arko iyaga oo meel yaal, amaba meel ku qarsan, sidoo kalena gabal kasta oo maro ah oo uu dhiiggu gaaray.

Ragga iyo dumarka qaar baa ku kaca waxyaabaha dabeeciga ah sida kaadida, saxarada, dhuusada, iwm., ruuxa kale oo maqlaya, iyaga oon ka fekerin raadadka xun xun ee uu ku yeelan karo falkoodaasi nolosha qoyska. Waddanka Ingiriiska waxa aad arkaysaa rag goob la wada buuxo si aan gambasho iyo xishood lahayn dhuuso ugu sii deynaya, waddanka Talyaanigana waxaaba laguugu mahad celinayaa "gradzio". Su'aashuse waxa weeye ragga caynkaasi ahi dumarkoodana maku ag dhuusaan? Dumarka Ingiriiska ama Talyaaniguse miyaanay xil iska saarin arrintaas sidii isaga oo kan dhuusay uu yahay dhallaankeeda yar ee dhabta ay ku hayso?

Qolka jiifka keliga ahi waxa uu dhibaato ku yahay ragga habeenkii ka yimaada shaqada iyaga oo daallan una baahan nasasho iyo hurdo, dabadeedna ay ka toosiso oohinta ilmo la jiifa labadiisa waalid qolka amaba marmar isla sariirta. Kol haddii hooyanimadu ay khasab kaga dhigtay haweeneyda in ay u dulqaadato qaylada habeenkii ee ilmaheeda yar iyo daryeelkiisa intaba, waxa habboon in ninka laga cafiyo culayskaasi iyo in aan laga qasin hurdadiisa, haddii kale subaxdii ayuu toosayaa isaga oon xalayto si wacan u hurdin, kuna billaabaa maalintiisa madax aan degganayn, lagamana gudbi karo dhibaatadaasi ilaa uu keligiis qol kale seexdo. Ninku waa in uu qolka jiifka keliga ah hab maamuus leh ku dhawro, oo haddii ay khasab noqoto in uu ku kaco waxyaabo dabeeci ah, waa in uu inta uu kari karo la fogaadaa, haddii kalese aanu ku dhaqaaqin xaaskiisa oo maqlaya. Haddii ay khasab noqoto in hal qol oo jiif la dego, xalka dhexdhexaadka ahi waxa weeye in la adeegsado laba sariirood oo kala durugsan si ay labada dhinacba raaxadooda u qaataan, gaar ahaan kolka labadooda midkood jirran yahay.

Ilaa iyo hadda waxa aannu ka hadlaynay dhibaatooyinka qolka jiifka keliga ah, hase yeeshee dhanka kale qolkaasi waxa uu leeyahay faa'idooyin aan la dhayalsan karin, oo aannu kaga hadlayno sida soo socota: Kolka habeenkii shaqada laga fara xasho, gurigana laga sanqar dhigo, qolka jiifka keliga ahi waxa weeye goob labada isqabaa ay keligood ku nastaan halka ugu wanaagsan. Waa in gogosha qolka iyo nalalkiisuba ay yihiin kuwo soojiidasho leh, nasiib darrose taas culays la iskama saaro. Dadku kolka ay gurigooda qalabaynayaan waxa ay caadeysteen in ay ahmiyadda ugu weyn siiyaan qolka fadhiga, halka qolka jiifka ay ka dhigaan makhsin ay ku ururiyaan shandadaha, dharka iyo weliba qalab guriyeed kale oo fara badan, kaasi oo dhalan rogaya muuqaalka qolka.

Haddaba, waxaa loo baahan yahay in alaabada qolka jiifku ay tahay mid indhaha u roon, naftana ugu raaxaysa qaabkeeda iyo midabbadeeda intaba, taasi oo damaanad qaadaysa isku xirnaanta ninka iyo gurigiisa iyo in uu waqtigiisa kula qaato xaaskiisa gurigooda, inta uu aadi lahaa baarar iyo naadiyaal fududeeya kala geyntooda.

Qolka jiifka keliga ah faa'idooyinkiisa waxa ka mid ah, isaga oo ah goob ay ku heshiiyaan labada isqabaa. Waxaynu ogsoon nahay in nolol qoys oo kasta aanay ka marnayn khilaafaad dhex mara labada isqaba, khilaafaadkaasi oo marmar dheeraada marmarna waqti yar gudihii soo afjarma, taasi oo ku xiran hadba dabeecadda labada qof. Dadka qaar si dhaqsa ah loolama heshiin karo iyaga oon soo dabcaynin, qaarkoodna lagamaba yaabo in ay iyagu billaabaan in ay qofka kale gacanta heshiis iyo iscafis ugu soo taagaan. Islaanta iyada waxa caado u ah in ay koone guriga ka mid ah isku laabto si ay madax adaygeeda ugu noolaato ilaa uu ciilku ka baaba'ayo taasi oo qaadan karta waqti dheer. Ragga iyo dumarka qaar baa waxa la fiican in ay jilaan doorka kan dulman ee isagu heshiiska diida.

Haddaba, kolka ay jiraan laba qol jiif waxa dhacaysa in mid kasta oo ka mid ah labada isqabaa uu qolkiisa dib ugu gurto, dhawr maalmoodna halkaasi ku bacooloobo, isaga oo isku dhiibaya ciilka iyo cidlada. Waxa intaas dheer aragtida xun ee uu ka qaadanayo kan kale oo maalin kasta sii kordhaysa, taasi oo markaasi sii kordhinaysa karaahida iyo kala didka labadooda. Hase yeeshee qolka jiifka keliga ahi waxa uu labada dhinac khasab kaga dhigayaa in ay dhexdiisa ku kulmaan halkaasi oo doodi ku dhex marto (eedeyn, catabaad, caddeyn, cudur daar, iwm.), halkaasina dhibaatada lagu xalliyo la iskuna qalbi fayoobaado, isnaca iyo kala didkuna dhammaado, iyada oo weliba uu halkaasi ka dhaco kaftan shukaansi ah iyo galmo ku dhammaata in ay wax waliba ku soo laabtaan sidoodii hore.

CUTUBKA
6^{AAD}

CINIINNIMADA NINKA

WAA MAXAY CINIINNIMADU?

Guurku si uu aragga dabool ugu noqdo ibtana gaashaan, waa in labada isqaba mid waliba rabitaankiisa kan kale kaa haqab-beelaa, isna haqabtiraa. Haddiise mid howshiisii gudan waayo (taasi oo ku imaan karta aqoon-darri ama awood-darri amaba iimaan-darri), qoysku waxa uu qarka u saarmayaa in uu burburo.

Ciniinnimadu waxa weeye kolka uu ninku galmada u gudan waayo ciniinnimo uu ku dhashay ama cillado la soo gudboonaaday aawadood, waxanay leedahay saddex weji oo kala ah:
- Wejiga koowaad: Ninka oo geedkiisu nabadqabo oo uu kacayo, galmana ka qaybgeli karayo, hase yeeshee aan xawo lahayn oo si kastoo uu gacaladiisa ugu galmoodo ay gebagebadu halkii raaxo laga dhawrayey rafaad uun sii noqonayso, waana sida ruux gaari afarta marsho u dhammaystiray, hase yeeshee aan garanayn si loo joojiyo oo kolka uu fariinka qabo is yiraahdaba sii sheellareeya.
- Wejiga labaad: Ninka oo xawo leh, hase yeeshee geedkiisu aanu galmo ka qaybgeli karin. Waxa laga yaabaa in aanu kacayn, ama uu damayo inta aanay galmadu billaaban amaba inta lagu guda jiro sidaasina aanu ku dhammaystiri karin, amaba inta uu degdeg xawada iskaga tuuro, dabadeed raaracsamo, taasi oo haweeneyda ku ridda qalbijab iyo xanuun, mar haddii aanay biyihii ku soo joogsaday iska saari karin, maadaama uu ninkii hawsha la waday horteed ka faraxashay oo geedkiisii hurdo bidil la yiri. Kolkay arrintu

noqoto mid joogta ahna waxa ay haweeneyda ku dhalisaa rabitaan la'aan iyo in aanay murugo iyo xanuun mooyee galmada ka qaadin macaantii ay ka sugaysay, sidaasina ay iyada lafteedu ku noqoto Ciniin halkay isaga ka ciniin-bixin lahayd.

• Wejiga saddexaad: Isagii oon xawana lahayn, galmana ka qaybgeli karayn, waana wejiyada ciniinnimada kan ugu daran Eebbe ha'inaga hayee.

MAXAA KEENA CINIINNIMADA?

Waxaa jira dhawr waxyaalood oo loo aaneeyo in ay iyagu sababaan Ciniinnimada ninka iyo carqaladaynta galmada, waana kuwa soo socda:

1. **Niyadda oon joogin:** Ninka oo xilliga galmada niyaddiisu aanay joogin oo meel kale ku maqan, amay murugo iyo cabsiy hayaan sababo galmada ka baxsan awgood, awoodina waaya in uu niyadda hal meel isugu geeyo, sidaasna geedkiisu ku kici waayo, galmadana ku dhammaystiri waayo. Umuurtaasi nafsiyanka ah raadkeeda waxaa la dareemi karaa isla habeenka xaaska loo dhiso (aqalgalka), taasi oo ka dhalata cabsi uu kaqabo ninnimadiisa iyo in uu inta uu xaaskiisa cusub bekra-jebin waayo ama galmada sidii ay ahayd u gudan waayo, dabadeed ay xaaskiisu fikrad xun ka qaadato (aaminto in aanu iyada waxba dhaamin). Haweeneyda lafteeda ooy cabsi iyo wewel badani lasoo dersaan habeenkaasi, sida iyada oo ka baqda bekra-jebinta, waxa ay ninka ku reebi kartaa raad kii hore la mid ah.

2. **Sharciga Xeerka Qoyska:** Sharciga xeerka qoyska oo dalalka Islaamku ay kaga daydeen kuwa reer galbeedka, waxa uu sheegayaa in aanuqoysku dhali karin wax ka badan hal ilaa iyo laba carruur ah. Haddaba, ninka oo qaanuunkaasi u dhega taaga waxaa ka dhasha in kolka uu islaantiisa u tegayo uu si aad ah uga baqo in ay uur qaaddo, sidii iyada oo haddii ay uur qaaddo balaayo ku habsanayso iyaga,

maalkooda iyo caafimaadkooda intaba. Cabsida caynkaas ahi waxa ay saameysaa raaxadii laga dhawrayey galmada, maskaxda oo meel kale ku mashquulsan awgeed.

3. **Xishood:** Ninka oo ka xishooda galmada gaar ahaan kolka guurku ku cusub yahay waxa ay keentaa in uu awoodi waayo in uu xaaskiisa far u dhaqaajiyo amaba galmada dhammaystiri waayo.

4. Turriin dheeraad ah: Ninka oo xaaskiisa si aad ah ugu tura, una sugainta ay iyadu ka biyabaxayso, kolka ay biyabaxdana ay tareenka uga degto, ooy sidaasi xaajadii isaga ugu qalloocato, keligiisna u dhammaystiri waayo galmadii.

5. **Cudur ka Baqid:** Ninka oo ka baqa in uu qaado cudurrada jinsiga ee aynu maalmahaan dambe maqalno, kuna dhaca dadka sinaysta iyo kuwa iyagoo isku cayn ah isu galmooda, hase yeeshee Eebbe cudurrada caynkaas ah wuu ka dhawraa labada qof ee xalaasha isku doortay.

6. **Nadaafad iyo daryeel la'aan:** Haweeneyda oo aan isdaryeelin, jirkeeda daryeelin, nadaafadda daryeelin, ninkeedana kala hortagta qabow jinsiyeed iyo dharkay jikada kula jirtay, tinteeda sidii qof waalan daafiba meel u jeeddo, halkii uu caraf iyo udgoon ka dhawrayey shiir iyo ur iska soo hormarisa, kuna salaanta dacwo, qaylo iyo dood. Arrimahaasi waxa ay midmid ama kolka ay isbiirsadaan keenaan in uu ninku galmada ka soomo.

7. **Shaqo culus oo la qabto:** Ninka oo shaqo dheer oo culus qabta, gurigana ku soo laabta isaga ooba naf ah, raashin iyo jiif wax aan ka ahaynna rabin. Haddii uu haddaba sidaasi galmo ku samee isyiraahdo kolka uu billaabo buu tabar iyo taag u waayaa in uu dhammaystiro, waxana laga yaabaa hawshii oo socota in isaga iyo geedkiisu ay hurdo is barkadaan.

8. **Cillado Nafsiyadeed:** Dadka qaar baa rumaysan khuraafaad iyo waxyaabo qof caqli bartii lihi aanu aqbali karin, sida labada qof midkood oo rumaysan in maalinta Arbacada aan la'isu galmoon kii kaloo 'ilkaha ku sida', ama subaxda xigta habeenka aqalgalka oo ay reerka gabadhu dhawrayaan maro dhiig leh, iyagoo aroor horeinta ay ku soo dheelmadaan qoyska cusub, ka qaadaya maraday huwadeen, kuna waraya

aqalka daaraddiisa, si ay dadka u tusaan in ay inantoodu bekro daahira tahay. Sidaasina waxa uu ninku kaga baqaa in uu xaaskiisa bekra-jebin waayo iyo in uu ku dhaco imtixaanka weyn ee sugaya (berrito laga waayo maradii dhiigga lahayd ee laga dhawrayey), welwel iyo cabsi dartood buuna markaasi galmadii ku dhamaystiri waayaa.

9. **Hordhac la'aan:** Ninka oon wax hordhac iyo istiimin ah galmada u samayn, oo gabadhii oon godlan geedka ku booba, sidaasina laga yaabo in ay kaga hortimaado ama shaqada ula garbin weydo, dabadeedna kolkii uu arko in uu keligiis ceel shubayo ku hungoobo oo qabow jinsiyeed ka qaado.

10. **Galmada oo bargo'da:** Galmadii oo lagu guda jiro haddii ay duruufo gaar ihi yimaadaan sida; albaabka oo la garaaco, labada qof oo mid loo yeero, ilma yaroo ooya, amaba ay ku baraarugaan urta suugo dabka saarrayd oo gubatay. Waxyaabahaasi oo dhami waxa ay firdhiyaan fekerka labada qof, kolkaasi oo inta uu geedka ninku damo xawadiina ku noqoto markaasi laga yaabo in uu dib dambe u kici waayo, hawshii galmaduna sidaasi ku bargo'do.

11. **Waqtiyada Galmada oo la kala fogeeyo:** Labadii galmo ee isku xiga oo maalmo badan amaba bilo loo dhaxaysiiyo, ninkuna sidaasi galmala'aanta ku qabatimo oo aanuba u baahan, haddii uu is yiraahdo galmo sameena uu geedku si fiican u kici waayo biyuhuna degdeg uga baxaan, una maleeyo in uu cudur hayo. Haddiise uu markaasi keddib galmada joogteeyo oo maalin ama laba u dhaxaysiiyo, waxaa u soo noqota awooddiisii caadiga ahayd.

12. **Galmada oo la sameeyo Caloosha oo buuxda:** Waxyaabaha kale ee ciniinnimada keena waxaa ka mid ah ninka oo xaaskiisa u taga calooshiisa oo raashin ka buuxo, xilligaas oo dhiiggu mindhicirrada ku shubmayo si uu uga qaybgalo shiidista cuntada, maskaxda iyo jirka intiisa kalena uu aad ugu yaryahay. Ninka markaasi oo kale waxa ay mashaqo ka qabsataa sidii uu hawsha galmada u gudan lahaa, waxana wanaagsan in uu sugo waqti ku filan si uu dhiiggu ugu soo noqdo xubnaha intoodii kale, geedkuna awood ugu helo kicitaankii loogu baahnaa galmo buuxda. Waxaa la yiri:

"Ninkii cimri dheer doonayaa qadada ha dedejiyo, cashada ha daahiyo, dumarna ha yaraysto, haddii uu dhergan yahayna haba ka dheeraado. Haddaba, waxa habboon in raashin waxtar leh la cuno, hase yeeshee saddex ilaa iyo afar saacadood loo dhaxaysiiyo waqtiga wax la cunayo iyo waqtiga lagu tala jiro in dumarka loo tago.

13. **Qaadashada Daawooyinka:** Ninka oo cuna dawooyinka qaar jirka iyo geedkaba dabciya sida; dawooyinka loo cuno dhiig karka, dawooyinka xanuunka joojiya iyo kuwa la siiyo dadka qaba cudurrada dhimirka.

14. **Hormoonnada Ragannimo oo liita:** Hormoonnada ragannimo ee ninka oo heerkoodu xaddigii looga baahnaa ka hooseeyo, waxaa ka dhasha rabitaankiisa jinsiyeed oo yaraada iyo geedka oo raaracsama, taasoo dhiillo gaarsiisa dhamaystirka galmada ama uu marka horeba billaabisteeda awoodi waayo.

15. **Cudurka Sokorta:** Cudurka Kaadi Macaanku (Sonkortu) waxa uu dhaawacaa qanjirrada maskaxda ee quudiya xubinta taranka, waxana uu keenaa in uu is dhimo istiin qaadashada ninku iyo in geedkiisu u kici waayo sidii la rabay. Waxaa iyana suurtagal ah in cudurku aanu qanjirrada waxyeelleyn, balse qabitaankiisu uu keeno cudur nafsiyadeed, maxaa yeelay waxa uu ninka qabaa isdareensiiyaa in aanu cudurka hayaa dawo lahayn. Sidaasi buu uga qaadaa quus iyo murugo ku keenta rabitaan la'aan jinsiyeed iyo weliba caafimaad darro guud.

16. **Cayilka:** Cayilka faraha badani waxa uu waxyeelleeyaa jirka, gaar ahaan wadnaha iyo xididdada dhiigga qaada, taasi oo markaasi dhibaato u geysata awoodda jirka guud ahaan iyo ta galmada gaar ahaan. Dhakhaatiirtu waxa ay sheegaan in ragga sida xad dhaafka ah u cayilan uu iska dhimo hormoonka labnimada ee lagu magacaabo 'Testoceteron', uuna ku kordho hormoonka dheddignimada oo isna lagu magacaabo 'Astrogen'. Sidoo kale dawooyinka loo adeegsado iscaataayntu iyaga laftooda ayaa keena ciniinnimada, maxaa yeelay dawooyinkaasi ama waxa weeye hormoonno qanjirrada waxyeelleeya, ama waa dawooyin ka hortaga cunto qaadashada amaba waa qaar kaadida badiya. Guud ahaan dawooyinkaasi waxa ay waxyeelleeyaan caafimaadka

iyo awoodda ninka oo ay ku jirto tiisa galmo.

17. **Sigaar cabista:** Sigaar cabista faraha badan iyana waxaa la caddeeyey in ay hoos u dhigto awoodda galmo ee ninka, gaar ahaan kolka uu afartanka ka gudbo, mana laha dawo aan ahayn in uu sigaarka iska daayo.

18. **Cunista Qaadka:** Qaadka oo in mukhaddaraadka lagu daro iyo in laga daayo ay weli dood weyni ka taagan tahay, dad badan oo Soomaaliyihina cunaan, ka sokoow dhibaatooyinkiisa dhaqaale iyo bulshadeed, waxa uu door lixaad leh ka ciyaaraa ciniinnimada ragga. Dhibaatooyinkia cunista Qaadka haddii aynu waxyar ka taabanno waa sidatan:

- Ninku kolku qaadka cuno aad buu galmo niyadda ugu hayaa, hase yeeshee geedkiisu ma yeelanayo awood kicitaan raalligelin karta isaga iyo xaaskiisa midna.

- Ragga qaarbaa kolka ay qaadka cunaan xawada ceshan kari waaya oo kolka ay suuliga galaan ay kaadida raacdaa.

19. **Daawashada Dumarka Ajnabiga ah:** Ninka oon indhihiisa ka dadban dumarka ajnabiga ka ah, amaba daawada aflaamta anshaxa iyo asluubta wax u dhimaa, waxa ay gayeyaa in jirka xaaskiisa uu xiise u qabi waayo, waana taa sirta ku jirta guurka xalaasha ah ee la yiri aragga waa u dabool ibtana waa u gaashaan.

Wax kalaa lagaa caawiyaa, cidi ku siisaaye

Cimrigaa ba' waa qoorohoo, caajis kaa galo'e

HABABKA LOOGA HORTAGO CINIINNIMADA

1. Bisqinta oo la xiiro: Bisqintu (Shuunku) waxa weeye timaha ka soo baxa xubnaha taranka rag iyo dumarba dushooda. Bisqinta oo la xiiraa waxa ay gacan ka geysataa koritaanka xididdada dhiigga qaada xilliga kacsiga. Sidoo kale waxa ay cambarka ka ilaalisaa dhibaatooyinka dibadda kaga yimaada.

2. Timaha Kilkilaha oo la rifo: Kilkiluhu waxa ay soo daayaan ur aan la jecleysan oo ka timaada taranka malaayiin Baktiiriyo ah oo ka dhasha dhididka meeshaa ku uruuraya. Haddaba, timaha oo halkaasi laga guraa waxa ay fududeyaa nadiifinta maqaarka iyo daloollada dhididka.

3. Gudniinka: Gudniinku waxa weeye in la gooyo Qolfada (Beejada) ku dahaaran dhalfada geedka ninka iyo in waxyar laga jaro Kintirka gabadha. Gudniinka faa'idooyiisa waxaa ka mid ah:

   • Waxa uu ka takhallusaa qoyaanka duxda ah ee ay qolfadu soo deyso loona yaqaan (baaro), kaasi oo kolka uu bato qurma ayna ka dhalato ur laga yaqyaqsado.

   • Waxa uu yareeyaa cudurka Kansarka, waxana la caddeeyey in uu cudurkaasi ku badan yahay waddamada aan ragga laga gudin.

   • Gudniinka carruurtu waxa uu yareeyaa kas la'aan isugu kaadinta habeenkii.

   • Gudniinku waxa uu yareeyaa Seegaysiga, maxaa yeelay kurayga qolfada lihi waa uu ku ciyaaraa, tiiyoo keenta in geedkii caroodo oo kacsi cirka iskula shareero, dabadeedna sida uuu maraanmarayo una macaansanayo biyihii ka yimaadaan, sidaasna seegaysiga ku caadeysto.

   • Ragga la guday muddada galmadoodu waa ay ka dheer tahay kuwa la midka ah balse aan la gudin, waana ay kaga fiican yihiin raaxaysiga iyo u raaxaynta dumarkooda.

   • Gabadha oo sidii aannu soo sheegnay loo gudaa, waxa ay ka dejisaa kacsiga faraha badan, kuna dhalisidaasdhawrsanaan iyo in ay ninkeeda ku koobnaato, isaga laftiisana aanay dusha ka saarin wax aan tabartiis ahayn.

4. Darab dhaqashada: Waxa loola jeedaa nadiifinta xubinta taranka iyo dabada keddib kolka uu qofku saxaroodo ama kaadiyo, waana umuur waajib ku ah qof kasta oo Muslin ah. Darab dhaqashada waxaa lagu bi'iyaa wasakhda qofka

ka timaada, urta xun eey la timaado iyo weliba malaayiinta cudur-side ee isugu soo baxa kuna urura goobahaasi. Waxa kale oo ay yareysaa faafidda dullinka iyo cudurrada.

5. Qubayska: Qubaysku waxa weeye waajib mar kasta ooy galmo dhacdo. Galmada qubayska waajibisaa khasab ma aha in ay noqoto mid dhammaystiran, oo mar haddii inta gudan ee geedka ninku (dhalfadu) ay gasho gudaha cambarka, ha biyabaxo ama yaanu biyabixine, qubays baa isaga iyo xaaskiisa labadaba ku waajibay.

QAABKA QUBAYSKA WAAJIBKA AH

• Niyayso in aad qubays waajib ah qubaysanaysid.

• Dhaq xubnaha taranka, dabadeedna gacmaha iska dhaq.

• U weyseyso sidii aad salaadda ugu weyseysan jirtay, lugahase katag.

• Qubayskii billow adiga oo madaxa iyo garka biyaha dhex gelinaya.

• Si fiican biyaha madaxa ugu shub ilaa ay ka hooraan.

• Jirka ka dhaq dhanka midig.

• Dhaq dhanka bidix.

• Haddaad tahay qof cayilan, biyaha gaarsii meelaha jirku ka laablaabmo ee ay dhici karto in aanay keligood gaari karayn.

• Dabeeto lugaha iyo cagaha iska dhaq

• Waad dhammaysay, hase yeeshee biyaha dhabiil oo haku dhayalin.

DOORKA DARMAANTA

Ciniinnimada ninka haysaa haddii aanay ahayn mid cusbitaal iyo qalliin u baahan, balse tahay mid nafsiyadeed oo waqti ku xiran, u heli meyno ninkaasi dhakhtar kaga wanaagsan darmaan uu jecel yahay iyana jecel oo ku daweysa istiimin iyo dhiirri gelin.

Haweeneydu kolka ay aragto in ninkeeda degganaan la'aani hayso, waa in ay isweydiisaa haddii ay iyadu sabab u tahay iyo inkale, waana in ay tamar iyo taag waxa ay leedahay isugu geysaa sidii ay gacalkeeda u badbaadin lahayd. Waa in ay raaxadeeda qayb ka mid ah u hurtaa sidii ay wax waliba dabeecigoodii ugu soo laaban lahaayeen. Waa in ay dib ugu hurisaa qalbigiisa dab jacayl isaga oon dareemin, tiiyoointa ay mar waliba miraayadda hor tagto oo hadba meel iska jebiso dhar cusubna qaadato, beddesha habkii ay u shanleysan jirtay iyo barafuunnadii ay isticmaali jirtay. Waa in ay ku dadaashaa cuntada ay siiso, iyada oo wax waliba ka hor marinaysa cuntooyinka rabitaankiisa kiciya sida; kalluunka, hilibka, beerka, ukunta, cabitaannada la miiro, iwm.

Sidoo kale waa in ay guriga quruxdiisa ku dadaashaa, kolka ay ninkeeda la joogtana si waayo aragnimo ah isugu dartaa erayo jacayl, xodxodasho iyo kaftan. Haweeneyda uu ninkeedu ciniin noqdo waxaa lagama maarmaan ah in ay waqtiga galmada u dhaqanto si xilkasnimo ku jirto, sababta oo ah ninka caynkaas ah oo ka dareema xaaskiisa degganaan la'aan waxaa u kordha dhaawac iyo quus dheeraad ah. Waa in ay ismoogeysiiaa ciniinnimada ninkeeda, kaftan iyo fara-ciyaarna ugu dhaqaaqdaa. Kolka uu arko xaaskiisa isku darsatay qurux, soo-jiidasho iyo furfurnaan, waxaa sare u kaca rabitaankiisa jinsi.

Waxa la'isku raacay in dumarka waqtiga galmada reema, erayada ay dheguhu ku raaxaystaanna ku aadaaraa ay toosiyaan dareenka ragga kuwa ugu ciniinsan. Waxa la yiri nin baa mid kale weydiiyey: "Dumarkiinna ka warran". Markaas buu ugu jawaabay: "Waxay ku daran yihiin dhunkashada, dhuuqmada iyo lugo dhinac ka marinta". Markaas buu kii su'aasha keenay intu yiri: "Kol haddii aanay inta aad sheegtay qaylo dhaan ku derayn aniga way iga dhinteen" halkii uga dhaqaaqay.

Waxaa la yiri: (Nin baa u yimid Cali bin Abii-Dhaalib (RC), kuna yiri: "Amiirul-Mu'miniinow waxa aan qabaa naag markaan u tegayo tiraahda: (Waad idishay..waad idishay!). Markaas buu

Cali (RC) ku yiri: "Dil anigaa diyadeeda bixinayee").

Haddaba, haweeneyda, ha qabo nin ciniin ah ama mid calaacul sitaaye, waxaa laga doonayaa in ay ninkeeda dareensiido in uu khatar yahay oon ragannimo u laabnayn, geedkiisana xumaan iska daaye aanay isagaba xamili karin, xitaa haddii aanay ayadu xaajo ka lahayn.

TALOOYIN LA SIINAYO NINKA CINIINKA AH

1. Beddel qaababka iyo xilliyada galmada.
2. Ahmiyad iyo feker badan ha siin galmada, hana u aabayeelin kutiri-kuteenka dadku isla dhex marayo.
3. Haasaawaha iyo hadalka macaani waa lama huraan inta aanay hawsha galmadu billaaban, iskana jir in aad xaaskaaga kufsato.
4. Waxaa laga yaabaa in ay ciniinnimadu kugu soo gaadhay dhaxal, ayna habboon tahay in aad baaritaan caafimaad samaysid.
5. Utag xaaskaaga xilli jirkaaga iyo maskaxdaaduba ay deggan yihiin oo aanad dareemeynin wax welwel iyo degganaan la'aan ah toona.
6. Iska ilaali seegada iyo galmada xaaraanta ah.
7. Aragga indhahaaga cesho cibaadada Eebbena badso.

DAAWEYNTA DABIICIGA AH EE CINIINNIMADA

Borotiinnada laga helo cuntooyinka ay ka midka yihiin Hilibka cad sida Kalluunka iyo Digaagga iyo Caanaha iyo Farmaajada cadi waxa ay sameeyaan hormoonno kordhiya rabitaanka ragga.

Fitamiin A waxa uu ka mid yahay waxyaabaha aan looga maarmin tamarsiinta habdhiska taranka ninka, isaga oo awood siiya qanjirka Borostaatka iyo Qooraha, kana qaybgala cusbooneysiinta unugyada dhinta iyo dardargelinta kuwa tabarta daran. Fitamiin A waxa uu ka buuxaa Karootada iyo khudaarta iyo furutada fareeshka ah inteeda badan.

Fitamiin B1 isagu waxa uu gacan ka geeystaa xoojinta qanjirrada taranka iyo firfircooneynta insiimada qabta shaqooyinka bayolojiyeed ee jirka. Ninka uu fitamiinkaasi ku yaryahay waxaa ku dhaca tabar-darri, rabitaan la'aan iyo geedka oo ka raaracsama hawshii galmadana si wanaagsan u gudan waaya.

Fitamiin D waxaa loogu yeeraa (Fitamiinka Jinsiga), maxaa yeelay waxa uu ka mid yahay waxyaabaha ugu waxtarka badan ee lagu daweeyo madhalaysnimada. Waxa uu door weyn ka ciyaaraa daryeelka tubbooyinka xawada ee ku jira xiniinyaha ragga, yaraantiisuna waxa ay ka mid tahay waxyaabaha ugu badan ee ragga madhalaysnimada ku dhaliya. Fitamiinka waxa laga helaa khudaarta caleenleyda ah iyo Firileyda sida Qamadiga.

Cuntooyinka la caddeeyey waxtarkooda waxa ugu horreeya kuwa caloosha dhaqso ugu shiidma, jirkana degdeg uga baxa:

- **Kalluunka iyo Aragoostada:** Waxay ka mid yihiin waxyaabaha Borotiinnada iyo Fitamiinnada laga helo kuwa ugu wanaagsan.
- **Hilibka Digaagga iyo Ukunta:** Degdeg bay xiidmaha ugu shiidmaan, xawadana waa ay kordhiyaan.
- **Shimbiraha:** Sida Booloboolada, Dagiiranka, Qoolleyda, iwm., hilibkoodu waxa uu faa'ido gaar ah u leeyahay bekra-jebinta, waxana arrintaasi bariga dhexe laga ogaaday kumanaan sano ka hor. Masaaridu ilaa iyo maantadaan la joogo qoyska cusub hilibka Shimbiraha uun bay u qooshaan habeenka aqalgalka.
- **Xummuska:** Xumuska keligiis ama isaga oo malab lagu iidaamay. Caalimkii la oran jiray Ibnu Siinaa waxa uu qoray in Xummusku kordhiyo ragannimada iyo rabitaanka jinsiga, sidaas daraadeed waxa calaf looga dhigi jiray Faraska labka ah iyo Ratiga kolka la rabo in ay dheddigooda abaahiyaan.
- **Basasha:** Basashu Geedka way kicisaa, xawadana kordhisaa.
- **Baqdooniska (Parsley):** Waxaaba loo yaqaan Fitamiinka ubad dhalista.

- **Timirta:** Timirta waxaa ku jira Fitamiin D ka hortaga madhalaysnimada, waxanay culimada qaar u yaqaannaan (Fitamiinka Taranka).

- **Jarjiirka (Rocket):** Waxa uu kordhiyaa samayska xawada iyo awoodda jinsiyeed ee ragga.

- **Karootada:** Waxay gacan ka geysataa daweynta tabardarrida guud ee jirka oo ay ku jirto ta jinsigu.

- **Karafiska (Gelery):** Waa firfircooneeye jinsiyeed fariid ah, waxana loo adeegsadaa ansalaato ahaan.

- **Xabbat Sowdada:** Xawada ayay kordhisaa.

- **Heylka:** Heylka shaaha lagu darsadaa, waxa uu firfircooneeyaa wareegga dhiigga iyo rabitaanka jinsi ee qofka.

- **Sacfaraanka:** Ubaxa Sacfaraanka waxaa ku jira maaddooyin kordhiya awoodda jinsiga.

- **Lowska:** Lowska (Fuul Suudaaniga) isaga waxa aan lagula tartameyn kordhinta tirada iyo tayada xawada, iyadoy weliba intaas u dheer tahay kacsiga ninka iyo culayskiisa oo uu kordhiyo.

- **Sanjabiilka:** Sanjabiilku caarkana wuu adkeeyaa calooshana jilciyaa, waxana uu si gaar ah u cajabiyaa ragga cimrigoodu hore u batay.

- **Cabitaannada:** Cabitaannada qaar baa jira kordhiya xawada, mar walba oo uu ninku cabana kacsi la miyir beelo, waxana ugu horreeya Qorfaha iyo Xulbada.

ROSHEETOOYIN LAGU TALINAYO

- Soo qaado koob Malab ah iyo koob barkiis Basal la ridqay ah, oo isku kari ilaa iyo urta basashu ka ba'ayso. Keddib hal macalgo ka qaado raashin kasta dabadiis, adigaa wax dareemi doonee.

- Macalgo Xabbat sowdo shiidan ah inta aad ku jebiso toddoba xabbo oo 'Ukun guri' ah, maalin dhaaf u qaado muddo bil ah, waxa aad kala kulantana ha iga qarsan.

* Saddex gabal oo Toon ah dalaq sii raashin kasta dabadii.

* Saddex macalgo oo Saliid Xabbat sowdo saafi ah, ku jebi toddoba xabbo oo Ukun ah, kuna dar saddex macalgo oo Malab ah, waxaas oo dhanna makiinad iskula shiid, raashinka dabadiina qaado.

* Macalgo Malab ah ku dar laba garaam oo Sanjabiil ah iyo laba garaam oo Qarfo la shiiday ah, aroor kastana cun inta aadan wax kale carrabkaaga saarin.

* Caanaha Lo'da oo saafi ah ku dar laba macalgo oo Sanjabiil shiidan ah, xoogaana dabka isla saar. Hal bakeeri oo weyn ka cab habeenkii hal saac ka hor xilliga galmada. Kolkaad Sanjabiilkaa cabtana iska ilaali in aad wax cunto ah ka daba geysid ilaa ay galmadu ka soo gebagebowdo.

* Soo qaado shamaca Malabka (25g), Miski (5g), Cambarka Nibiriga oo dabiici ah (10g), Saliidda Xabbat sowdada (25g) iyo Sokor (5g). Intaasd isku wada qastid ku karkari dab deggan ilaa iyointa ay si wanaagsan isu dhex dabaalanayaan, midabkooduna ka noqonayo madow xigeen, dareerihiina isu beddelayo cajiin xigeen. Dabeeto inta aad dhalo yar ku shubatid, dhig meel aanay carruurtu ka gaari karin. Galab iyo subax ka qaado qaddar aad u yar oo le'eg madaxa kabriidka kuna cab shaah, saddex beri keddibna ii war keen.

* Iniinyaha Karafiska (Gelery), Jarjiirka (Rocket), Fijilka (Radish), Karootada (Carrot), Sanjabiilka iyo Xabbat sowdada, inta aad mid waliba (25g) ka soo qaadatid, si wanaagsan u shiid kuna cajiin hal kiilogaraam oo Malab saafi ah, dabadeedna macalgo yar raashinka dabadii ka qaado, adigoo weliba badsanaya cabista Canabka iyo Karootada la miiray iyo cunista Ukunta guryaha. Kolkaad intaas dhammaysana Eebbe idankii amankaag baad arki.

* Soo qaado Ukunta guryaha oo inta aad meel yar ka daloolisid ka daadi xabka cad, daloolkana uga dar Malab. Intaas keddib cajiin bur uga dabool daloolkii yaraa oo foornada xoogaa ku shiil ama weel biyo ku jiraan inta aad dhex dhigtid dabka la saar. Dabeeto inta aad ukunta soo saartid, waxa ku jira ka cab iyagoo kulul, bil walbana hal

usbuuc sidaas yeel, dawo kuuma dhinnee.

* Soo qaado dhawr xabboo Ukun ah, inta aad caddaanka ka daadisid, shaharka subag ku shiil, dabadeed inta aad Malab dhex dhigtid ku cun Muufo laga dubay bur aan la xashirin. Haddaad subaxdii quraac ka dhigatid ama habeenkii cuntid saacado ka hor xilliga galmada, ogow dawo kuuma dhinnee.

FIIROOYIN GAAR AH

* Intaasd cabi lahayd biyo caadi ah, waxaa lagugula talinayaa cabista biyaha Macdanta ah (Mineral water), hana ahaato cuntada keddib, maxaa yeelay cuntada oo biyaha lagu dhex cabaa dheefshiidka ayay carqaladeysaa.
* Cuntadii horoon shiidmin mid kale ha ka daba geyn, aadna ha u dhergin.
* Adigooy calooshaadu buuxdo isboorti ha ciyaarin, kolkaad ciyaarta bogatase waxa aad doonto cun.
* Ha illaawin iscarfinta iyo naf ka farxinta.
* Ha illaawin akhrinta buugagta ka hadla la dhaqanka dumarka, dhegeysiga sheekooyinka ay naftu ku raaxaysato rabitaankana kiciya.
* Ha illaawin daawashada quruxda darmaantaada kolka ay guriga kolba daaf mushaaxayso, digsi iyo dambiilna hadba dhinac kuula dhaafayso, jirkeedana isu dareensii una sawiro qaybqayb iyo xubinxubin.
* Dumarka aan kuu bannaanayn indhahaaga ka daboolo, Dikriga Alle iyo Cibaadadana badso (Salaadda, Soonka iyo Qur'aan akhriska

CUTUBKA 7^{AAD}

UURAYSIGA IYO MADHALAYSNIMADA

MACLUUMAAD GUUD

Mowduuca uuraysiga iyo madhalaysnimadu waa mowduuc aannu is leennahay aad iyo aad buu ahmiyad ugu leeyahay cid kasta oo Soomaali ah oo doonaysa in ay guri degto ubadna daadihiso, maxaa yeelay waxaa ku jira macluumaad haddii uu qofku fahmo uu kaga maarmi karo dhakhtar raadin iyo dhibaatooyinka dhaqaale ee daba jiitamaya, kol haddii ay ummaddu isaga badan tahay taagooley aan xitaa bixin karin kharashka wiisitada inta aanan dawaba laysla gaarin. Haddaba, annaga oo mowduuca dib ka quusi doonna, bal marka hore aan ku billowno macluumaad guud oo ku saabsan jinsiga.

XAWADA

Xawadu (Manidu) waa walax duuf ah oo uu ninku ku tuuro ilma-galeenka xaaskiisa kolka uu gaaro heer biyabax. Xawadu kolka ay soo baxayso waxa ay leedahay midab jaalle xigeen ah oo u eg casaanka ukunta, hase yeeshee waxa ay dareere dhegdheg ah isu beddeshaa kolka ay hawadu ku dhacdo. Waxa kale oo ay leedahay ur gaar ah oo uu sababo dheecaanka borostaatku.

Xawadu waxa ay si joogta ah ugu samaysantaa labada xiniinyood laga billaabo xilliga qaan-gaarnimada (13-15 jir), waxanay ka samaysan tahay madax ay ku jiraan Hiddo-sideyaal (Genes), iyo dib u fududeeya in ay dhaqdhaqaaqdo. Xawadu waxa ay ku noolaan kartaa gudaha habdhiska taranka naagta muddo afar maalmood ah.

Halkii tuurmo oo xawa ahi waxa ay u dhigantaa 3-6cm oo saddex jibbaaran ama 220-300 milyan oo unugyo jinsiyeed (Sperms). Xawadu inta aanay ka bixin jirka waxa ay soo martaa masaafo aad u fog oo ku dhow laba mitir oo dherer ah. Kolka istiinku uu gaaro heerka ugu sarreeya, geedka ninku waxa uu tuuraa shan ilaa siddeed tuurmo oo xawo ah isaga oo sidaasi kaga takhallusaya wax kasta oo ku jira.

CAADADA

Qanjirrada taranka ee ninku waxa ay maalin kasta si aan kala go' lahayn u soo daayaan malaayiin unugyo jinsiyeed ah, hase yeeshee jirka haweeneydu taa waa uu ka duwan yahay. Haweeneyda qaan-gaarka ahi waxa ay leedahay keyd dhan dhawr kun oo ugxan aan bislayn, ahna kii ay weligeed isticmaali lahayd. Haddaba, 26-28 maalmood oo kasta waxa ay haweeneydu soo deyaa hal ugxan oo bislaata bartamaha wareeg caado oo kasta, gaar ahaan maalinta 15aad marka dib loo soo tiriyo caadada xigta. Ugxantu iyada oo bisil ayay ka soo baxdaa ugxan-sidaha, diyaarna ku noqotaa luqunta ilma-galeenka (Cervix of Uterus), haddii aan muddo go'an gudeheed lagu faxlinna jirku waxa uu iska soo qashin saarayaa ugaxntii oo xoogaa dhiig ahi uu la socdo, hawshaasi oo loo yaqaan (Caado).

Caadadu waxa ay ka kooban tahay afar marxaladood oo marxalad waliba ay hal usbuuc qaadanayso:

• Usbuuca koowaad ee ka dambeeya joogsiga dhiigga caadada, mid ka mid ah labada ugxan side ayaa soo daaya hal ugxan.

• Usbuuca labaad ugxantu waxa ay ka soo baxdaa ugxan sidaha. Inta badan haweenku ma dareemaan ka soo baxaasi, hase yeeshee qaar tiro yar baa xanuun aan sidaas usii badnayn dareema.

- Usbuuca saddexaad ugxantu waxa ay soo martaa makaroofanka.

- Usbuuca afaraad haddii aan ugxantaasi la faxlin waa ay dhimataa, isla markaasi gidaarka ilma-galeenku waxa uu soo tufaa dhiig iyo dareere kale oo ku dheehan ugxantii dhimatay, gebi ahaantoodna waxa ay ka soo baxaan afka cambarka waxana markaasi loogu yeeraa (dhiig caado).

Dumarka boqolkiiba konton (50%) dhiiggooda caadadu waxa uu u dhexeyaa 25--75 garaam.

Haweeneyda caadada qabta waxa la gudboon in ay ku dadaasho nadaafadda iyo isku bed-beddelashada dharka, mar kastana isticmaasho boolbire. Waa in aanay sariirta isku tuurin kolka ay caadadu ku dhacdo, balse ay isdaryeeshaa gaar ahaan labada maalmood ee ugu horreeya.

waxa aannu soo sheegnay in 26-28kii maalmoodba mar caadadu timaado, waxase jirta in mararka qaar isbeddel yari ku yimaado muddadaasi oo ama ay 26 ka yaraato ama 28maalmood ka badato, haddiise isbeddelkaasi uu usbuuc ka bato, waxa ay taasi ku tusayaa in uu jiro cudur dhakhtar u baahani. Dhiigga caadadu waxa uu socdaa maalin ilaa toddoba maalmood, haddiise muddadaasi ay ka yaraato maalin ama ka badato usbuuc waxa uu noqonayaa mid aan caadi ahayn oo dhakhtar u baahan. Waxyaabaha gooya ama dib u dhiga dhiigga caadada waxa ka mid ah: Isbeddelka jawiga, ka guurista xeebta oo loo guuro magaalada bartamaheeda ama lidkeed, ka guurista ban ilaa buur ama tuulo ilaa magaalo, beddelista waqtiyada cuntada, ku qubaysashada biyo qabow, ciyaarista isboortiga, xanaaqa faraha badan, cabsida iwm. Waxa weliba intaas dheer in inantu kolka ay qaangaarayso ayaamaha dhiiggeeda caadadu aysan habeysnayn.

Dhiigga caadada soo dhowaanshihiisa dumarka qaar baa ku garta calaamado ay ka mid yihiin: Calool xanuun, daal, indhaha dushooda oo culays ka fuulo, shuban, madax xanuun, tamar darri iyo suuxdin, iwm., haddiise ay gabadhu dareento xanuun aan loo adkeysan karin waxa markaasi habboon in ay dhakhtar la tashato.

Xanuunka ka yimaada caadada waxyaabaha ka hortaga waxa ka mid ah barbaarinta wanaagsan. Waxa nalooga baahan yahay haddii aynu nahay waalidiinta carruurta koriya in aynu u sharraxno hablaha inta ay yaryar yihiin wax kasta oo ay la kulmi doonaan mustaqbalka, si aanay kedis ugu noqon oo aanay uga welwelin caadadaasi iyo dhiigga la socda. Kolka aannu inanta kala hadlayno caadada ku dhacday markii ugu horreeysay, waa in aynu ku waaninnaa waanadan oo kale: (Caadadu ma aha cudur ama ceeb, balse waxa ay ku tusaysaa in aad qaan-gaartay. Hadda laga billaabo waxa aad gudahaaga ku qaadi doontaa bu'dii uu ka uunmi lahaa uurjiifku. Waxaad ogaataa in aad weynaatay oo aad mar dhow noqon doonto haweeney, kolka aad si wanaagsan u kortana aad carruur dhali doonto. Haddaba, farax oo ducayso markasta oo ay caadadu kaa timaado, hana u aabayeelin xanuunnada yaryar ee ay keento. Dhiigga aad arkaysaa ma aha wasakh sida ay ku doodaan kuwa jaahiliinta ahi, balse waxa weeye mid caafimaad, waana hoore cunto u noqon doona carruurtaada berrito. Haddaba, ka soo qaad iyada oo ay caadadu kuu tahay ballanqaad laguu ballan qaadayo farxad soo socota taasi oo ah hooyanimo).

Inantu waxa ay marka ugu horreeysa caada keentaa kolka ay 11-12 jirsato, waxase laga yaabaa in ay da'daasi dib uga dhacdo taasi oo ku xiran jawiga ay ku kortay, cuntada ay cunto, iwm., hase yeeshee haddii ay 18 jir dhaafto iyada oo aanay weli caado ka imaan waxa markaasi habboon in ay dhakhtar u tagto.

DHAXLIDDA ASTAAMAHA

Qof kasta oo bani'aadmi ahi waxa uu ka unkamaa hal unug oo lagu magacaabo (Bu'da bacrimane), taasi oo ka dhalata kolka ay is galaan iskuna baaba'aan xawada ninka iyo ugxanta naagtu. Unuggaasi waa uu qaybsamaa isaga oo u kala jeebmaya laba unug oo isla eg, dabadeed afar, dabadeed siddeed unug...ilaa uu ka samaysmo qof bani'aadmi ah oo ka kooban kumanaan unugyo ah.

Bu'da unugga ayaa ah halka uu qaybsanku ka dhaco. Bu'da waxa ku dhex jira koox miiqyo ah oo isku dhex miliqsan looguna yeero

Koromosomyo (Chromosomes). Unugga jirka bani'aadmigu waxa uu ka koobanyahay 46 koromosomyo oo lambar labaysan (laba saf oo kiiba 23 koromosom ka kooban yahay).

Koromosomyada waxaa ku dul tixan Hiddo-sideyaal (Genes) ah kuwa iyagu xaddida astaamaha ruux kasta oo inaga mid ah u gaar ah ee lagu garto. Astaamaha sida; dhererka, midabka dubka, midabka indhaha, iwm., waxa xukuma laba qindi hidddo-side ama isku jaad ah ama isku liddi ah, kagana raran labada koromosom ee lambarka labeysan laba meelood oo iska soo horjeedda. Labadii qindi hiddo-side ee isku jaad ahi, astaan mideysan ayay toos ugu gudbiyaan tafiirta. Labadii qindi hiddo-side ee isku liddi ahi waxa ay kala xukumaan laba astaan oo isku liddi ah, mid uun baana tafiirta u gudubta (shiiqiye) iyada oo tan kale la qariyo (shiiqsane).

Haddii aynu maykariskoob ku eegno waxa aynu arkaynaa in qindi kasta oo koromosomyo ahi isaga mid yihiin xagga qiyaasta dhererka iyo muuqaalka, marka laga reebo qindiga saddex iyo labaatanaad oo isaga koromosomyadiisu ay ku kala geddisan yihiin xag muuqaal iyo xag dherer intaba. Labadaa koromosoom ee dambe mid baa dheer, dhumucda madaxiisuna weyn tahay, waxana loo yaqaan X, midna waa uu gaaban yahay, dhumucda madaxiisuna yartahay, waxana loo bixiyay Y. 44ka koromosom ee qindi-qindiga isugu jaadka ah waxa loogu yeeraa koromosomyo jireed, halka labada koromosomyo jireed, halka labada koromasoom ee X iyo Y looga magacaabo koromosomo jinsiyeed.

Xawada ninka iyo ugxanta naagta midkiiba waxa uu ka kooban yahay unug koromosomyo jireed (46 koromosom oo lambar labaysan) barkii (23 koromosom oo lambar baran ah), waxana lagu magacaabaa unug koromosomo jinsiyeed. ay midoobaan xawada iyo ugxantu iskuna baaba'aan, waxa ay yeeshaan tira buuxda oo koromosomyo ah (46 koromosom oo lambar labaysan ah). Haddaba, 46ka koromosom ee unug jireedyadu ay sidaan, 23 koromosom ka mid ahi waxa ay ka yimaadaan xawada aabbaha, 23ka kalena ugxanta hooyada. Sidaas darteed, astaamaha qofka lagu suuraadiyo bar waxa uu ka helaa aabbihiis, barka kalena hooyadiis.

Kolka ugxan iyo xawo isu yimaadaan oo is galaan ayay abuuraan Bacrimane (Zygote) oo ah uur bilawgii. Naagta unug jinsiyeedkeedu waxa uu ka kooban yahay 22 koromosom + hal koromosom oo dheer, waxana loo soo gaabiyaa (22+X.). Ninku waxa uu leeyahay isagu laba nooc oo xawo ah:

- Nooc ka kooban 22 koromosom + hal koromosom oo dheer (22+X) loona yaqaan (xawo X).
- Nooc ka kooban 22 koromosom + hal koromosom oo gaaban (22+Y) loona yaqaan (xawo Y).
- Labada nooc xawo ee aynu soo sheegnay waxaa ka imaan kara laba nooc oo bacrimin ah:
- Xawada (22+X) oo la kulanta ugxanta (22+X) gabarina ka dhalato (44+XX).
- Xawada (22+waxa uu) oo la kulanta ugxanta (22+X) uuna wiil ka dhasho (44+XY).

Sidaasi buu nooca ubadku ugu xaddidmaa daqiiqadda ay dhacayso bacrimintu. Sidaas darteed,, cilmi ahaan cidda ka mas'uulka ah nooca ubad ee dhalanayaa waa ninka iyo xawadiisa, oo haddii ay xawadu tahay X waxa ka dhalanaysa gabar, haddiise ay tahay waxa uu waxaa ka dhalanaya wiil. Haddaba, waxa aynu halkaasi ka garan karnaa in haweeneyda iyo ugxanteedu aanay wax door ah ku lahayn xaddidaadda nooca ubad ee dhalan doona, waana macluumo loo baahan yahay in ay ogaadaan ragga ku eedeeya mararka qaarna kuba fura haweenkooda gabdho ay dhaleen aawadood. Tan kale, miyaanay ragga caynkaas ahi akhrin Aayadahaan: (Eebbe isagaa iska leh xukunka samooyinka iyo dhulka, waxa uu abuuraa waxa uu doono, cidduu doono waxa uu siiyaa gabdho, cidduu doonana wiilal. Amaba waxa uu isugu daraa wiilal iyo gabdho, cidduu doonana waxa uu ka dhigaa madhalays, isagaa wax og, awoodi karana) (Ash-Shuuraa: 49-50).

BACRIMINTA

Halkii jeer ee ay galmo dhacdo, waxaa gudaha cambarka gala qiyaastii 300 milyan oo xawo ah, hase yeeshee dhawr boqol oo qura ayaa gaara ugxanta. Xawadu inta aanay ugxanta gaarin waa in ay cambarka ka gudubtaa. Cambarka gudihiisa waxa ku badan Asiidha, xawaduna waxa ay u baahan tahay jawi Alkali ah, Asiidhuna ku yartahay.Waxaa markaas lama huraan ah in ay xawo aad u fara badani halkaasi ku xasuuqmayso. Xawadiiinta ay ka badbaaddo xasuuqaasi, dareeraha duufka ah haleesha ayuun baana gaaraysa ugxanta oo bacriminaysa.

XAWADA WIILKA IYO TAN GABADHA

Waxaynu hore u soo sheegnay in xawada Y ay tahay ta uu wiilku ka dhasho, halka X ay tahay ta ay gabadhu ka dhalato. Waxase jira waxyaabo kale oo ay ku kala duwan yihiin labadaasi nooc ee xawo:

- Xawada X way ka madax ballaaran tahay xawada Y.
- Tirada xawada Y way ka badan tahay tirada xawada X.
- Xawada Y waa ay ka firfircoon tahay ta X, hase yeeshee waa ay ka keyd yartahay, sidaas daraaddeedna ka hor dhiman ogtahay.
- Xawada X way kaga adkeysi badan tahay ta Y Asiidhka cambarka.

UURAYSIGA

Xawadu kolka lagu tuuro cambarka, waxa ay isugu tagtaa guntiisa meel u dhow luqunta (curvex) oo isagu soo daaya dareere xawada ugu dul meeraysta sida ay shinnidu buulkeeda ugu dul meeraysato, dabadeedna u kaxaysta dhanka afka ilma-galeenka. Masaafada u dhaxaysa halka ay ugxantu taallo iyo afka ilma-galeenku waxa ay dhantahay 150 cm., muddada ay xawadu u socoto halkaasina waxa ay u dhigantaa muddada uu nin lugaynayaa ku jari karo

masaafo 8 km ah. Waddadaasi u dhaxaysa ugxanta iyo afka ilma-
galeenku waa mid jiirooyin badan, waxana ku yaal qanjirro iyo
maqaarro badan oo laalaaban, kuwaasi oo wiiqa socodka xawada
oo isaga lagu qiyaasay 0.333 mm/sec.

Xawadu waxa ay u baahan tahay muddo 5 - 7 saacadood ah si
ay u jarto masaafada u dhexeysa cambarka iyo makaroofanka
(fimbriae), halkaasi oo ay ugxantii ku sugayso. Haddaba, suurtagal
ma aha in uu faxal dhaco waqtigaasi ka hor, welibana mararka
qaar waqtigu intaasi waa uu ka badanayaa, sababta oo ah waxaa
kulmaya ugxantii oo aad u yar iyo xawadii oo aan haysan waddo
toos ah. Xilligaasi xawadu waxa ay u muuqataa sidii ciidanka
gargaarka degdegga oo raadinaya nin ku dhex lumay buuro aan
sahal lagu dhex mari karin.

Maadaama jirka haweeneydu uu diirran yahay, qoyan yahayna,
waxaa suurtagal u noqonaysa xawada in ay ku dhex noolaato
muddo laba ilaa afar maalmood ah iyada oon lumin awooddii
faxlista. Xawadu waxa ay ka tagtaa labada makaroofan gashaana
gudaha caloosha, dabadeedna hareerayaa ugxansidaha, iyada oo
raadinaysa meel ay u marto ama ay suurtagal tahay in ay ugxantu
ka soo baxdo, waxanay saacado badan u sugtaa imaatinka ugxanta
sidii eeyo ugaareed oo hor fadhiya god bakayle.

GOORMA AYAY BACRIMINI DHICI KARTAA?

Si aynu su'aasha ah goorma ayay bacrimini dhici kartaa uga
jawaabno aynu derisno afartaan xaaladood:
* Haddii ay galmadu dhacdo muddada u dhaxaysa maalinta
  ay haweeneydu ka qabaysato dhiigga caadada, ilaa iyo afar
  maalmood ka hor maalinta ay ugxantu diyaarka u tahay in
  la faxlo, xawadii waa ay dhimanayaa inta aanay la kulmin
  ugxantii, maadaama aanay noolaan karin wax ka badan
  afar maalmood, sidaasi darteed bacrimini ma imaan karto.
* Haddii ay galmadu dhacdo afar maalmood ilaa iyo maalin
  ka hor xilliga ugxamaynta, xawada inteeda badani waa

ay dhimataa, qaar baase gabbaadin ka dhigta raacana dareeraha duufka ah, halkaasina ku suga soo bixitaanka ugxanta. Markii muddo la joogaba qaar xawadii ka mid ah ayaa dibadda u soo baxa si ay bal u hubiyaan in ay ugxantii soo baxday iyo in kale, halkaasina ay Asiidhka cambarku qaar kale kaga leysaa. Ugu dambeynta hal xawo ayaa laga yaabaa in ay nasiib u yeelato in ay ugxantii la kulanto, halkaasina ku bacrimiso. Xawada qura ee ay suurtagal tahay in ay wax bacrimiso waa nooca X, maadaama aanay Y muddada intaas la'eg noolaan karin, keyd cunto iyo adkaysi yaraan aawadood.

- Haddii ay galmadu dhacdo maalinta ugxamaynta ilaa iyo 24ka saac ee xiga, ugxanta ayaa ah markaasi tan iyadu sugaysa in ay xawadu u timaado, sidaasina bacrimintii ku dhacdaa. Xawada wax bacrimin karta xilligaasi waa Y, maadaama ay ka firfircoon tahay X, kagana hor marayso ugxantii oo diyaar ah.

- Haddii la isu galmoodo kolka ay 24 saac ka soo wareegto ugxamaynta iyo wixii ka dambeeya, nasiib darro ugxanta oon noolaan karin wax ka badan 24 saac aawadeed, ayayinta ay quusato murugo u dhimataa.

Waxaad halkaasi ka garan kartaa in muddada ah afar maalmood ka hor iyo 24 saac keddib maalinta ugxamayntu ay tahay waqtiga ugu habboon ee bacrimini dhici karto.

Su'aashii aynu mar dhoweyd ka jawaabnay haddii aynu si kale isu weydiinno, qaab kalena uga jawaabno, waxay noqonaysaa sida tan:

GOORMA AYUU UUR IMAAN KARAA?

Baaritaanno ay sameeyeen culimo fara badan oo ku xeel dheer cilmiga caafimaadka gaar ahaan cudurrada dumarku, waxa ay caddeeyeen in ugxantu ay ka tagto ugxansidaha 15 maalmood ka hor caadada xigta, ama haddii aynu si kale u niraahno maalinta 15aad ka hor inta aanu imaan dhiigga soo socdaa. Sidaasi bay haddaba ku xaddidi kartaa islaantu wareegga dhiiggeeda caado, iyada oo taasi ka tixraacaysana ay sii sheegi kartaa goorta ay ugxamayn doonto.

Waxaynu hore u soo sheegnay in ay xawadu jirka haweenta ku jiri karto muddo (48) saacadood. Haddaba, haweeneyda wareeggeeda caado uu yahay 26 maalmood, waxaa la faxli karaa inta u dhexeysa maalinta 9aad ilaa 13aad marka laga soo tiriyo maalintii ay caadadu ku dhacday, iyada oo loo eegayo xisaabtaan:

26 -	26 -
15 =	15 =
11 - maalinta ugxamaynta	11 + maalinta ugxamaynta
02 = muddada nolosha xawada	02 = nolosha ugxanta
9aad ugu-horreysa faxlis	13aad ugu dambeysa

▶ Muddada ay suurtagal tahay in ay faxlisi dhacdo

Waxaa intaas dheer in ay suurtagal tahay in ay ugxantu hor marto ama dib dhacdo laba maalmood, sidaasi bayna dhakhaatiirtu ugu dareen muddadaasi aynu soo sheegnay 2 * 2 = 4 maalmood oo kale oo ka dhigan waqti nabadgelyo.

09 - maalinta sagaalaad	13 + maalinta 13aad
02 = muddo nabadgelyo	02 = muddo nabadgelyo
7aad ugu horreya ee ay	15aad ugu dambaysa ee ay
faxlisi dhici karto	faxlisi dhici karto

▶ Muddada ay suurtagal tahay in ay faxlisi dhacdo

Sidaas bay haweeney kasta oo wareegga caadadeedu uu 26-maalmood yahay ay uur ku qaadi kartaa inta u dhexeysa maalinta 7 - 15aad kolka laga soo tiriyo maalintii ay caadadu ku dhacday. Haweeneyda wareegga caadadeedu 27-maalmood yahay waxa ay uur qaadi kartaa inta u dhexeysa maalmaha 8aad ilaa 16aad. Tan 28- maalmood uu yahayna 9aad ilaa 17aad, tan 29-maalmood yahay 10aad − 18aad, halka tan 30-maalmood uu yahay ay suurtagal tahay in ay uur qaaddo inta u dhexeysa maalinta 11aad iyo maalinta 19aad laga soo billaabo maalintii ay ka timid caadadii ay ka qubaysatay.

Haddaba, maxay samaynayaa haweeneydu si ay u garato maalmaha ay uurka qaadi karto? Jawaabtu waxa weeye:

- Waxay si sax ah oo jadwalaysan muddo dhawr sanadood ah u qorayaa taariikhda ay caadadu ka timaado.
- Iyada oo jadwalkaasi la kaashaneysa waxa ay ogaaneyaa taariikhda caadada soo socota.
- Taariikhdaasi waxa ay ka tuurayaa 15 maalmood, dabadeedna waxaa soo baxaya waqtiga ugxan jiifka.
- Si ay wax farqi ah oo dhici kara uga hor tagto waa in ay ku dartaa waqtigaasi laba maalmood oo ka horreeysa iyo laba ka dambeeysa, sidaasina uu waqtigu ku noqonayo shan maalmood.
- Shantaasi maalmod waxa ay ku darayaa 2 * 2 = 4 maalmood oo kale, iyada oo laba maalmood oo ka mid ah laga soo qaadayo in ay xawadu gaartay ka hor waqtigii la filayey, labada maalmood oo kalena ay noolaan karto keddib waqtigii la filayey in ay noolaato, sidaasi bayna haweeneydu ku uuraabi kartaa oo qura 9 maalmood oo ku jira bartamaha bisha caadada.

KHALKHALKA JADWALKA CAADADA

Waxaa marmar dhacda in ay caadadu ka soo hormarto ama ka dibdhacdo waqtigeedii. Haddaba, waxyaabaha khalkhalka geliya jadwalka caadada waxa ugu horreeya kuwa soo socda:

- Cudur ku dhaca haweeneyda (cudur caadi ah).
- Uurka, dhalmada, dilanka iyo cudurrada haweenka.
- Jawiga oo isbeddela, sida gabadhii ku noolaan jirtay magaalada oo u guurtay tuulo iyo taasi lidkeed.
- Jirka oo daal ba'ani ka hayo, sida kan ka dhasha socdaalka dheer, guuritaanka, ciyaaraha isboortiga, iwm.
- Shaqada oo isbeddesha sida guri joog noqotay teeb garaacdo.
- Welwel, baqdin ama naxdin fara badan sida kuwa ka dhasha geeri ku timaada xubin ehelka ka tirsan ama saaxiib, mehersiga, guurka, iwm.

Waxyaabahaasi aannu soo sheegnay haddii ay ku dhacaan nuska hore ee wareegga caadada, waxa dhacaysa in isbeddel ku yimaado dib u dhiga ama soo hor mariya caadada. Si haddaba looga hor tago khalad kasta oo dhici kara, waa in ay haweeneydu degsataa jadwal tusaya waqtiga ay caada bileed kastaa bilaabato. Iyada oo jadwalkaasi ka tix raacaysa, haddii ay ogaato in wareeggaasi uu habaysan yahay, dusha ayaabay ka qaybi kartaa, waxana markaasi suurtagal noqonaysa in ay awood u yeelato in ay sii sheegto waqtiga ay bil kasta ugxamayn doonto. Waxay markaasi qorayaa waqtiga kuna darayaa afar maalmood oo ka horreeysa iyo afar ka dambeeysa, si ay u hesho (9)ka maalmood oo ay suurtagal tahay in ay uur qaaddo. Kolka ay caadada xigtaa timaadana, waxa ay ka tuurayaa (15) maalmood si ay u hubsato in ay saxsan tahay iyo inkale.

CALAAMADAHA UURKA BILLOWGA AH

Waxaa jira dhawr calaamadood oo lagu garto in ay haweeneydu uur qadday, hase yeeshee calaamadahaasi middoodna keligeed kuma filna in ay tusaale cad u noqoto jiritaanka uurka, waase in la helo iyaga oo isku duuban si loo hubiyo in uur jiro.

1. **Caadada oo istaagta:** Calaamooyinka lagu garto uurka bilawga ah tan ugu caansan, uguna saxsani waxa weeye caadada oo joogsata. Hase yeeshee, haddii ay dhacday faxlistu waxyar ka hor imaatinka dhiigga caadada, waxa suurtagal ah in uu dhiiggaasi caadadu soo laabto bisha dambe, sababta oo ah xawadii u gudubtay ilma-galeenka ayaa dul meeraysanaysa ugxan-sidaha iyada oo sugaysa ugxan soo baxda, taasi oon soo baxaynin ilaa ilma-galeenku dubka rogto xilliga caadada. Haddaba, waxaa laga yaabaa in ay galmadu dhacday ka hor dhiigga caadada, hase yeeshee faxlistu ay dhacday dhiiggaasi keddib. Arrintaas dumarku ma garanayaan mana rumaysna, iyada oo middood kolka dhakhtar ku yiraahdo uur ayaad leedahay, ku qaylisa (suurtagal ma aha, caadaaba iga timid galmadii keddib eh sideen uur ku yeelan karaa?). Waxaa marmar

dhif ah dhacda in dumarka qaar ay dhawr jeer caadadu ka timaado inta ay uurka leeyihiin, hase yeeshee sida caadiga ah caadadu waa ay istaagtaa kolka uurku billowdo. Guud ahaan haweeneyda uu waqtigeeda caadadu u jadwalaysan yahay waxa ay xaq u leedahay in ay isu qaadato qof uur leh kolka uu dhiiggu ka soo daaho waqtigii uu ka imaan jiray.

2. **Matagga subaxdii:** Matagga subaxdii ay haweeneydu matagto waa calaamadda labaad oo lagu garan karo uurka. Uurjiifku waxa uu ka samaysmaa ugxanta hooyada iyo xawada aabbaha. Haddaba, maadaama dhismaha borotiineed ee xawadu uu ka duwan yahay kan jirka haweeneyda, waxa aan shaki ku jirin in ay xawadu ku tahay jirkaasi soo galooti, taasi oo markaasi keenta in haweenka badankoodu ay ku sumoobaan usbuuca ugu horreeya uurka. Jirka haweenku maalintii waa uu u adkaysan karaa sunta soo galootiga ah maadaama kilyaha, sambabada iyo qanjirrada dhididku ay si wanaagsan u shaqaynayaan. Hase yeeshee, kolka habeenkii shaqada xubnahaasi ay yaraato, suntii ayaa ku ururaysa dhiigga, kolka ay haweeneydu subaxdii hurdada ka toostana waxa ay billowdaa shuban iyo matag maadaama ay jirka bani'aadmiga caado u tahay in uu dibadda isaga saaro wixii sun ah ee soo gala. Sidaasi ayuu mataggu subaxdii u yahay wax iska caadi ah, iyada oo looga dan leeyahay in dibadda looga saaro sunta gashay ilma-galeenka. Mataggu waxa uu billowdaa subaxdii isla marka ay haweeneydu hurdada ka toosto iyada oon wax cunin waxna cabin. Waxaa mararka qaar dhacda in uu mataggu hayo maalintii oo dhan muddo dhawr bilood ah, una diido in ay raashin qaadato, kuna dhaliyo caatanimo iyo tamar darri, isaga oo weliba mararka qaar gaarsiiya heer lagala gaaro dhakhtar ilmaha ka soo tuura si uu iyada u badbaadiyo, waase arrin dhif ah.

3. **Ilma-galeenka oo ballaarta:** Mar kasta oo uurjiifku sii weynaadaba ilma-galeenku waa uu sii ballaartaa, dhakhtarkuna qalabkiisa gaarka ah ayuu arrintaasi kula socdaa, hase yeeshee haweeneyda uurka lihi ma dareento

inta uu ilma-galeenkeedu weynaanayo.

4. Ibaha naasaha oo midabbaysta: Ibaha naasuhu bilaha dambe
   ee uurka waxa ay yeeshaan midab aad u madoow. Sidoo kale
   waxaa samaysma khadka dhexe ee isku xira xuddunta iyo
   bisaqleyda, kaasi oo baaba'a kolka ay haweeneydu umusho.

5. Caloosha oo buurata: Dumarka kuwooda khibradda yari
   waxa ay u qaataan in usbuuca horeba caloosha buurani ay
   uur sheegayso, mana garanayaan in aan uurjiifka caloosha
   laga dul garan karin ilaa laga gaaro bisha shanaad, isaga oo
   wixii marxaladdaasi ka horreeya si tartiib-tartiib ah u sii
   weynaanaya ilaa uu soo muuqdo.

6. Dhaqdhaqaaqa uurjiifka: Dareeraha lagu magacaabo
   (Aminotic) ayuu uurjiifku u dhex dabaashaa sidii rah berkad
   biyo ah ku dabaalanaya oo kale, isaga oo weliba sameeya
   dhaqdhaqaaq sida kan raha oo kale ah. Dhaqdhaqaaqaasi
   sida caadiga ah waxa uu billowdaa keddib kolka ay xubnaha
   uurjiifku koraan bartamaha xilliga uurka, kaasi oo ku
   beegan laga billaabo usbuuca 21aad.

7. 7- Wallaca iyo degganaan la'aanta: Waxaan shaki ku jirin
   in isbeddellada ku dhaca dhiiggu ay reebaan degganaan
   la'aan maskaxeed iyo mid nafsiyadeed intaba, arrinkaasi
   oo haweenka intooda badani u fasirtaan in uu yahay uur
   bilawgiis. Waxaa kale oo haweeneyda ku billowda wallac,
   iyada oo ku dhex meeraysata noocyada kala duwan ee cunto.
   Cuntooyinka qaar aad bay u qaadataa gaar ahaan kuwooda
   borotiinka iyo sokortu ay ku badan yihiin, iyada oo mar
   dalbata kalluun, mar cunta qajaar, mar wax dhanaan cabta
   mar kalena shukulaato yuuyuubata. War iyo dhammaantiis,
   haweeneyda wallaca ahi waxa ay codsataa cuntooyin ka
   duwan kuweedii caadiga ahaa, waxana laga yaabaa in ay
   marmar jecleysato noocyo cunto yaab leh, sida iyada oointa
   ay kalluun dubkiisa qaba saliid ku shiilato dabadeed isku
   sii deeysa. Isbeddelladaasi rabitaan waxaa barbar socda
   isbeddello kiimikaad oo ku dhaca dhiigga haweeneyda.

Wallucu waxa uu mararka qaar la yimaadaa isbeddel ku dhaca dabeecadda haweeneyda marka laga eego la dhaqanka ninkeeda, oo ama waxa ay u jeclaataa sidii ay awal u jaclayd si ka daran amaba waxaa dhiba araggiisa iskaba daa hadal iyo la dhaqan eh. Nin dhallinyaro ah oo aynu saaxiibbo nahay baa dhawr sanadood ka hor iiga sheekeeyey dhibaato ka qabsatay wallaca gabar ay isqabeen, waxanu hadalkiisa ku billaabay: (Gabar baannu isjaclayn annaga oo weli dugsiga sare dhiganna. Kolkii aan waxbarashadii dhammeeyey ee aan shaqo billaabay baan gabadhii reerkeedii ka doontay, waana la'ii diiday. Aniga iyo gabadhii waxan go'aansannay in aannu isguursanno, maadaama aan masruufan karo. Waannu isguursannay oo guri jacayl degnay.

Waxaannu subag iyo malab isu ahaannaba, dhawr bilood keddib bay gabadhii la soo baxday dabeecad cusub. Waxay billowday in ay sabab iyo sabab la'aanba iska kay caaydo, qoladayda caaydo, quruxdeyda caaydo, shaqadeyda caaydo!. Kolkay indhaha i saartaabainta ay shaqaday haysay faraha ka qaaddo bay caay af-labadii iila soo fariisataa. Waxaan go'aan ku gaaray in aan ka dhuunto, oo habeenkiina imaado iyada oo hurudda, subaxdiina aroor hore ka dheelmado amaba meela kale soo seexdo. Saa way iraadisaa, wax kale maaha eh si ay ii caaydo oo karaamadayda dhulka ugu masaxdo, anna waan ka cararaa. Maalintii dambe ayay iga-kor-timid aniga oo rag saaxiibadaya dhex fadhiya. Markay wixii caay dunida jiray soo afuuftay bay "ifur" ku soo af-jartay, anna illeyn dulqaad shalay baaba iigu dambeysay eh, saddexdeedii baan dusha ka saaray aniga oon u sarrifin. Saa kalmad dambe ma ayan orane way iska dhaqaaqday.

Gurigii baan saacado keddib tegey, si aan wixii aan duunyo lahaa uga qaato isagana reerkeedii ugu diro.

• War nacas yahaw wallac baan ahaye maxaad iigu dulqaadan weyday!

• Intaas markii ay tiri, baan sidii nin baraf ku da'ay gebigay qarqaray. Waa ubad kii iigu horreeyey, waa gabadhaan dumar oo dhan ka doortay oon weliba reerkeedii isku dilnay, waa saddex dalqadood!!

- Naa inkaar qabto, maxaad iigu sheegi weyday sidaas uma degdegeene!.
- Waa cudur dawo beelaye, halkii baa lagu kala dareeray. Gabadhii wiil bay dhashay iminka toban jir dhaafay, hase yeeshee taan dumaroo dhan ka doortay dib la'isuguma soo noqon).

Haddaba, sidii horeba loo yiri, (cudurka oo waxa uu yahay la gartaa waa daweyntiisa barkeed), haweeneyda ogsoon degganaan la'aanta ku soo korortay in ay ka dhalatay uur ay qaadday, waxa ay u dhaqantaa si aad uga wanaagsan tan aan garanayn meel looga yimid, una haysata in uu cudur halis ahi hayo. Waxaan shaki ku jirin in ogaanshahaasi uu ku dhiirri gelinayo in ay u dul qaadato uurka iyo dhibaatooyinkiisa, wax walibana u hurto hooyanimada ku soo fool leh. Waxaa haddaba waajib ku ah bulshada ay ku dhex nooshahay oo uu ninkeedu ugu horreeyo in ay ahmiyad siiyaan waxyaabaha ay jammanayso, una dulyeeshaan isbeddellada dabeecaddeeda ku yimaada, kana waantoobaan in ay ku jees-jeesaan wallaceeda. Waa in ay ku dadaalaan sidii ay haweeneydaasi miskiinta ah ugu tari lahaayeen wax allaale iyo wixii ay awooddoodu saamaxayso, ilaa iyo inta ay ka baxayso ciriiriga ay ku jirto uguna soo noqonayso xaaladdeedii caadiga ahayd.

XADDIDISTA XILLIGA UMMULISTA

Dhakhaatiirta kuwa ugu aqoonta badani ma awoodi karayaan in ay sii sheegaan maalinta iyo waqtiga ay haweeneyda uurka lihi ummuli doonto, arrinkaas oo ilaa iyo hadda aanay jirin cid garanaysa aan ka ahayn Eebbihii ina abuuray. Waxa keliya ee ay dhakhaatiirtu awoodi karaan waxa weeye in ay soo dhoweeyaan maalintaasi.

Sida loo badan yahay, muddada u dhaxaysa uuraysiga iyo ummulistu waxa weeye 266 maalmood, waxayse dhibaato ka imaanaysaa sidii lagu xaddidi lahaa maalinta uu uurjiifku caloosha hooyadiis galay.

Waxaa jirta dariiqo kale oo taa ka sahlan, waxana weeye in muddada uurka laga soo tiriyo maalintay caadadii udambeysay haweeneyda ku dhacday, maalintaas iyo maalintay ummuli doontana waxa u dhaxayn kara sida ay dhakhaatiirtu ku doodayaan 280 maalmood.

Haddii haweeneydu ay doonayso in maalinta ay ummuli doonto ay soo dhoweeyso, si ay isugu diyaariso, waa in ay maalintii ay ku dhacday caadadii ugu dambeysay diiwaan gelisaa, oo ka jartaa saddex bilood kuna dartaa toddoba maalmood. Tusaale ahaan, haddii maalintay caadadii ugu dambeysay ay ku dhacday inta aanay uurka qaadin ahayd 05/07/2017, dib ha u tiriso saddex bilood (05/04/2017), hana ku darto (7) maalmood, sidaasina waxa ay ku ummuli doontaa abbaaraha maalinta 12/04/2018, haddii Allaha awoodda lihi idmo.

Waxaa isna jira hab kale oo ay gaar ahaan Soomaalidu ku xisaabaan maalintay u maleynayaan in ay haweeneydu ummuli doonto, kaasi oo ah in ay tiriyaan sagaal bilood iyagoo ka soo xisaabinaya maalintay haweeneydu ka qubaysatay caadadii ugu dambeysay. Tusaale ahaan caadadii ugu dambeysay haddii ay ka qubaysatay 01/01/2017, waxa ay filayaan in ay ummuli doonto 01/10/2017.

Guud ahaan, hababka aynu soo sheegnay in kasta oon 100% lagu kalsoonaan karin oo aanay sahal ahayn sidii laysu waafaji lahaa ummulista islaanta iyo taariikhda la odorosay, haddana farqigu sidaas uma sii badna, waxase habboon in dhawr usbuuc taariikhdaa ka hor la'iska sii diyaar garoobo.

MADHALAYSNIMADA

Ninka caafimaadkiisa jireed uu wanaagsan yahay, awoodna u leh in uu wax dhalo, xaaskiisana dhawr sanadood u galmoonayey iyada oon wax uur ah qaadin, waxa uu u qaadanayaa in ay haweeneydiisu tahay madhalays. Waxaa haddaba caadi ah in ay haweenku rimi waayaan sanadka koowaad ee aqalgalka, taasi ooy ugu wacan tahay habdhiskooda taranka oo sanado badan soo dayn jiray ugxan aan la faxlayn, iyo iyaga oo kacsigoodu aanu gaarin heer ay rimitaan diyaar u noqdaan. Waxay arrintaasi ka dhigan tahay sidii gaari habeenkii baraf ku da'ay oo matoorkiisu uu subaxdii u baahan yahay in la kululeeyo muddo dheer ka hor inta aan la dhaqaajin. Waxaa kale oo laga yaabaa in samayska iyo bisaylka xubnaha taranku aanay dhamays tirnayn, sidaasi daraadeed ay isdifaacaan si aanay u uuraabin iyada oon la gaarin waqtigii ku habboonaa.

Waxa la caadeystay in haweeneyda oo rimi weyda sababteeda iyada dusha laga saaro oo haddii muddo dhawr sano ah uur ku soo bixi waayo la yiraahdo, "waa madhalays", taas oo ah mid caqliga ka hor jeedda. Haddii aan la caddayn in ninku wax rimin karo, waa khalad in mas'uuliyadda rimay la'aanta haweeneyda la saaro. Ninku waa in isagu marka hore uu xawadiisa baaro oo hubiyo in uu sito xawo awood u leh in ay wax faxasho.

Waxaa habboon in aan qofna eed la saarin, balse baaritaan la sameeyo lagu ogaado qofka jirran, si loo daweeyo. Waa in mar waliba la xusuusnaado in Eebbe ubad-siinta isagu hayo, waana ka Aayaddiisa Qur'aanka ku leh: {Cidduu doonana waxa uu ka dhigaa madhalays, isagaa wax og, awoodi karana} (As-Shuuraa: 50).

MADHALAYSNIMADA NINKA

Sababaha ugu waaweyn ee ninka ku keena madhalaysnimada waxaa ka mid ah:

1. Ciniinnimo: Ciniinnimadu waxa weeye in ay ninka ku dhacdo tamardarri jinsiyeed iyo in uu galmada dhamaystiri waayo. Taasi waxa keeni kara geedkiisa oo si buuxda u kici waaya ama gebi ahaanba aan kicin. Baab dhan baannu kaga hadalnay ciniinnimada.

2. Degdeg u biyabax: In kasta oo geedku uu si buuxda u kacayo, haddana isla marka ay dhalfadu cambarka gasho

ama inta lagu jiro hordhaca ayuu biyaha tuuraa, kolkaasna damaa oo tamar dhigo.

3. Xawada oo aan bislayn: Amaba tiradooda iyo inta ka nooli ay yaryihiin, taasi oo markaasi keenaysa in ay xawadu awood u yeelan weydo in ay wax faxasho.

MADHALAYSNIMADA NAAGTA

Madhalaysnimada haweeneyda waxa keena cudurro aan halkaan lagu soo koobi karin, balse aynu ka taabanno inta ugu mudan:

1. **Cambarka oo ciriiri noqda:** Geedka ninka oo si buuxda u geli kari waaya cambarka, biyahana ku daadiya afkiisa hore ama meel aan ka fogayn ayaa ka mid ah waxyaabaha haweenka ku keena madhalaysnimada, waxana mararka qaar dhacda in murqaha cambarku ay xilliga galmada gariiraan taasi oo markaasi keenta in uu dibadda iskaga soo tuuro xawada.

2. **Qaababka galmo een habboonayn:** Waxaa la wada ogsoon yahay in dumarka caadiga ahi ay uur ku qaadaan qaab kasta oo loogu galmoodo, iyaga oo u baahan qaddar yar oo xawo (sperms) ah si ay ugu gudubaan waddooyinka jirka, dabadeedna uu midkood ugu guulaysto in uu faxlo ugxanta. Hase yeeshee dumarka qaar bay dhibaato kaga timaadaa rimayga. Dumarka caynkaasi ah raggooda waxa ay dhakhaatiirtu ku waaniyaan in ay ugu galmoodaan qaabab sahlaya in tirada ugu badan ee xawo ahi ay cambarka gasho. Qaababkaasi oo aynu hore u soo sharraxnay, waxa ka mid ah in ay haweeneydu u seexato dhabarka iyada oo barkimo doolasha iska gelinaysa si ay cambarka sare ugu soo qaaddo dabadeedna gelitaanka geedka ninku ugu sahlanaado, taasi oo xawada gacan ku siinaysa in ay si degdeg ah ku gasho ilma-galeenka. Kolka ay galmadu dhammaato, waa in ay haweeneydu in muddo ah iskaga sii jiifto dhabarka, iyada oon wax dhaqdhaqaaq ah samayn, taasi oo markaasi ka hortag u ah soo laabashada xawada, fududaysana in ay

ilma-galeenka u gudubto.

3. **Afka ilma-galeenka oo ciriiri noqda:** Taasi oo mararka qaar keenta in ay xawadii ka daadato iyada oon gelin. Ciriirinimada afka ilma-galeenka guud ahaan waxaa keena gabadha oon si wanaagsan u qaaangaarin ama u bislaan.

4. **Ilma-galeenka oo qallooca:** Ma aha dhif iyo naadir in la'arko madhalaysnimo sababteedu tahay qallooc ku yimaada ilma-galeenka. Ilma-galeenka caadiga ah afkiisu waxa uu u jeedaa dhanka hoose, halkaasi oo ay xawadu ku soo shubanto kolka islaantu ay dhabarka u jiifto. Haddiise ilma-galeenku qallooco, afkiisa ayaa ka fogaada afka cambarka, mar kasta oo qalloocaasi sii fogaadana waxaa yaraata rajada laga qabo in ay xawadu gasho. Qallooca ilma-galeenku waxa uu keenaa in dhakhtar loo baahdo iyo marmar qalliin.

5. **Qabow jinsiyeed (Kacsi la'aan):** Sida caadiga ah kolka ay haweeneydu kacsato waxaa xubneheeda taranka buuxiya dhiig, dabadeedna maqaarka xubnahaasi waa uu kululaadaa, qanjirraduna soo daayaan dheecaanno, murquhuna isku laablaabmaan, laablaabankaasi oo keena in ilma-galeenka afkiisu soo nuugo xawadii. Haddaba, haweeneyda baaridka ah (aan kacsan), ilma-galeenkeedu wax dhaqdhaqaaq ah ma sameeyo, taasi oo markaasi yaraysa nuugista xawada iyo rimayga intaba.

6. **Ugxan la'aanta:** Dumarka qaar baa joojiya soo saarista ugxanta, taasi oo inta badan horseedda caadada oo ka istaagta, haddii aanay haweeneydu caado keeninna waxaa lagu tiriyaa madhalays.

7. Guud ahaan madhalaysnimadu waxa ay noqon kartaa mid joogta ah ama mid waqti ku xiran oo ay keenaan dhibaatooyin haddii laga hor tago amaba la daweeyo laga gudbi karo.

TALOOYIN LA SIINAYO DUMARKA AAN UURAABIN

Dheereeya muddada galmada: Ragga qaar baa u haysta in inta jeer ee haweeneyda loo galmoodo oo la kordhiyaa ay keento uur. Haddaba, taasi run ma aha, waxase loo baahan yahay in la dheereeyo muddada ay qaadanayso halkii galmo intii saddex iyo afar jeer lagu celcelin lahaa isla muddadaasi in la'eg.

Dhowr usbuuc xabbadda joojiya: Waxaa looga baahan yahay labada isqaba kolka ay arkaan in uu uurkii daahay, in ay joojiyaan galmada muddo dhawr usbuuc ah si dhiigga haweeneydu uu fursad ugu helo in uu iska qashinsaaro haddii uu jeermis ku jiray, jeermiskaasi oo xawada dila, sidaasna ku hor istaaga uuraysiga.

Biyaha macdanta ah isku daweeya: Waxaa dhacda in biyaha macdanta ah (mineral water) oo cabistooda la badsado ay dawo keento, sababta arrintaasina lama garanayo ilaa iyo iminka.

Waqti go'an isu galmooda: Waxaan ula jeedaa in galmada loo badiyo waqtiyada ugu badan ee ay haweeneydu uuraabi karto, iyada oo laga tixraacayo jadwalka wareegga caadada.

Saacadaha galmada beddela: In labada ruux ee isqabaa ay beddeshaan saacadaha iyo weliba qaababka galmadu si aad ah bay faa'ido ugu leedahay. Tusaale ahaan, halkii ay isaga galmoon jireen habeenkii iyaga oo daallan, waxaa habboon in ay u dib dhigtaan ilaa iyo aroortii salaadda subax dabadeed, xilligaasi oo inta uu daalkii ka ba'ay, jirkoodu nastay, ay firfircoonidii soo ceshadeen. Kolka ay kala dhammaystaan waa in ay in door ah seexdaan., kolka ay toosaannainta ay biyo kulul ku qubaystaan ay quraac nafaqo leh oo ukun iyo waxyaabo kale oo abitaaytka furaa ay ku jiraan ku quraacdaan. Taasi waxa ay keenayaa dareeraha dubka iyo qanjirradu in uu kordho, dabadeedna ay kororto rajada laga qabo in ay haweeneydu uur qaaddo.

CUTUBKA
8^{AAD}

BARBAARINTA UBADKA

(Waxaan qoraynaa wixii ay hormarsadeen iyo raadkooda) (Yaasiin: 10). Ilaahay subxaanahu watacaala qofka uma qoro oo qura camalka uu la yimaado inta uu nool yahay, balse waxa kale oo uu u qoraa raadka uu ka tago kolka uu geeriyoodo haddii uu kheyr ahaa iyo haddii uu shar ahaa intaba.

Haddaba, maadaama ay carruurtu yihiin raad bani'aadmigu ka tago ka ugu weyn, Eebbe waxa uu waalidka u qoraa ajarka wixii wanaag ah oo ay carruurtu sameeyaan isaga oon kooda waxba ka jarayn. Waxa kale oo uu waalidka geeriyooday u qoraa dembi waxa ay carruurtu la yimaadaan, haddii aanay markii hore barbaarintooda xil iska saarin oo aanay wanaajin, isaga oon weliba carruurtiina dembiga kaga yaraynayn, waalidka inta uu u qoray in la mid ahna iyaga u qorayo.

Eebbe waxa uu Aayaddiisa ku leeyahay: (Kuwa Alle iyo Nabi rumeeyow ka dhawra naftiinna iyo ehelkiinna Naar shidaalkeedu uu yahay dad iyo dhagxaan) (Al-Taxriim: 6).

Abuu Hurayrah (RC) waxa uu Nabiga (SCW) ka weriyey: **(Aadanuhu haddii uu dhinto waxqabadkiisu waa uu go'aa waxa aan ka ahayn saddex; sadaqo socota "sida Masjid uu dhisay" ama aqoon laga faa'ideysto "sida dad uu wax baray" amaba ubad suubban oo "kolka uu dhinto" u soo duceeya)**[83].

Ubad barbaarintu waxa weeye shaqo aad muhiim u ah

khatarteedana leh, dareenka waalidnimo oo qurihina kuma filna sida xayawaanka kale, balse waxa ay u baahan tahay in la barto. Dad badan baa u haysta in barbaarinta wanaagsani tahay in ubadka mar kasta oo ay khalad sameeyaan la canaanto.

Cabdullaahi Ibnu Cumar (RC) waxa uu Rasuulka (SCW) ka weriyay: (Gebigiin waxa aad tihiin mas'uul (hawl loo dhiibay), gebigiinna waxa la'idin weydinayaa wixii la idiin dhiibay. Ninku waxa uu mas'uul ka yahay reerkiisa, waana la weydiinayaa wixii loo dhiibay. Naagtu waxa ay mas'uul ka tahay aqalka ninkeeda iyo ubadkiisa, waana la weydiinayaa wixii loo dhiibay)[84].

Haddaba, ubadka uu Eebbe addoonkiisa ugu deeqaa waxa uu ka mid yahay waxyaabaha uu ku imtixaanay, aakhirana wax ka weydiin doono. Qofku ubadkiisa indhuhu ugu doogsadaan, waa in uu marka hore Eebbe ku mahadiyo. Marka xiga, farriimihii Eebbe ee Suubbanuhu (SCW) ina soo gaarsiiyay waa in uu baraa, faraa, kuna tirtirsiiyaa, si ubadku u noqdo mid inta dunida la joogo dadkiisa iyo diintiisa anfaca, aakhirana Naar daran ka badbaada.

Qofka Aadanaha ah marxaladda noloshiisa ugu horraysa ee ah carruurnimadu waxa weeye marxalad firfircooni, waxana uu qofku la mid yahay warqad cad oo wax kasta in lagu qoro diyaar u ah. Ilmuhu marxaladdaas waxa uu wataa abuurkii uu Eebbe ku abuuray, kaas oo ah tawxiidka Islaamka, hase yeeshee labadiisa waalid baa lumiya ama laammi iftiin badan mariya.

Abuu Hurayrah (RC) waxa uu Rasuulka (SCW) ka weriyay in uu yiri: (Dhallaan kastaa fidrada "Islaannimada" ayuu ku dhashaa, hase yeeshee labadiisa waalid ayaa Yuhuudi ka dhiga ama Nasraani "Kirishtaan" amaba Majuusi "dab-caabbud")[85]. Sidaas darteed, Nabigu (SCW) waalidka iyo inta ubad korisa waxa uu kula dardaarmay fursaddaas in ay ka faa'idaystaan, warqaddaas cadna ku qoraan wax ubadka iyo iyagaba Adduun iyo Aakhiro anfacaya, maxaa yeelay haddii uu ubadku qof suubban noqdo naftiisana wuu anfacayaa nafta waalidkiisna wuu anfacayaa.

83   Muslim (1631/14), Ibnu Maajah (241). Erayadii Muslim.

84   Bukhaari (893, 5188), Muslim (1829/20).

U WAALID DAYO UBADKAAGA

Barbaarinta ubadku waxa ay ka billaabantaa, kolka waalid loo xulayo. Caa'isha (RC) waxa ay Rasuulka (SCW) ka werisay: (Xawadiinna u doorta, kuwa geeyana guursada una guuriya)[86].

Xadiithka micnihiisu waxa weeye qofka aad guursanaysaan amaba u guurinaysaan hubiya in uu yahay gayaan diin leh, qoys wanaagsan oo sharaf iyo sumcad leh ka dhashay, bay'ad wanaagsanna ku soo barbaaray.

Cumar Ibnul Khadhaab (RC) kolkii la weydiiyay xaqa uu inanku aabbihiis ku leeyahay, waxa uu yiri: (Inuu hooyadiis u xulo, magac fiican u bixiyo, Qur'aankana baro)[87].

Tilmaamaha aynu soo sheegnay waxa ugu qiimi badan diinta oo inta kale looga maarmi karaa, haddiise aad ku raacdo qurux iyo dan adduunyo, ogoow carruurta aad dhashaa waxa ay ka dhaxlayaan qaabdarrooyinka kale ee ku qarsan gudeheeda eh.

Waxa iyana taas la mid ah kolka aad daydayaysid kii ubadkaaga aabbe u noqon lahaa.

Abuu Hurayrah (RC) waxa uu Suubbanaha (SCW) ka weriyay: **(Haddii nin aad diintiisa iyo dabeecaddiisa u bogtaan uu "gabar" idinka soo doonto, u guuriya, haddii aydaan yeelinna xumaan iyo fasahaad weyn baa dhulka ka dhacaya)[88].**

MAXAAD SAMAYN MARKA UU DHASHO?

Diinteenna Islaamku waxa ay qabtaa in ubadku isla marka uu dhasho, looga addimo dhegta midig, loogana aqimo dhegta bidix, hadal barisna looga billaabo Laa Ilaaha illal-Laah, maalinta toddobaad ee dhalashadiisana inta loo wanqalo oo madaxa laga xiiro, magac loo bixiyo, buuryadana laga gooyo (la gudo).

---

85   *Bukhaari (5920, 5921). Muslim (2120/113).*

86   *Abuu Daa'uud (2843)*

87   *Calwaan (Tarbiyatul-Awlaad fil-Islaam: 1/33).*

Abuu Bureydah (RC) waxaa laga weriyey in uu yiri: (Waqtigii Jaahiliyada kolka wiil dhasho inta aannu Ri' gawracno ayaannu dhiiggeeda gelin jirray (madaxa kaga shubi jirray), kolkiise uu Eebbe Islaamka noo keenay Ri' baannu goowracaynay, wiilkana madaxa waynu ka xiiraynay, hase ahaatee Zacfaraan baaannu ka mari jirnay)[91].

Waxa aad halkaas ka garan kartaa in caadada Soomaalida carruurta dhiigga lagu geliyaa tahay caado jaahili ah oon Islaam shaqo ku lahayn, welibana markii uu Islaamku yimid Muslimiinta ka reebay. Haddaba, wax kun iyo afar boqol oo sano ka hor uu Islaamku reebay, maxaynu weli ugu raad joognaa Soomaaliyeey?

Ibnu Cumar (RC) waxa laga weriyey in Rasuulku (SCW) uu yiri: (Magacyadiinna kuwa uu Eebbe ugu jecelyahay waa Cabdullaahi iyo Cabdul-raxmaan)[92].

Waxay Diinteenna Islaamku qabtaa in waalidka loogu neynaaso magaca curadkiisa, oo loogu yeeru Abuu Hebel (Hebel-Aabbihii). Tusaale ahaan, haddii uu magaca curadkiisa yahay Cumar in isaga lagu naynaaso Abuu Cumar. Soomaaliduse Aayaddii wey rogeen oo inankii baa loogu yeerayaa (Ina-Hebel). Haani (RC) waxa laga weriyay: Rasuulka (SCW) ayay qolo wafdi ahaan ugu timid. Nin ka mid ah qolada ayuu dabadeed Suubbanuhu (SCW) maqlay iyada oo loogu yeerayo Abul-Xakam (Garsoor-Aabbihiis) Rasuulku (SCW) inta uu ninkii u yeeray ayuu ku yiri: (Ilaah baa garsoore ah taladuna u noqonaysaaye Abul-xakam maxaa laguugu naanaysay?) Ninkii waxa uu yiri: (Qoladaydu haddii ay gar isku qabtaan aniga ayay iila yimaadaan, markaas baan garta gooyaa, labada dhinacna raalli ku noqdaan) Rasuulku (SCW) waxa uu yiri: (Waa arrin aad u wanaagsan ee carruur ma leedahay?) Waxa uu yiri: (Shurayx, Maslama iyo Cabdullaahi) Waxa uu yiri: (Kee ugu weyn?) Waxa uu yiri: (Shurayx) Markaas buu Rasuulku (SCW) yiri: (Haddaba, waxa aad tahay Abuu Shurayx)[93].

---

88   *Tirmidi (1084), Ibnu Maajah (1967)*

91   *Abuu Daa'uud (2843)*

Magaca ilmaha oo waalidka loogu naaneysaa waxa ay ilmahaa u noqonaysaa sharaf, qaddarin iyo qiimayn, waana uu ku faanayaa.

U NAXARIISO LANA CAYAAR CARRUURTA

Rasuulkeennii suubbanaa (SCW) kolka uu Salaadda tukanayo, haddii uu ilma yari ooyo waa uu boobsiin jiray si aanay ilmahaa hooyadiis oo salaadda kula jirtaa uga welwelin. Abuu Hurayrah (RC) waxa uu Nabiga (SCW) ka weriyay: (Qofkiin haddii uu Imaam noqdo, salaadda ha dedejiyo, maxaa yeelay waxa idinku jira qof tabar yar, qof jirran iyo qof da' ah, haddii uu keligiis tukanayase sidii uu doono ha u dheereeyo)[94].

Ibnu Mascuud waxa laga weriyey in uu yiri: Inan baan karbaash ku dhuftay, markaas baan cod gadaashayda ka maqlay, mise waa Rasuulkii Alle (SCW) oo i oranaya: (Abaa Mascuudow ogow in Alle kaaga awood badan yahay si ka daran sida aad ilmahan yar uga awood badan tahay)[95].

Waxa la sheegay in Cumar bin Khaddaab (RC) uu doonayey in uu shaqo u dirsado nin reer Asad ah. Markaas buu u yimid si uu alaabadii uu ugu shaqayn lahaa uga qaado. Cumar (RC) baa markaas inta uu wiil uu dhalay soo qabtay dhunkaday. Ninkii reer Asad baa markaas yiri: Ma kanaad dhunkanayaa Amiirul Muminiinow, Wallaahi baan ku dhaartaye weligey wiil ma dhunkoon. Markaas buu Cumar (RC) yiri: (Naxariista dadka ayaa kugu yar ee keen alaabtayda waxba ii qaban meeyside)[96].

Waxa laga yaabaa in ilmuhu uu la ciyaaro qofka weyn isaga oo garka ka qabsanaya ama marada uu xiranyahay. Haddaba, markaas oo kale ma aha in la hiifo oo la canaanto, taasi oo dareenkiisa iyo naftiisa dhaawici karta, kuna abuuri karta in uu noqdo ilmo

---

92   *Muslim (2132).*

93   *Abuu Daa'uud (4955), Ibnu Xibbaan (504), Nasaa'i (5387).*

xirxiran oon dadka dhex gelin. Haddiise loogu beddelo ciyaartiisa dhoola caddayn iyo la ciyaar, waxa markaasi qalbigiisa gelaya farxad iyo raynrayn, waxanu helayaa geesinimo uu ku dhexgalo dadka waaweyn kagana faaiideysto, kagana kororsado aftahanimo iyo dad la dhaqan.

Waxa la weriyey in uu Rasuulku (SCW) qaadi jiray, koolkoolin jiray lana ciyaari jiray labada wiil ee uu awoowaha u ahaa Xasan iyo Xuseen. Burayda (RC) waxaa laga weriyay: Rasuulka (SCW) oo khudbaynaya ayaa waxa yimid Xasan iyo Xuseen oo laba qamiis oo cas cas ooy gashanaayeen ku turaanturroonaya, markaas buu Nabigu (SCW) inta uu khudbadii joojiyay oo minbarkii ka degay, soo xambaaray, dabadeedna inta uu minbarkii ku soo laabtay yiri: (Alle run buu sheegay markii uu yiri: "Xoolihiinna iyo Carruurtiinnu wax kale maahee waa imtixaan", waxa aan arkay labadan oo qamiisyadooda ku turaan-turroonaya markaas inta aan isheyn waayay oo aan warkii gooyay baan soo qaaday)[97].

Waalidka ubadka dhalayow maxaad ka oran lahayd haddaad ogaato in Caaishah oo aad u da' yarayd markii uu Nabigu (SCW) guursanayey, markii la guri geynayey ay hore usii qaadatay waxyaabihii ay ku ciyaari jirtay. Waxa weliba intaas dheer Nabiga (SCW) oo u oggolaan jiray hablihii saaxiibbadeed ahaa ee inta aan la guursan la ciyaari jiray in ay aqalka ugu yimaadaan oo la ciyaaraan. Maxaad oran lahayd haddaad ogaato in Xuseen Ibnu Cali uu lahaa Eey yar oo uu ku ciyaaro, kolkii uu Jibriil soo geli waayey guriga oo uu Rasuulka (SCW) ogaaday in ay sababtu tahay Eeygaa Xuseen in aanu xitaa canaanan.

Rasuulku (SCW) aad ayuu carruurta u jeclaa, una qaddarin jiray, uguna oggolaan jiray in ay ciyaaraan sababtoo ah ciyaartu waxa ay kobciaa caqliga ilmaha iyo maskaxdiisa, waxa ay hawl geliaa xubnihiisa iyo dareenkiisa. Kolka aad u keento wax faaiida leh oo uu ku ciyaaro waxad ka saarayaa rajaynimada, ku abuurayaa jacayl

---

94   Bukhaari (703), Muslim (467)

95   Muslim (1659)

96   Calwaan (Tarbiyatul-Awlaad fil-Islaam).

uu kuu qaado, farxad gelinayaa qalbigiisa, kana dhigayaa ilmo kalsooni naftiisa iyo waalidkii ku qaba oo si quman u kobca.

Ciyaartu waa diyaargarow dabiici ah oo ay carruurtu ku dhashaan, si ay isaga saaraan tamarta dheeri ah ee jirkooda. Cayaarta ilmaha yari waxa uu ku bartaa wax kasta oo hareerihiisa ahi waxa ay ka sameeysan yihiin. Ilmuhu ciyaarta waxa uu ku bartaa sidii uu u xakamayn lahaa naftiisa, waxana ku kordha kalsoonida uu isku qabo iyo kobcinta karaankiisa waxqabad. Culimadu waxay ku dardaarmeen in ubadka loo daayo ciyaarta toddobada sano ee cimrigiisa ugu horreeya Waxa loo baahanyahay in ilmaha loo oggolaado in ay helaan waqti ay ciyaaraan, gaar ahaan kolka ay waajibka Iskuulka ka soo baxaan oo buugagtii looga baahnaa akhriyaan. Ilmaha haddii ciyaarta loo diido oo wax akhris iyo qaylo nafta looga qaado maskaxdiisa ayaa daalaysa, caqligiisu isdhimayaa, murugo ku beermeysaa, dabadeedna ku fekerayaa sidii uu uga bixi lahaa dhibta uu ku jiro. Ilmaha caafimaadka qabaa ma fadhiyi karo dhaqaaq laan shan daqiiqo. Waxaad durbaba arkayaa isaga oo meel eegaya, waxa ay ishiisu qabato soo qaadanaya, gedgeddinaya, afka gashanaya, furaya si uu waxa ku dhexjira u fiiriyo.

Kolkaad aragtid Carruur ciyaaraysa kaad dhashayna uu ku jiro, looma baahna in aad ka kaxayso, haddaadan xaajo xoog leh ka lahayn. Waxa xitaa habboon in aad fiirsatid kolka uu saaxiibbadii la ciyaarayo si aad u dhiirri gelisid, waxanay taasi u noqonayaa taageero iyo moraalka oo u dhisma.

INANKAAGA KAXAYSO, HANA KU AG FARIISTO

Ilmaha yari waxa uu xaq u leeyahay in uu waalidkiis raaco si uu uga faaiideysto oo cilmi iyo aqoon uga kororsado, caadooyinka u barto, dad la dhaqanka u barto, dabadeedna u soo baxo qof waxgarad ah.

---

97   *Tirmidi (3774), Nasaa'i (1413), Ibnu Xibbaan (6007)*

Rasuulku (SCW) ubadka wuu kaxaysan jiray. Waxaa la weriyey in uu kaxaystay Anas Ibnu Maalik (Adeegihiisii), carruurtii ina adeerkii Jacfar, ina adeerkii Fadlu, Ibnu Cabbaas iyo carruur kale. Cabdullaahi Ibnu Cabbaas (Ina adeerkiis) waxa uu gaar ahaan Rasuulku (SCW) isaga oo daabbad la saaran siiyey dersi ilaa maalinta Qiyaamaha muslimiinta oo dhan cibro u ah. Waxa uu isaga oo waaninaya ku yiri: (Wiilyahow erayaan ku barayaa: Alle dhawr ha ku dhawro'e, Alle dhawr ha ku soo abbaaro'e, haddaad baryeysid Alle bari, haddii aad kaalmo weydiisanaysidna Alle kaalmo weydiiso, ogoowna haddii ay ummadda oo dhami isugu kaa tagto si ay wax kuu tarto ku tari mayso wax Alle kuu qoray mooyee, haddii ay isugu kaa tagto si ay dhib kuu gaarsiisana ku gaarsiin mayso dhib Alle kuu qoray mooyee, qalmaantii waa la qaaday qoraalkiina wuu qallalay)[98].

Waxaa la weriyey in Rasuulku (SCW) uu yiri: (Qofkii kala fogeeya hooyo iyo ubadkeeda, Alle maalinta Aakhiro isaga iyo dadka uu jecelyahay ayuu kala fogeeyaa)[99].

Ninka Soomaaliga ah ee kolka uu xaaskiisa furo carruurta ka kaxaysanayow Ilaah ka baq, Rasuulka (SCW) nacalladdisana iska jir oo dhallaanka dhabta hooyadiis u daa.

Waxa iyana jirta in Rasuulku (SCW) uu maanacay in kolka gole la fariisanayo, la kala dhex galo wiil iyo aabbihiis. Taasina waxa ay ka mid tahay akhlaaqda gole fariisadka, maxaa yeelay aabbuhu isagaa og inankiisa edebtiisa, hab fariisadkiisa, caadooyinkiisa, waxa uu ku fiicanyahay iyo meelaha uu ku qalloocanyahay. Markaa waxa habboon in aan la kala dhexgelin si haddii uu khalad sameeyo uu u toosiyo oo (yac) u yiraahdo. Sidoo kale haddii ilmaha iyo aabbihiis la kala dhexgalo waxa uu ilmuhu dareemayaa ceebsi iyo xishood, waxana uu dhararayaa inta uu fadhigu ka dhammaanayo, isaga oon waxna markaas ka faaiideysan raggii ka waaweynaa ee uu la fadhiyey.

Sidaas darted buu Rasuulku (SCW), isaga oo daryeelaya dareenka ilmahaa yar, amar ku bixiyey in aanu ninna golaha fadhiga ku dhex fariisan wiil iyo aabbihiis, balse iyaga la'is xijiyo.

Asmaa' bintu Abii-Bakar (RC) waxaa laga weriyey: (Cabdullaahi Ibnu Zubayr baan "Quba" ku dhalay. Markaas baan intaan Rasuulka (SCW) u keenay, dhabta u saaray. Markaas inta uu timir dalbay oo calaaliyey ayuu afka ugu tufay, wax calooshiisa galana waxa ugu horreeyay calyada Rasuulka (SCW) Markii uu timirtii ugu dhanxanageeyay buu dabadeed in Alle barakeeyo u baryay, waxana uu ahaa dhallaankii Islaamka ugu horreeyay ee -muslimiintii Madiina u soo haajirtay- u dhasha. Waxay tiri: Aad iyo aad bay ugu farxeen, maxaa yeelay waxa lagu yiri: "Yuhuud baa idin sixirtay oo la idiin dhali maayo")[89].

Dhanxanag ku tirku waxa weeye kolka shayga inta la calyeeyo, dabadeed ilmaha yar afkagudihiisa loogu soo tiro, waxana sidaas loo yeelayaa si ilmaha yar loo baro tabtuu raashinka u cuni lahaa uguna tababbaran lahaa cunitaanka. Timirta sababta loo doortay waxa weeye iyada oo aad u macaan oo uu ilmaha yari macaansanayo iyo iyada oo ka kooban iskudhis aan u baahnayn in ay calooshu shiiddo oo isagu ah nafaqo diyaar ah, dhiiggana si toos ah u raaca, waxana weeye Glucose.

Raashinka caadiga ahi waxa uu Timirta kaga duwanyahay isaga oo ka kooban iskudhisyo u baahan in ay calooshu shiiddo oo usii jejebiso iskudhisyo ka fudud ilaa ay isu beddelaan Glucose, isagu markaas si toos ah dhiigga u raaca.

Haddaba, maaddaama uu ilmaha yari awood daranyahay, calooshiisuna aanay weli u bislaan cunno shiidis, waxa habboon in la siiyo nafaqo diyaar ah sida caanaha hooyada oo uu ku jiro iskudhiska Lactose, ama Timirta oo uu ku jiro Glucose, labadubana waa iskudhisyo fudud.

Dhallaanka waa in timaha laga xiiraa, weliba waa in si quman madaxa oo dhan looga wada xiiro, haddii kale waa in aan lagaba xiirin ee loo wada daayo. Ibnu Cumar (RC) waxaa laga weriyay: **(Rasuulku (SCW) waxa uu diiday dhoorka)**[90].

---

98   *Tirmidi (2516).*

99   *Albaani (Saxiixul-Jaamic: 6412), Daarami (2479)*

89   *Bukhaari (3909, 5469). Muslim (2146).*

SALAADDA IYO SARIIRTA

Rasuulku (SCW) waxa uu Xadiith ku yiri: (Carruurtiinna fara in ay Salaadda tukadaan marka ay toddoba jirsadaan, haddii ay tukan waayaan iyagoo toban jirana ku tuma, gogoshana u kala duwa)[100].

Carruurta in gogosha loo kala duwo oo midba meel gaar ah la seexiyo kolka ay toban jirsadaan, waxa uu Islaamku ina faray afar iyo toban qarni ka hor, hase yeeshee culimada reer galbeedku hadda uun bay ku baraarugeen faaiidooyinka ay leedahay. Culimadaasi waxa ay leeyihiin waxa lagama maarmaan ah in carruurta gogosha loo kala fogeeyo, waxana weliba habboon haddii la yeeli karo in midba qol gaar ah la seexiyo. Culimadu waxa ay intaas raaciyeen in carruurta si joogta ah halka sariir isula seexda jirkoodu uu isqabto oo isku lismo, taasi oo markaasi keeni karta in ay isku fara-ciyaaraan. Ubadka oo waalidka halka qol ee jiif la wadaagaa iyadu wayba ka sii xag jirtaa oo waa arrin marnaba caqliga ka fog.

Carruurtu mar kasta ma hurdaan kolka waalidku sidaas moodo, xitaa kuwooda laba ama saddex jirka ah, welwel buuna ku abuuraa dhaqdhaqaaqa jinsi ee waalidku. Xitaa haddii uu qolku mugdi yahay waxa ilmaha yar khalkhal gelin kara codadka ka soo yeeraya labada waalid.

Carruurta halowda iyaga oo mararka qaar aad u yar waxa sabab looga dhigi karaa sariir iskula seexintooda iyo qolka jiifka oo ay waalidkood la wadaagaan, waxyaabahaasi oo dhammaantood sharcigu reebayo ee ha laga digtoonaado.

---

90   *Bukhaari (5920, 5921). Muslim (2120/113).*

UBADKA SAQIIRA IYO SHAFEECADA

Ubadka Muslimiinta ee ayagoo yaryar saqiira (dhinta) waxa ay la sheegay in ay Jannada dhexdeeda ugu adeegayaan Nabi Ibraahim (CS) iyo ooridiisii Saarah (CS) ilaa ilmaha waalidkiis Jannada ka soo galo oo kala wareego, halka ubadka gaalada ee iyaguna sqiiraa ay Jannada ugu adeegayaan Muslimiinta guud ahaan.
9

Abuu Saciid Al-Khudri (RC) waxaa laga weriyay Nabigu (SCW) dumar uu wax barayay in uu ku yiri: (Haweentii idinka mid ahoo ay saddex ubad ahi u saqiiraan, Naarta ayay gaashaan uga noqonayaan) Haweenay baa tiri: Labana? Rasuulku ((SCW) waxa uu yiri: (Labana)[101].

Xadiith kale waxa uu Aanas bin Maalik (RC) Rasuulka (SCW) kaga weriyay: (Muslinkii saddex carruur ahiu saqiiraan, naxariis uu Alle iyaga u naxariisanayo ayuu isaga Jannada ku geliyaa)[102].

CARRUURTA IYO BEENTA

Beentu waxa weeye runta oo la minja-xaabiyo, jagada laga qaado, jiritaankeedana laysku dayo in la tirtiro. Beentu waxa weeyey in shayga laga bixiyo sawir aan kiisii dhabta ahaa ahayn, si khaldanna loo suuraadiyo, si uu dadka kale ugu muuqdo, looguna qanciyo in uu sax yahay. Beentu waxa weeye isku day daboolid fal ka hor imaanaya kii dabiiciga ahaa.

Haddaba, beentu waxa weeye dhaqan oraaheed loola jeedo in lagu daaho fal ama oraah, kaasi oo la saanqaadaya danta iyo rabitaanka qofka yar iyo weynba.

Cabdullaahi Ibnu Caamir (RC) waxa laga weriyay Xadiith saxiix ah oo uu ku yiri: Hooyaday baa maalin ii yeertay Rasuulka (SCW) oo gurigayaga fadhiya, waxayna tiri: Hoo, kaalay aan ku siiyee.

---

900   *Abuu Daa'uud (494), Tirmidi (407), Al-Albaani (Saxiixul-Jaamic: 5744).*

Markaas buu Rasuulku (SCW) yiri: (Maxaad siin lahayd). Waxay tiri: Timir baan siin lahaa. Rasuulku (SCW) waxa uu ku yiri: (Haddaadan waxba siin been baa laguu qorayaa)[103].

Ubadku way u fiirsanayaan dhaqanka dadka waaweyn, waanay ku dayanayaan. Haddaba, ma bannaana in la siro, ama been loo sheego. Ubadka in been lagu cabsiiyo ma bannaana. Kolka la doonayo in laga farxiyana sidoo kale ma bannaana in lagula ciyaaro ama kaftamo amaba lagu madadaaliyo ballamo been ah.

Carruurta laftoodu been bay mararka qaar sheegaan, in kasta oo aanay markaas ahayn mid ulakac ah, misana waxa ay reebtaa xididdo aan dhaqsa u siibmin. Haddaba, sababaha carruurta ku dhaliya in ay waalidkood been u sheegaan waxa ugu badan kuwan soo socda:

1. Ilmaha yari mararka qaar waxa uu been u sheegaa si uu u ogaado waxa dhacaya, sida isaga oo ku sheekeeya: Saaxiibkay baa aabbihiis ka xaday boorsadii lacagtu ugu jirtay.

2. Waxa laga yaabaa in uu si ulakac ah been u sheego si uu canaan uga badbaado.

3. Isaga oo waxyaabaha qaar waaweyneeya oo xaddigoodii mid ka weyn siiya si uu ugu faano looguna amaano.

4. In aanu kala garanayn waxa dhabta ah iyo waxa dhalanteedka ah, gaar ahaan ilmaha aan Iskuulka weli gaarin.

Maxaad samaynayaa markaas?

a. a. Isdeji, hana kula qaylin oo ku canaanan ilmaha si uu runta kuugu sheego, maxaa yeelay waxa laga yaabaa in uu been hor leh kuu sheego si uu isu badbaadiyo.

b. b. Si wanaagsan ula xaajood, waxan ula jeedaa haku oran (beenlow baad tahay) ama ha yasin, taasi oo markasi ilmaha gayeeysiinaysa in uu aargoosto oo ku qaddarini waayo. Taa

---

101 Bukhaari (101, 1249), Muslim (4786), Axmed (Musnad: 11315)

1010 Bukhaari (1292).

103 Abuu Daa'uud (4991), Axmed (15793).

beddelkeeda waxa habboon in aad tiraahdo tusaale ahaan: (Waan ogahay waxa aad sheegeyaa in ay been yihiin, beentana waa laga fiicanyahay, ee bal aynu arrinka isla eegno).

c. c. Isku day in aad ogaatid sababta uu ilmaha yari beenta u sheegayo. Haddii uu masalan ku doodayo in uu carruurta oo dhan kaga wanaagsanyahay maaddo uu dugsiga ku qaato, ogoow dhibaataa maaddadaa ka haysta eh. Haddaba, kolka aad hubisid halka laga haystaa in ay maaddadaa tahay, waxa aad ku oran kartaa: (Waan arkaa in maaddadani waqti fara badan kaa qaadayso kuna dhibayso ee bal aan kula eegee keen).

d. d. Qaab anshax leh u edbi. Carruurtu waxa lama huraan ah in ay ogaadaan laba shay: Inaynu ku faanayno haddii ay runta noo sheegaan iyo in beentu keenayso canaantii iyo ciqaabtii oo korodha oo aanay waxba ka faaiideyn.

e. e. Waa in uu ubadkaagu runta kaaga daydaa, waxyaabaha beenta ay ka bartaanna waxa ka mid ah tusaale ahaan kolka qof taleefan guriga kuugu soo diro oo aad carruurta amaba xaaska ku tiraahdo: Ku dheh wuu jiifaa amaba ma joogo. Halkaa waxa ay carruurtu ka ogaanayaan in waalidkood been sheego, kol haddii waalidkii been sheegayana iyaga kuma dhihi karo run sheega. Haddaba, adiga yaanu kaa baran been sheegista, haddii uu run sheegana ka abaal mari.

ALLE AQOONTIIS KU ABAABI

Ilmaha yari si fidra (u dhalasho) ah buu iimaanka Eebbe qalbigiisa ugu jiraa. Waxaad arkayaa isaga oo durbaba ku weeydiinaya, dhulka yaa abuuray, samada yaa abuuray, annaga yaa na abuuray, iyo wax kasta oo hareerihiisa ah. Haddaba, waalidka waxa laga doonayaa in ay fursaddaasi ka faaiideystaan ooy ilmaha baraan Allihii wax kasta abuuray, jawaabohooduna waa in ay la jaanqaadaan hadba heerka garasho iyo maskaxeed ee ilmaha yar.

Rumaynta Eebbe iyo Alle ka cabsigu waxa ay ilmaha qalbigooda ku tallaalaan rajo ay nolosha ka qabaan iyo Eebbe oo ay talo saartaan. Culimada Diintu waxa ay ku dardaarmeen in ilmaha kolka uu saddex jirsado la baro (Laa Ilaaha illal-Laah), kolka uu saddex iyo bar jirsadana loo raaciyo (Muxammadun Rasuulul-Laah), kolka uu afar jirsadana loo raaciyo (Sallallaahu calaa Muxammadin wa-aalihi wa-saxbihi wa-sallim). Markii uu shan jirsado waa in uu kala garanayo midigtiisa iyo bidixda, sidaasna lagu baro halka ay qibladu ka jirto, laguna abaabiyo in uu u sujuudo. Kolkuu haddaba toddoba jirsado waa in inta wejiga iyo gacmaha iska soo dhaq la yiraahdo tukasho loo billaabaa. Kolkuu sagaal jirsado weyso iyo salaad buuxda ayaa laga doonayaa. Kolka uu toban jirsado haddii uu tukan waayo waa lagu canaananayaa, haddii uuse tukado dembi dhaaf buu Eeebbe waalidkiis uga dhigayaa.

Da'da u dhaxaysa 3 – 6 jir, ilmuhu waalidkiis buu wax kasta kaga dayanayaa, habka iyo hannaanka uu Eebbe u caabudaana waa isla habka iyo hannaanka waalidkii u caabudo, oo haddii uu waalidku yahay qof Eebbe ka baqa oo Quraanka mar waliba akhriya, tukada, sooma, guriga oo dhami yahay goob diineed, ilmuhuna beeyadaas ayuu ku barbaarayaa isla sidaasna ula falgelayaa ulana jaanqaadayaa. Haddiise gurigu yahay goob heesaha lagu dhegeysto, lagu qoob-ka-ciyaaro, xafladahana lagu oogo, waxad arkayaa ilmihii oon shan jir gaarin oo heesaya oo qoob-ka-ciyaaraya oo hadba dhinac iska rogaya, diin iyo duruufahaasina kala fog.

Ilmihu marxaladdaas iyada ah waxa uu jecelyahay in uu dhayalo oo qoslo. Waxa kale oo uu jecelyahay in waalidkiis u naxariisto, alaabo uu ku ciyaaro u soo iibiyo, lana ciyaaro. Haddaba, waa in arrintaas waalidku ka faaiideystaa oo ilmaha ku abaabiyaa in haddii uu edeb yeesho, run sheego, Ilaah jeclaado, waalidka jeclaado, Quraankana akhriyo, markaas uu u soo iibinayo waxyaabaha uu rabo, waana in uu ballantiisa oofiyaa.

IXTIRAAM UBADKA, KUNA ABAABI ADEECISTAADA

Labada waalid baa ciyaara doorka ugu weyn uguna muhiimsan tarbiyeynta ubadka, iyagaana xaddidaya shakhsiyadda ilmuhu uu ku barbaarayo, dugsiga iyo mujtamacuna waxa ay ku jiraan kaalinta labaad.

Ilmaha yari haddii aanu waalid adeeca ku jara-baran, kama yeelayo wixii talo iyo toosin ah ee ay u soo jeediyaan, sidaasna waxa uu naftiisa, ta waalidkii iyo mujtamacaba ugu abuuraa mashaakil aan xal lahayn. Waxa uu ka didaa dhammaan caadooyinka, dhaqanka iyo qawaaniinta dowladda iyo mujtamaca.

Haddaba, waxa waalidka la gudboon in ay dadaalkooda labanlaabaan, maxaa yeelay ilmuhu marxaladdaa iyada ah waxa uu doonayaa in uu yeesho shakhsiyad u gaar ah, waxanu doonayaa in uu xoroobo oo waxa uu asagu doonayo sameeyo.

Sidaas darteed, waddada ugu habboon ee ay waalidku adeeca ubadkooda ku kasban karaan waxa weeye jacayl iyo naxariis. Waxa laga doonayaa waalidka in ay ilmaha yar xumaantiisa ka gudbaan wanaaggiisana ku ammaanaan oo ku dhiirrigeliyaan. Waa in aanay mar kasta oo uu khalad sameeyo ku qaylin oo canaanan, maxaa yeelay canaanta badan ee micna darrida ahi waxa ay ilmaha gayeeyesiiaa in uu u qaato wax iska caadi ah, kana damqan waayo haddii uu khalad inta uu sameeyo lagu canaanto.

Ilmaha waalidkii ka hela daryeel iyo jacayl, isna waa uu jeclaadaa oo warkiisa yeelaa. Ilmaha loola dhaqmo sidii qof caqli leh oo bisil, isna waxa uu u dhaqmaa sidaas si la eg oo wuu is ixtiraamaa dadka kalena ixtiraamaa sida isagaba loo ixtiraamo, haddiise mar kasta la caayo, la habaaro, lagu qayliyo, wax lagu tuuro, la yaso, waxa markaas imaanaysa in uu isna cidna ixtiraami waayo, cidna qiimayn waayo, cidna (xitaa waalidkii) waxba ka maqli waayo.

Ilmaha yari marxaddaas iyada ah waxa uu waalidkiis uga baahan yahay jacayl iyo qiimayn iyo in ay qirtaan dadnimadiisa iyo kaalinta uu qooyska iyo mujtamaca kaga jiro, tooshna lagu daaro.

Mar kasta oo ilmuhu dareemo in la jecelyahay, waalidku jecelyahay, mujtamacu jecelyahay, waxa uu koraa koritaan dabiici ah, kana koraa xag caqli, xag luqadeed, xag dareen iyo xag bulshadeed intaba.

Ilmaha waa in la dhiirrigeliyo lana taageero oo lagu ammaano haddii ay wax fiican sameeyaan, haddii ay gefaanna aan la cambaareyn, hadalkooda iyo dhaqankooda la qodqodin, waxanay awoodi karinna dusha laga saarin. Waa in aanu ilmaha yari marnaba dareemin in uu yahay qof aan la jeclayn oo la xaqirayo, maxaa yeelay haddii uu arko waalidkii oo ka xun, ma kala garan karo in uu isaga neceb yahay iyo in waxa uu samaynayo uu ka xun yahay.

KA DAA KOOLKOOLISKA BADAN

Inkasta oo loo baahanyahay in ubadka la ixtiraamo, xorriyad la siiyo, la qiimeeyo, haddana looma baahna in hortiis loo daayo oo xorriyad xad laan ah la siiyo. Waa in la dareensiiyo in ay waxa uu sameeynayaa gef yihiin. Waa in aan wax kasta oo khalada faraha looga qaadin, isla markaana waa in aan wax kasta oo gef ah oo ka dhaca lagu canaanan. Waa in ay jirtaa xuduud jeexan oo u dhaxaysa adadayga iyo baarrinimadu Waalid waxa ugu liita bay yiraahdaan culimadu kan u roonaanta ubadkiisu ay dulleyso halkii ay ka toosin lahayd. Ilmaha yari haddii uu gefo, waa in ay waalidku dareensiiyaan gefkiisa, kuna qanciyaan in aanu mar kale u noqon, haddii ay qancin iyo si aayar ah wax ugu sheeg ku kari waayaanna, waxa lagama maarmaan markaas noqonaysa in ay canaantaan. Canaantu markaas waxa habboon in ay noqoto mid nafsiyan ah sida iyaga oo u sheega in uu ceeboobay, ama ka goosta, ama u soo iibin waaya wixii ay u soo iibin jireen, ama geyn waaya halkii ay geyn jireen, ilaa uu ka waantoobo waxa laga canaanaayo ama ku dhaqaaqo waxa lagu canaananayo. Canaanta jirka ah waxa la hubiyey in ta nafsiyanka ahi ka natiijo wanaagsan tahay. Ha ku degdegin in aad garaacdid ilmaha yar.

Waxaa markhaati kuugu filan in dunidan meelaha ubadka lagu dhaqanceliyo in ilmaha ku jira intooda badani ay yihiin qaar waalidkood ama mujtamacu dili jiray oo darxumayn jiray. Waa in aan ilmaha koolkoolinta laga badin oon wax kasta oo uu dalbado la siin, ama wax kasta oo uu sameeyo lagu raacin, maxaa yeelay koolkoolinta badani waxa ay ilmaha tirtaa u adkaysiga dhibaatooyinka ka hor yimaada iyo u dulqaadka duruufaha nolosha.

Waalidku waa in uu ubadkiisa u sameeyaa barnaamij uu ugu caddeynayo waxyaabaha fiican iyo waxyaabaha xun, ammaanta iyo canaantuna waa in ay ka dhashaan hadba waxa uu ku kaco. Waa si aynu quluubtooda ugu beerno jacaylka waxyaabaha fiican, iyo nacaybka waxyaabaha xun, sidaasna ugu xoojinno damiirka iyo dadnimada carruurta marxaladdaa iyada ah. Waa si ay mustaqbalka ugu abuuraan cabsi uu ka qabo sameynta waxyaabaha xunxun iyo xiise uu u qabo wanaag samaynta, isaga oo isku kalsoon kuna kalsoon in waxa uu sameynayaa yihiin wixii saxda ahaa.

Waalidka waxa laga waaninayaa in uu ubadkiisa edbiyo isaga oo xanaaqsan. Kolka uu waalidku ku soo xanaaqo goobta shaqada ama jidka, amaba uu xaaskiisa u xanaaqo, waa in aanu ubadka rarka iskaga dhigin, maxaa yeelay canaanta iyo ciqaabta xilligaasi way ka duwantahay marka uu waalidku caadiga yahay sidii uu u hawlgeli lahaa. Canaanta xilligaas ahi ilmaha yar kedis bay ku noqonaysaa, isaga oo aan ka filanayn in waalidkii sidaas u gelayo, taas oo markaas ku reebaysa cuqdad nafsiyadeed.

Ilmuhu kolka uu xanuunsanayo waa in si dheellitiran loo daryeelaa oo aan lagana badbadin, lana dayicin oo la dareensiiyo in lala xanuunsanayo, lana daryeelayo. Dumarka qaar baa kolka ubadkoodu xanuunsado dhulka isla dhaca, ooya iyagoo arkaya, si aan xad lahaynna u koolkooliya. Taasi haddaba waa khalad, waxanay raad ku yeelanayaa nafisyadda ilmaha kolka uu weynaado. Qofka weyn ee waaguu yaraa la koolkoolin jiray waxad arkayaa in uu mar kasta murugeysan yahay, eersheegad badany ahay, dhaqsina u xanaaqayo, dulqaadka iyo adkeysiguna ku yaryihiin.

Labada waalid waa in ay si isku mid ah ula dhaqmaan carruurta oo haddii uu aabbuhu ku canaanto ilmo khalad galay, waa in aanay hooyadu koolkoolin ilmahaasi una horkicin khaladkaa uu sameeyey, balse waa in ay iska taagtaa isla mowqifkii aabbaha. Sidoo kalena kolka ay arrintu joogto wanaag uu sameeyey oo lagu ammaanayo laguna abaalmarinayo.

Dhibaatooyinka iyo cudurrada nafsiyadeed ee waxyeelleeya mustaqbalka carruurtu waxa ay ka dhashaan dhaqanka khaldan ee labada waalid. Iska horimaadka asluubta barbaarineed ee labada waalid, sida in mid canaanto midna cafiyo, in mid koolkooliyo midna wax aan jirin ka soo qaado, iwm. Waxyaabahaasi oo dhami waxa ay nafsadda ilmaha ku abuuraan immaa in uu noqdo mid cadowtinimo badan, qalbi jabsan, naxariis daran, keligiis socda oon saaxiib lahayn. Amaba in uu noqdo mid aan waxba qabsan karin, naftiisa wax tari karin, shaqsiyad lahayn, had iyo goorna dadka kale ku tiirsan.

CARRUURTAADA SIN

Nucmaan Ibnu Bashiir waxa laga weriyey in uu yiri: (Aabbahay baa hadiyad isiiyey, markaas bay hooyaday ku tiri: Raalli kama ihi haddii aanad Rasuulka (SCW) marag uga dhigin, markaas buu aabbahay Rasuulka (SCW) aaday, kuna yiri: (Inankayga ayaan hadiyad siiyey markaas bay hooyadiia igu amartay in aan marag kaaga dhigo Rasuul Allow) Rasuulku (SCW) waxa uu yiri: (Carruurtaada oo dhan ma siisay hadiyaddaa mid la mid ah?) Markaas buu yiri: Maya! Markaas buu Rasuulku (SCW) yiri: (Si caddaalad ah carruurta wax ugu qaybiya, maragna ha iiga dhigina anigu gacan bidxayn marag kama noqonayee)[104].

11

Soomaalidu waxa ay tiraahdaa: (Waalidku carruurtiisa mar waxa uu ugu jecelyahay kan curadka ah, mar kan yaraanka ah, mar kan maqan ilaa uu ka yimaado, marna kan buka ilaa uu ka bogsoodo).

Guud ahaan, ilmaha curadka ah ee kaligii ah waa la jecelyahay oo la koolkooliyaa, si gaar ahna loo daryeelaa, maadaama uu ilaa markaas madi yahay. Ilmaha caynkaas ahi waxa uu waalidkii ka helaa daryeel badan, naxariis badan, wixii uu dalbado oo durbaba loo keeno haddii ay ahaan lahayd dhar, cunto, alaabo uu ku ciyaaro, iwm. Waalidku waxa ay isku dayaan in ay si kasta ku raalligeliyaan, waxa ay u kexeeyaan inta badan meelaha ay aadaan oo ama hooyadiis baa kaxaysa ama aabbihiis ama labadoodaba. Warkii oo kooban waa ilmo si aan caadi ahayn loo koolkooliyey.

Haddaba, ilmaha caynkaas ah dhibaato xoog leh baa qabsata kolka la dhalo ilmo kale oo isaga ka yar. Waxa ku beeranta cabsi uu ka qabo ilmaha cusub, sabatoo ah waxa uu ku ciriirinayaa wax kasta. Waxa uu kula tartamayaa jacalka waalidka iyo daryeelkooda, waxana uu kula tartamayaa jagadiisii, maadaama uu madi ahaan jiray. Waxa kale oo uu ku ciriirinayaa waxyaabaha uu ku ciyaaro. Inu masayr jiro waxa la dareemi karaa isla maalinta uu dhasho kan ka yari. Maalintaas labada waalid waxa ay ku jiraan bandow ku saabsan dhalashada ilmaha cusub iyo daryeelka dhallaanka iyo hooyadiis. Haddaba, haddii aanay si dhaqsi ah ugu baaruugin arrinkaasi, waxa uu si tartiibtartiib ah isugu beddelaa nacayb iyo cadowtinimo ilmaha weyni u qabo dhallaanka cusub, taasi oo markaasi saameyn ku yeelanaysa xaaladdiisa nafsiyadeed iyo tiisa caadifadeed. Cadowtinimadaasi waxa ay la saanqaaddaa mar kasta oo ay waalidku kordhiyaan daryeelkooda dhallaanka cusub.

Haddaba, waalidka waxa la gudboon in ay arrintaasi u dhug lahaadaan oo ay halkii ka sii wadaan daryeelkii iyo jacaylkii

---

1104 *Bukhaari (2650), Muslim (1623).*

iyo koolkoolintii curadkooda. Waa in ay isku dayaan in ay jeclaysiiyaan dhallaanka cusub, kuna qanciyaan in uu walaal u noqn doono, uu la ciyaaro isna kaashan doonaan. Waa in ay ku qanciyaan in aanukula loollamayn jacaylka iyo daryeelka waalidka, qancintaasina waa in ay si baraatiko ah u tusaan, sida hooyada oointa ay soo qabato dhunkata oo hoosta gelisa iyo aabbaha oo waxa uu jecelyahay u soo iibiya, iwm.

Waalidku waa in uu si siman oo caddaaladi ku jirto wax ugu qaybiyaa curadka iyo xigeenkiisa, taasi oo markaasi ka hor tegeysa, daawaynaysana masayrka iyo nacaybka, waana in caddaaladdaasi lasii xoojiyaa mar kasta ooy carruurtu sii da' weynaataba, maxaa yeelay dareenkooda, caadifadooda, caqligooda iyo weliba fahamkooda ku saabsan caddaaladda iyo sinnaanta ayaa sii koraya oo sii bislaanaya marba marka ka dambaysa.

Simista ubadka waxa ka mid ah in aan loo kala saarin lab iyo dheddig. Waxaynu ogsoonnahay in dalal badan wiilasha si gaar ah loo daryeelo oo loo gacan bidxeeyo. Hase yeeshee Diinteenna Islaamka ee naxariista badani waxa ay nagu waaninayaa in aan hablaha hor dhigno oo wixii hadiyad ah iyaga horta ku billowno daryeel iyo koolkoolin gaar ahna siinno. Rasuulku (SCW) waxa uu Xadiith ku yiri: (Qofkii inta uu suuqa galo adeeg ka soo gada ciyaalkiisa u soo qaadaa waxa uu ka dhiganyahay sida isaga oo sadaqo u sida qolo baahiyu dilatay ee hablaha ha ku billaabo wiilasha ka hor)[105].

Si kasta oo aad caddaalad ugu sameysid carruurta, waxa lama huraan ah in ay jirayso xoogaa is-caniifid iyo is-hagarshuum ah oo ka dhex dhaca carruurta, waana arrin iska caadi ah oo qoys waliba kula qabo. Waxa dhacaysa in la murmo amaba gacanta laysula tago, midkoodna uu walaalkii ku eedeeyo in uu asagu daandaansiga billaabay. Markaasi oo kale waxa habboon in waalidku arrinka u arko in uu yahay wax iska caadi ah, haddii ay u caddaato waxa laysku haystaa in ay wax fudud yihiinna waxa habboon in ayba faraha kala baxaan oo aanay soo dhexgelin, carruurtu iyaga ayaa umuurohooda markaas dhexdooda ka xallinaya eh.

Haddiise ay dareemaan in ay arrintu soo noqnoqonayso amaba meel xun gaadho, waxa markaasi lama huraan ah in ay dhex galaan ooy labada dhinacba amar ku siiyaan in ay dhibta joojiyaan amaba ku jeediyaan arrin kale, seey u illowsiiyaan waxa ay isku haystaan, ama midkood hawl u diraan si ay u kala fogeeyaan.

Waxa loo baahanyahay in aan sidii maxkamaddii carruurta loogu kala garqaadin, taasi oo markaasi dhalinaysa in haddii uu xukunku waddadiisii gefo ay abuurmayso cuqdad uu qaado kii laga xukmiyey, dreemana in laga eexday. Haddii ay lama huraan noqoto in arrinka canaan lagu dhameeyo waa in labadaba si isku mid ah loo canaanto oon midna la canaanan midna la daayin si loo simo carruurta.

BARBAARINTA JINSIYEED EE CARRUURTA

Barbaarinta jinsigu waxa ay ka mid tahay noocyada barbaarin kuwa ugu adag uguna dhibka badan. Weydiimaha carruurtu waalidka ay weydiiyaan qaar baanay kaba jawaabi karin iyagoo ka xishoonaya ka hadalka waxyaabaha qaarkood.

Ubadku wiil ha ahaado ama gabare, waxa uu billaabaa in uu isweydiiyo, waalidkana weydiiyo waxyaabo badan oo jinsiga la xiriira. Waxa uu wax ka weeydiiyaa sida uu ugu abuurmay hooyadiis uurkeeda, sababta hooyada uuni uurka u yeelato oo aanu aabbuhu u yeelan, sida ay hooyadu u umusho, sababta carruurta yaryari aanay uur u qaadin amaba haweenta aan la qabin. Waxa kale oo uu ilmaha yari doonayaa in uu ogaado farqiga u dhexeeya lab iyo dhedig iyo sababta ay sidaas u noqotay iyo Suaalo kale oo fara badan.

Waxa haddaba caqligu ku jiraa in ay waalidku weydiimaha caynkaas ah u arkaan wax iska caadi ah ooy carruurtu soo wada

---

105 *Mustadrikul-Wasaa'il (15:16).*

marto, waana in aanay ka welwelin. Waxa weliba habboon ilmuhu kolka ay weydiimahaasi oo kale weydiinayaan in aan lagu aamusin ama loo diidin, maxaa yeelay markaas oo kale jawaabihii ay u baahnaayeen waxa ay ka raadsanayaan dad kale, taasi oo markaasi jahawareer ilmaha ku ridi karta gaar ahaan haddii lasoo siiyo jawaabo aan dhammays tirrayn amaba jawaabo si aad ah u cad oo aan ku habboonayn da'da ilmahaa isaga ah.

Waalidku waa in ay diyaar u yihiin in ay ilmaha siiyaan jawaab caqligal ah oo la saanqaadda dadooda, dherjisana baahidooda. Tusaale ahaan, haddii uu ku weeydiiyo uurka, jawaabtu waxa weeye: Ilaah baa carruurta caloosha hooyadood geliya, haddii uu ku weydiiyo kala duwnaanta lab iyo dheddigna waxa weeye: (Adigu aabbahaa oo kale ayaad tahay, iyaduna hooyadeed oo kale), ama (Ilaah baa wiilasha u abuuray in ay ka duwnaadaan gabdhaha). Jawaabuhu waa in ay qaab caadi ah oo deggan u dhacaan oo aanay la socon welwel, si aanu ilmuhu ugu qaadan in weydiintiisu tahay wax aan caadi ahayn, haddii kale isagaa keligiis jawaab qancisa meel kale ka raadsanaya.

Waxa jira falal ay carruurtu ku kacaan kolka ay u dhexeeyaan da'da 3 jirka ilaa toddoba jirka, sida iyaga oo mararka qaar ku raaxaysta in ay bandhigaan jirkooda oo qaawan. Waxa iyana jira carruurta qaar ku fara-ciyaara xubnohooda taranka. Haddaba, waalidku waa in uu arrintaasi uga fogeeyaa si deggan, kuna jeediyaa fekerkooda waxyaabo kale, waana in aanu waalidku marnaba isku qaawin carruurta hortooda. Waxa taas ka khatar badan haddii uu ilmaha yari ogaado in ay hooyadiis iyo aabbihiis isu galmoonayaan. Ogaada waalidoow in ay carruurtu ku kacayaan waxa ay idinku arkaan in aad ku kacaysaan.

Waa in aadan carruurta hortooda uga sheekeyn umuuro jinsiga ku saabsan. Waa in aadan isku dhunkoon dhunkasho ka duwan ta aad carruurta dhunkoonaysaan. Waa in carruurta mid walba lagu seexiyaa gogol gaar ah kolka ay da'doodu toddoba gaadho, iyada oon loo aabayeelin nooca carruurta. Waxa aan ula jeedaa, xitaa haddii ay yihiin laba gabdhood ama laba wiil.

Waqtigan hadda la joogo oo guri kasta laga helayo taleefishan iyo/ ama fiidiyow, waxa si aad ah lagama maarmaan u ah in carruurta laga fogeeyo waxyaabaha dareenka jinsiga kiciya. Qooysaska ku dhaqan dalalka aan Diinta Islaamka ku dhaqmin ee wax walbaa ay caadiga yihiin, waxa loo baahan yahay in uu waalidku labanlaabo dadaalkiisa, una feejignaado dhaqanka carruurtiisa, iskuna dayo, intii tabartiisa ah, muuqaallo jinsiyeed iyo jir aan asturrayn in aanay carruurtu arag.

War iyo djammaan, waa in waalidku uu weydiimaha carruurta ee ku saabsan jinsiga kaga jawaabaa si degganaani ku jirto, kana fogeeyaa muuqaallada jisniyeed een bannaanayn ee uu taleefishanku soo bandhigayo.

MARXALADDA KURAYNIMADA

Marxaladdani waxa ay ka billabantaa dhammaadka guga toddobaad, waxanay ku dhammaataa dhammaadka guga afar iyo tobnaad. Waxa weeye marxalad lagu diyaariyo dadnimada ubadka si uu u noqdo nin rag ah ama gabar fariid ahoo waxna gala/gasha waxna guda/gudda, mujtamacana kaalin wanaagsan kaga jira/jirta.

Marxaladdan, ubadku waxa uu billaabaa in uu jiritaankiisa ka fekero, isuna arko in uu yahay qof jira, madax bannaan, lehna awood waxqabad iyo mid garasho isaga u gaar ah oo uu kaga maarmo tan dadka waaweyn oo waalidku ugu horreeyo. Waxa uu isku dayaa in uu beretan galo, sameeyana wax ay waalidku ka caroodaan si jiritaankiisa iyo madax bannaanidiisa uu u sugo.

In uu yahay qof jira oo madax bannaan si uu dadka u tuso, waxa uu ku dhaqaaqaa wax kasta oo suurtagal ah. Waxa uu sameeyaa waxyaabo inta badan ka duwan kuwii uu horay u samayn jiray. Wax kasta oo uu isagu leeyahay ama isaga khuseeya waxa uu u doortaa qaab isaga u gaar ah. Waxa uu yeeshaa dookh u gaar ah oo uu dharkiisa ku doorto. Waxa uu jecelyahay in waxkasta uu caqligiisa iyo aqoontiisa ku adeegsado, kana xoroobo toosinta waalidka iyo dadka ka waaweyn. Waxa uu isku dayaa in uu dhallinyarada isaga la jaalka ah xiriir bulsho la yeesho, waana xiriir qaabkiisa iyo qiimihiisa isagu uu xaddidayo.

Marxaladdan, waxa lama huraan ah in ay waalidku feejignaan gaar ah qabaan, daryeel dheeri ahna siiyaan barbaarinta ilmaha, maxaa yeelay waxa weeye marxalad ay kordhayaan xiriirradiisa bulsho, dugsiga uu gelayo, saaxiibbo cusubna uu yeelanayo.

Waxyaabaha qaybta libaax ka qaata diyaarinta shaqsiyadda iyo samayska dadnimo ee ilmaha waxa ugu horreeya xiriirka uu walidkiis iyo qoyskiisa la leeyahay. Xiriirkaas isaga ahi guud ahaan waxa uu ilmaha siiyaa tilmaamo gaar ah oo la socda ilaa uu ka gaboobayo. Dugsigu isaguna raad qoto dheer buu shaqsiyadda ilmaha ku reebaa, waxana uu kula kulmaa carruur xagga aqoonta ku kala heerheer ah. Waxa uu arkaa qaar ka fariidsan oo ka aqoon badan, qaar ka maskax liita, qaar ka firfircoon iyo qaar uu isagu dhaamo, halkaasna uu kula galaa beretan uu qaarna kaga guuleysto, qaarna isugu dhiibo, taas oo raad ku yeelata samaysanka shaqsiyaddiisa.

Waxa iyana jira waxyaabo kale oo saameeya dhismaha shaqsiyadda ilmaha, waxaana ka mid ah tilmaamaha jirkiisa, sida dhererka, gaabnida, cayilka, caatanimada, cudurka, caafimaadka, iwm.

Waxyaabaha kale ee saameeyn ku yeesha shaqsiyadda ilmaha, waalidkana looga baahan yahay in ay xil weyn iska saaraan waxaa ka mid ah:

- Baahida uu u qabo waxyaabaha dheeggiisa qurxiya sida; cuntada, cabitaanka iyo lebiska, iwm.

- Baahida uu u qabo naftiisa oo nabad qabta, welwel iyo walaacna ka xorowda.

- Baahida uu u qabo mujtamaca uu xiriirka la yeelanayo oo soo dhoweeya.

- Baahida uu u qabo in la daryeelo, waxqabadkiisana la qiimeeyo.

- Baahida uu u qabo in uu barto tabo iyo tikniko uu noloshiisa ku maareeyo.
- Baahida uu u qabo falsafad iyo fikrad u gaar ah, lana saanqaadda da'diisa iyo caqligiisa.

Culimadu waxa ay yiraahdaan: Wiilkaaga todoba la ciyaar, toddoba edbi, toddobana la saaxiib. Waxa kale oo la yiri: Toddoba u aayari, toddoba edbi, toddobana adeegso.

Marxaladdan barbaarineed waa mid dhib badan, sababtoo ah ubadka oo doonaya in uu waalidka ka xoroobo, xiriirro dibadda ahna samaysta. Sidaas darteed, waxa uu u baahan yahay in fikradihiisa, dareenkiisa, xiriirradiisa, waxbarashadiisa iyo guud ahaan baahitirka danihiisa guud si joogta ah loo kormeero.

"Dhammaad"

Magaca Buugga	Magaca Qoraaga
1- Al-Ducful-Jinsi Cindar-Rajul	Dr. M. R. A/Majiid.
2- Al-Qidaa Wa-taqdiya Al-Mutawaazinah	
	Dr. Rajaa Dannuus
3- Al-Xayaatul-Jinsiyah Beynal-Rajuli Wal-Mar'ah	
	Dr. Qassaan Al-Zuhayri.
4- Alxubbu Waz-Zawaaj	Dr. Amiin Ruweyxa.
5- Ar-Rawdul-Caadhiri fii NuZ-hatil-Khaadhir	
	Shaikh U. M. Nifsawi.
6- Barbaarinta Ubadka	Sabriye M. Muuse
7- Dhibbanaha aan Dhalan	Faarax M. J. "Cawl".
8- Fundamentals of Foods & Nutrition	
	S. R. and M. Rajagopal.
9- Gudniinka Ragga iyo Dumarka Diimaha Yuhuudda, Kirishtaanka iyo Islaamka	Dr. Saami Ad-Diib.
10- Ixyaa' Culuumid-Diin	Imaam Al-Gazaali.
11- Madkhal ilaa Qalbi Xawwaa'	Maajid S. Duudiin.

12- Mutcatul-Xayaatiz-Zawjiyah   Ismaaciil C/Qaadir.
13- Shahru Casal bilaa Khajal   Dr. Ayman Al-Xusni.
14- Tuxfatul-Caruus   M. M. Al-Istanbuli.
15- Tuxfatul-Caruusi wa Mutcatun-Nufuus
                                   M. A. Al-Tijaani.
16- Xayaatunal-Jinsiyah   Dr.Fredrick Cohen.
17- Al-Xukmush-Sharci fii Khitaanir-Rajuli wal Mar'ah
                                   Dr. Maxamed As-Sabbaaq.

WARQADDA FAALLADA

....
....
....
....
....
....
....
....
....
....
....
....
....
....
....
....
....
....
....
....
....
....
....
....
....
....
....
....
....
....
....
....

....
....
....
....
....
....
....
....
....
....
....
....
....
....
....
....
....
....
....
....
....
....
....
....
....
....
....
....
....
....
....